Manuela Oberhofer

Die Besteuerung von Zertifikaten im Privatvermögen im internationalen Kontext

Probleme des Zinsbegriffs im deutschen Steuerrecht, dem OECD-Musterabkommen und der EU-Zinsrichtlinie

2., unveränderte Auflage

UTZ

Herbert Utz Verlag · München

Münchner Juristische Beiträge

Herausgegeben von

Prof. Dr. Thomas Küffner
küffner maunz langer zugmaier, München

Band 72

Zugl.: Diss., 2008

Bibliografische Information der Deutschen Nationalbibliothek:
Die Deutsche Nationalbibliothek verzeichnet diese Publikation in der Deutschen Nationalbibliografie; detaillierte bibliografische Daten sind im Internet über http://dnb.d-nb.de abrufbar.

frühere Ausgabe: ISBN 978-3-8316-0838-6

ISBN 978-3-8316-8203-4

Printed in EU
Herbert Utz Verlag GmbH, München
www.utzverlag.de

Vorwort

Die vorliegende Arbeit wurde im Sommersemester 2008 von der Juristischen Fakultät der Westfälischen Wilhelms-Universität Münster als Dissertation angenommen.

Als ich die Arbeit der Universität vorlag war das Urteil des BFH vom 4.12.2007, VIII R 53/05 noch ausständig. Vor der Veröffentlichung der Arbeit konnte dieses Urteil noch im Kapitel „Kapitalrückzahlung" Ziffer C.III.2.d.bb.(2) und „Umfang der steuerpflichtigen Einnahmen" Ziffer C.III.3.c.dd. eingearbeitet werden.

Mein Dank gilt zunächst meinem Doktorvater Herrn Professor Dr. Dieter Birk für die Betreuung der Arbeit sowie Herrn Professor Dr. Hans-Michael Wolffgang für die rasche Erstellung des Zweitgutachtens.

Ich möchte mich auch bei Herrn Heinz Veitengruber (ehemals JP Morgan, Finance, Frankfurt) als ersten „Testleser" und Herrn Rechtsanwalt Andreas Forster (JP Morgan, Tax Department, London) für unsere zahlreichen wertvollen Diskussionen bedanken.

Ich möchte mich desweiteren bei Herrn Gerald Pittner (Luxembourg Financial Group, London) für die kritischen Anregungen zum Einleitungsteil und bei Frau Tatjana Polivanova-Rosenauer (Leitner + Leitner, Wien) für die zahlreichen fachlichen Gespräche insbesondere zum österreichischen Abschnitt und die vielfältige menschliche Unterstützung bedanken.

Meinen besonderen Dank möchte ich auch Herrn Martin Haisch (Credit Suisse Securities Europe Ltd., Strategic Transaction Group, London) aussprechen, dessen wertvolle Diskussionen und Kritik ich insbesondere in dem Kapitel der Besteuerung von Zertifikaten im Privatvermögen nach deutschem Steuerrecht (Kapitel C) und der Neukonzeption der Besteuerung von Zertifikaten (Kapitel F) berücksichtigt habe.

Die wohl größte Unterstützung in der gesamten Entstehungszeit dieser Arbeit habe ich von meinem zukünftigem Ehemann, Herrn Alexander Szewald, erfahren und ihm gebührt besonders großer Dank. Er hat nicht nur das Verständnis aufgebracht, das für die Bearbeitung notwendig war, sondern mit ihm habe ich auch das Glück einen kompetenten und interessierten Gesprächspartner zu haben. In unzähligen Gesprächen haben wir die „banktechnische" Strukturierung der Finanzinstrumente der steuerrechtlichen Behandlung gegenüberstellt, und dabei konnte ich meine Argumente hinterfragen und fortentwickeln.

Diese Arbeit ist meinen Eltern gewidmet.

London im August 2008 Manuela Oberhofer

Inhaltsübersicht

Inhaltsverzeichnis

Abkürzungsverzeichnis

a. A.	anderer Auffassung
Abs.	Absatz
AcP	Archiv für civilistische Praxis (Zeitschrift)
a. E.	am Ende
Alt.	Alternative
Anm.	Anmerkung
AO	Abgabenordnung
Art.	Artikel
AuslInvG	Auslandsinvestmentgesetz
Aufl.	Auflage
BAO	österreichische Bundesabgabenordnung
BB	Betriebs-Berater (Zeitschrift)
BFH	Bundesfinanzhof
BFHE	Amtliche Entscheidungssammlung des BFH
BFH/NV	Sammlung amtlich nicht veröffentlichter Entscheidungen des Bundesfinanzhofs (Zeitschrift)
BGB	Bürgerliches Gesetzbuch
BGBl	Bundesgesetzblatt
BGH	Bundesgerichtshof
BGHZ	Amtliche Entscheidungssammlung des Bundesgerichtshofs in Zivilsachen
BMF	Bundesministerium der Finanzen
Bp	Die steuerliche Betriebsprüfung (Zeitschrift)
BStBl	Bundessteuerblatt
BT-Drucks.	Bundestagsdrucksache
Buchst.	Buchstabe
BVerfG	Bundesverfassungsgericht
BVI	Bundesverband Investment und Asset Management e. V.
bzw.	beziehungsweise
CECE-Index	Central European Clearing House and Exchange
DAX	Deutscher Aktienindex
DB	Der Betrieb (Zeitschrift)
DBA	Doppelbesteuerungsabkommen
ders.	derselbe
DBG	Schweizer Bundesgesetz über die direkte Bundessteuer
d. h.	das heißt
Dok.	Dokument

Drucks.	Drucksache
DStR	Deutsches Steuerrecht (Zeitschrift)
DStRE	Deutsches Steuerrecht – Entscheidungsdienst (Zeitschrift)
DStJG	Veröffentlichung der Deutschen Juristischen Gesellschaft e. V. (Zeitschrift)
DStZ	Deutsche Steuer-Zeitung (Zeitschrift)
ECOFIN	Rat der Wirtschafts- und Finanzminister
EEA	Einheitliche Europäische Akte
EG	Verträge der Europäischen Gemeinschaft in der Fassung des Amsterdamer Vertrages
EGV	Vertrag der Europäischen Gemeinschaft in der Fassung des Maastrichter Vertrags
EUREX	European Exchange
Erg.	Ergänzung
Erl.	Erläuterung
EStG	Einkommensteuergesetz
EStK	Einkommensteuer-Kartei
EStR	Einkommensteuerrichtlinien
ESTV	Eidgenössische Steuerverwaltung (Schweiz)
EU	Europäische Union
EURO-STOXX	Dow Jones Euro Stoxx 50
EU-ZinsRL	Richtlinie 2003/48/EG des Rates vom 3.6.2003 im Bereich der Besteuerung von Zinserträgen
EuGH	Europäischer Gerichtshof
EU-QuStG	EU-Quellensteuergesetz
EUV	Vertrag über die Europäische Union
EWG	Europäische Wirtschaftsgemeinschaft
f., ff.	folgende, fortfolgende
FG	Finanzgericht
FiB	Finanz-Betrieb (Zeitschrift)
Fn	Fußnote
FR	Finanz-Rundschau (Zeitschrift)
FS	Festschrift
FTSE	Financial Times Stock Exchange
GSCI	Goldman Sachs Commodity Index
grds.	grundsätzlich
GZ	Geschäftszeichen
h. M.	herrschende Meinung
Hrsg.	Herausgeber

HS	Halbsatz
IBFD	International Bureau of Fiscal Documentation
IDW	Institut der Wirtschaftsprüfer
i. d. F.	in der Fassung
i. d. R.	in der Regel
i. e. S.	im engeren Sinne
IFA	International Fiscal Association
INF	Information über Steuer und Wirtschaft (Zeitschrift)
InvG	Investmentgesetz
InvModG	Investmentmodernisierungsgesetz
InvStG	Investmentsteuergesetz
i. S. v.	im Sinne von
IStR	Internationales Steuerrecht (Zeitschrift)
i. V. m.	in Verbindung mit
IWB	Internationale Wirtschaftsbriefe (Zeitschrift)
JStG	Jahressteuergesetz
JuS	Juristische Schulung (Zeitschrift)
JZ	Juristenzeitung (Zeitschrift)
KAGG	Gesetz über Kapitalanlagegesellschaften
KMG	Kapitalmarktgesetz (Österreich)
KMOG	Kapitalmarktoffensivgesetz (Österreich)
KOM	Dokumente der Kommission der Europäischen Gemeinschaften
KStG	Körperschaftsteuergesetz
KapESt	Kapitalertragsteuer
KOM	Dokument der Kommission
LIBOR	London Interbank Offered Rate
lit.	litera
lfd.	laufend(e)
MA	Musterabkommen
m. H. a.	mit Hinweis auf
MK	Musterkommentar
m. w. H.	mit weiteren Hinweisen
m. w. N.	mit weiteren Nachweisen
NASDAQ	National Association of Securities Dealers Automated Quotations
NIKKEI	(Aktienindex der Tokioter Börse)

NJW	Neue Juristische Wochenzeitschrift (Zeitschrift)
Nr.	Nummer
NWB	Neue Wirtschafts-Briefe (Zeitschrift)
OECD	Organisation for Economic Cooperation and Development
OECD-MA	Musterabkommen der Organisation for Economic Cooperation and Development
öBGBl.	österreichisches Bundesgesetzblatt
öBMF	österreichisches Bundesministerium der Finanzen
öEStG	österreichisches Einkommensteuergesetz
öEStR	österreichische Einkommensteuerrichtlinien
ÖStZ	Österreichische Steuerzeitung (Zeitschrift in Österreich)
ÖStZB	Finanzrechtliche Erkenntnisse des VwGH und des VfGH, Beilage zur ÖStZ (Zeitschrift in Österreich)
öVfGH	österreichischer Verfassungsgerichtshof
öVwGH	österreichischer Verwaltungsgerichtshof
OFD	Oberfinanzdirektion
o. g.	oben genannte
REStG	Reichssteuergesetz
REX-P	Renten-Index
RdW	Recht der Wirtschaft (Zeitschrift in Österreich)
Rn	Randnummer
RFH	Reichsfinanzhof
RGBl	Reichsgesetzblatt
RGRK	Reichsgerichtsräte-Kommentar
Rspr.	Rechtsprechung
RStBl	Reichssteuerblatt
RT-Drucks.	Reichsteuergesetz Drucksache
Rz	Randziffer
S.	Seite
s.	siehe
Sec.	Section
SEK	Dokumente der Mitarbeiter der Kommission der Europäischen Gemeinschaft
Slg.	Amtliche Sammlung der Rechtsprechung des Gerichtshofes der Europäischen Gemeinschaften
sog.	so genannte
Stbg	Die Steuerberatung (Zeitschrift)
StMBG	Gesetz zur Bekämpfung des Missbrauchs und zur Bereinigung des Steuerrechts
str.	strittig

StuW	Steuer und Wirtschaft (Zeitschrift)
StVergAbG	Steuervergünstigungsabbaugesetz
SWK	Steuer- und Wirtschaftskartei (Zeitschrift in Österreich)
taxlex	Praxiszeitschrift für Steuer und Beratung (Zeitschrift in Österreich)
TecDAX	Technologie-Werte Deutscher Aktienindex
Tz.	Textziffer
u. a.	unter anderem
UntStRefG	Unternehmensteuerreformgesetz
u. U.	unter Umständen
v.	vom, von
vgl.	vergleiche
v. H.	von Hundert
VStG	Bundesgesetz über die Verrechnungssteuer in der Schweiz
WM	Wertpapier-Mitteilungen (Zeitschrift)
Wpg	Die Wirtschaftsprüfung (Zeitschrift)
ZASt	Zinsabschlagsteuer
z. B.	zum Beispiel
ZfK	Zeitschrift für das gesamte Kreditwesen (Zeitschrift)
ZHR	Zeitschrift für das gesamte Handels- und Wirtschaftsrecht (Zeitschrift)
Zi	Ziffer
zit.	zitiert
ZIV	Zinsinformationsverordnung
z. T.	zum Teil
zust.	zustimmend
zutr.	zutreffend
zzgl.	zuzüglich

A. Einleitung

I. Einführung in die Themenstellung

Deutsche Privatanleger haben nach Angaben des Derivate Forums im Juli 2006 mehr als 100 Milliarden Euro in derivative Wertpapiere investiert.[1] Im ersten Halbjahr 2007 ist der Markt für derivative Wertpapiere im Vergleich zum Vorjahr um 18,2% (im ersten Halbjahr 2006 waren es 14,6%) beschleunigt gewachsen.[2] Das Derivate Forum errechnet das ausstehende Volumen des Gesamtmarktes in Deutschland nunmehr auf 136,1 Milliarden Euro.[3] Zu diesen derivativen Produkten zählen neben Optionsscheinen vor allem die Zertifikate. 98,8 % der Gesamtanlagesumme sind in Zertifikaten angelegt. Damit haben sich Zertifikate zu der mit Abstand am schnellsten wachsenden Anlageklasse für Privatanleger in Deutschland entwickelt.

1. Begriffsbestimmung „Zertifikate“

Zertifikate, auch Partizipationsscheine genannt, sind verschieden ausgestaltete Wertpapiere, mit denen Anleger an der Wertentwicklung eines oder mehrerer Basisgüter (sog. *underlying*) partizipieren. Als Basiswerte kommen alle Anlageklassen in sämtlichen Kombinationen, wie Aktien, Anleihen, Währungen, Rohstoffe oder Waren (sog. *commodities*), und sog. *baskets* dieser Basisgüter in Betracht sowie Indizes (sog. Index-Zertifikate) oder Gruppen von Indizes, welche dann wiederum sog. *baskets* darstellen. Die Index-Zertifikate können auf verschiedene nationale oder internationale Indizes emittiert werden wie z. B. DAX Index, M-DAX Index, EURO STOXX 50 Index, DOW JONES Index, REX-P Index, FTSE Index, GSCI (Goldman Sachs Commodity) Index, S&P Index etc. Beim Index handelt es sich um keine reale Größe, sondern um ein künstliches Gebilde, das die Entwicklung an bestimmten Aktien- oder Anleihemärkten widerspiegelt und in einer Zahl ausgedrückt wird. Ändern sich die Kurse, führt dies zu einer Korrektur des Index, der somit als ein Gradmesser der Kursentwicklung gesehen werden kann. Index-Zertifikate bilden den zugrunde liegenden Index in einem bestimmten Verhältnis ab, z. B. im Verhältnis 1:100, d. h. ein Indexpunkt entspricht entweder einem hundertstel Euro oder jedweder anderen Währungseinheit.

Bei sämtlichen Index-Zertifikaten ist eine Bandbreite von Aktien- und

[1] Süddeutsche Zeitung vom 30. August 2006, S. 26, „Anleger kaufen Zertifikate – Erstmals mehr als 100 Milliarden Euro in Derivaten investiert“.
[2] Pressemitteilung des Derivate Forums vom 7.8.2007: „Derivate-Statistik zum ersten Halbjahr 2007 im Auftrag des Derivate Form e. V.
[3] Pressemitteilung des Derivate Forums vom 7.8.2007: „Derivate-Statistik zum ersten Halbjahr 2007 im Auftrag des Derivate Form e. V.

Rentenindizes möglich, wobei der Aktienindex auch nur den Technologiesektor, wie z. B. TecDAX, NASDAQ 100, den Bereich der Biotechnologie, wie z. B. den AMEX Biotech Index, die *Emerging Markets* wie CECE Europe (der insgesamt 28 Aktieneinzeltitel, davon 50 % Polen, 30 % Ungarn, 20 % Tschechien enthält) oder Indizes auf Waren und Rohstoffe, sog. *Commodities,* wie z. B. der AMEX Oil Index, der GSCI-Index, der die Preisentwicklung der 25 wichtigsten Rohstoffe und Waren (futures) abbildet, umfassen kann.

Man unterscheidet grundsätzlich zwischen den Kurs- und *Performance*-Indizes. Kursindizes spiegeln die Preisentwicklung eines konstant gehaltenen Wertpapierdepots wider, während *Performance*-Indizes die Wertentwicklung eines Portefeuilles abbilden, in das die laufenden Erträge reinvestiert werden. Bei Rentenpapieren können damit die Zins- und bei Aktien die Dividendenzahlungen und deren Wiederanlage mitberücksichtigt werden. Bei einem Index-Zertifikat kann auf eine positive („Bullenzertifikat“) oder eine negative Kursentwicklung („Bärenzertifikat“) „gewettet“ werden. Die Ertragsentwicklung eines Index-Zertifikats hängt unmittelbar von der Entwicklung des zugrunde liegenden Basiswertes ab. In der Finanzfachsprache wird dies als „Delta-Eins“-Zertifikat bezeichnet; es ist abzugrenzen von Zertifikaten, die Optionalitäten enthalten und somit nicht „delta eins“ die Entwicklung des *underlyings* widerspiegeln (so z.B. Garantie-, Discount- und Bonus-Zertifikate).

Zivilrechtlich sind Zertifikate als Schuldverschreibungen ausgestaltet. Am Ende der Laufzeit erhält der Anleger bei Eintritt bestimmter Bedingungen entweder die Basisgüter geliefert oder/und einen Geldbetrag ausgezahlt. Die Zertifikatsbedingungen können sehr unterschiedlich ausgestaltet sein: z. B. mit begrenzter oder unbegrenzter Laufzeit (*open end*), mit Zahlung eines Geldbetrages oder der Lieferung der Basisgüter, mit oder ohne Kapitalgarantie, mit oder ohne Währungsabsicherung, mit oder ohne Hebelwirkung.

Die Emittenten von Zertifikaten, oftmals Kreditinstitute, schließen regelmäßig Gegengeschäfte ab, um sich hinsichtlich der gegenüber den Investoren eingegangenen Verpflichtungen aus den Zertifikaten abzusichern (sog. *„hedging“*[4]). Der von den Anlegern zufließende Erlös aus der Emission wird von den Kreditinstituten direkt oder indirekt in die Wertentwicklung der Basisgüter investiert. Die sog. *„performance“* wird abzüglich der Marge an die Investoren weitergeleitet.

---

[4] Der Begriff „hedging“ bezeichnet ein Finanzgeschäft zur Absicherung einer Transaktion gegen Risiken wie beispielsweise Marktrisiken, Wechselkursschwankungen etc. Die Person, die eine Transaktion hedgen möchte, geht zu diesem Zweck eine weitere Transaktion ein, die mit der zugrunde liegenden Transaktion gekoppelt ist. Dies findet in der Regel in Form eines Termingeschäfts statt.

2. Versuch einer Kategorisierung von Zertifikaten

Um sich in der Vielfalt der Welt der Zertifikate zurechtzufinden und diese Vielfalt für die vorliegende Abhandlung wirkungsvoll aufzuarbeiten, bietet sich eine Kategorisierung[5] an. Eine Kategorisierung bedeutet ebenfalls eine Vereinfachung und Pauschalisierung, was bei nachfolgender Darstellung stets zu beachten ist. Es wird dabei von nachfolgendem sog. Ertrag-Risiko-Profil[6] ausgegangen. Dieses zeigt, dass grundsätzlich mit steigendem Verlustrisiko des Kapitals ein steigender Ertrag möglich ist.

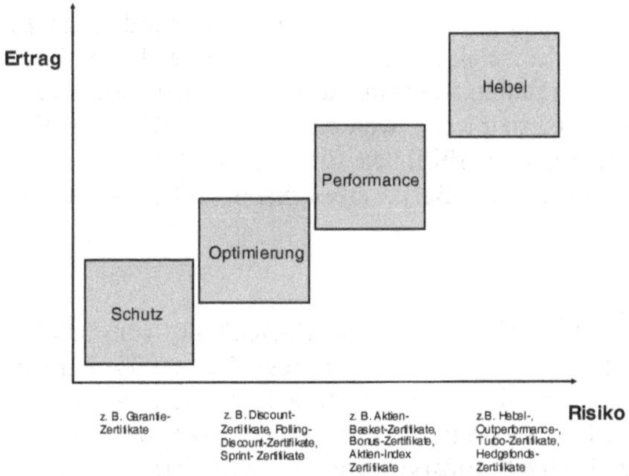

Abbildung 1: Ertrag-Risiko-Diagramm

Unter die Kategorie „Schutz" in dem Ertrag-Risiko-Diagramm fallen z. B. die sog. **Garantie-Zertifikate** (oder *Money-Back*-Zertifikate). Bei einem Garantie-Zertifikat wird die Rückzahlung des eingesetzten Kapitals ganz oder teilweise garantiert. Ein Garantie-Zertifikat (zumeist als Anleihe emittiert) kann auch ein Index-Zertifikat sein, dessen Kapitaleinsatz bei Einlösung ganz oder teilweise garantiert ist. Ein Index-Zertifikat auf einen Renten- oder Anleiheindex[7] (wie z. B. REX-P oder *JPM Government-Bond*-Index) könnte man bei entsprechender Laufzeit wirtschaftlich wohl in die Kategorie „Schutz" einordnen, da die zu erwartende Entwicklung des Basiswertes einer formellen Kapitalgarantie sehr nahe kommt. Ein Index-Zertifikat mit einer Kapitalgarantie

---

[5] Für eine Kategorisierung von strukturierten Finanzprodukten am deutschen Kapitalmarkt vgl. *Wilkens/Stoaimenov*, FiB 2005 S. 512 ff.

[6] Vgl. UBS auf website: www.http//:keyinvest.ibb.ubs.com Stickwort „product overview"; detailierter als dargestelltes Chance-Risiko-Profil: Derivate, Leaflet x-markets, Deutsche Bank, 360 Grad – die ganze Welt der Zertifikate, S. 5

[7] Näher zu dem REX-P-Zertifikat unter C.IV.2.

setzt sich regelmäßig finanzmathematisch, je nach Höhe der Kapitalgarantie, aus einem „sicheren" Wertpapier, wie z. B. einem Zerobond, und dem Erwerb des Basiswertes bzw. eines Derivats auf den Basiswert zusammen. Garantie-Zertifikate sind keine Delta-Eins-Finanzinstrumente.

Discount-Zertifikate werden oftmals unter den Bereich der sog. „Optimierung" i. S. v. Optimierung des „Einstieges" und Optimierung i. S. v. Partizipation an der Wertentwicklung bei sich seitwärts bewegender Kapitalmärkte sortiert. Discount-Zertifikate haben grundsätzlich eine begrenzte Laufzeit, zumeist knapp über ein Jahr, und die Struktur besteht aus zwei Komponenten: Investiert man in ein Discount-Zertifikat, wird man so gestellt, als würde man zunächst den Basiswert (Index- oder Einzelaktie) erwerben und zugleich eine Kaufoption auf denselben Basiswert verkaufen. Der *cap* stellt die Grenze dar, bis zu der an steigenden Gewinnen partizipiert werden kann. Die vereinnahmte Optionsprämie ermöglicht den „verbilligten Einstieg" und bietet dem Investor hinsichtlich der Bewegung des Basiswertes nach unten zunächst einen Risikopuffer.

Beispiel:
Der Anleger investiert 52 EUR bei einem DAX-Stand von 6.000 in ein Discount-Zertifikat auf den DAX. Der *cap* liegt bei 6.000 Punkten. Bei Annahme eines Bezugsverhältnisses von 1:100 bedeutet das, dass maximal ein Höchstbetrag von 60 EUR aus dem Zertifikat resultieren wird; jedoch wird dadurch auch der „verbilligte" Einstieg von 52 EUR ermöglicht. Für den Fälligkeitstag ergeben sich zwei Szenarien: Einerseits könnte der DAX auf bzw. über dem *cap* notieren, also bei mindestens 6.000 Punkten. In diesem Fall kommt es zur Auszahlung des Höchstbetrages von 60 EUR. Andererseits ist es möglich, dass der Index unter dem *cap* liegt. Bei einem Stand von kleiner als 5.200 Punkte kommt es zu einer Verlustpartizipation.

Folgendes Chancen-Risiko-Diagramm soll ein DAX Discount-Zertifikat mit dem *cap* auf 6.000 darstellen.

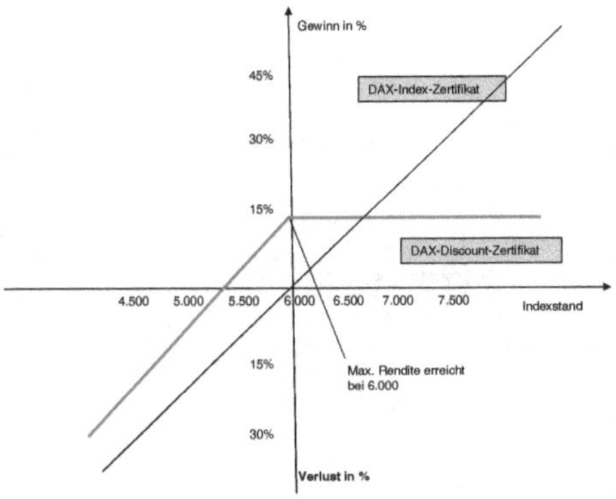

Abbildung: Chance-Risiko-Diagramm Dax-Discount-Zertifikat

Abbildung 2: Chance-Risiko-Diagramm Dax-Discount-Zertifikat

Unter den Begriff „*Performance*" werden oftmals Bonus-Zertifikate, aber auch bestimmte Arten von Index-Zertifikaten, eingeordnet. „*Performance*" in diesem Zusammenhang soll beschreiben, dass die Wertentwicklung des Zertifikats grundsätzlich unbeschränkt an der Entwicklung des Kapitalmarkts teilnimmt. Ebenso wie Discount-Zertifikate sind auch Bonus-Zertifikate in ihrer Laufzeit begrenzt, diese liegt jedoch in der Regel zwischen drei und sieben Jahren. Bei Bonus-Zertifikaten gibt es typischerweise eine Bonus-Schwelle bei Bewegungen des Marktes nach unten und eine bedingte garantierte Kapitalrückzahlung, die über dem Kaufpreis liegt. Folgendes Chancen-Risiko-Diagramm auf den EURO STOXX 50 zeigt die untere Schwelle bei beispielsweise 2.450 Punkten. Sobald die untere Schwelle von 2.450 Punkten überschritten wird, ist der Risikopuffer „aufgebraucht" und es erfolgt eine volle Partizipation am Verlust. Anders als bei Discount-Zertifikaten ist bei den Bonus-Zertifikaten kein sog. *cap* zu verzeichnen, sondern es kann unbeschränkt an der Wertentwicklung des EURO STOXX 50 nach oben partizipiert werden. Finanztechnisch wird dies erreicht durch den Kauf eines sog. *Zero-Strike-Call* und den Kauf eines sog. *Knock-Out-Put*. Der *Zero-Strike-Call* ist eine Kaufoption mit einem *strike* von 0,01 EUR auf den EURO-STOXX (Price) Index, d.h. der EURO-STOXX ohne Dividendenberücksichtigung. Der *Knock-Out-Put* ist eine Verkaufsoption mit einem *strike* von 3.950 Punkten und einer *Knock-Out*-Schwelle von 2.450 Punkten. Der bedingte Garantiebetrag von 3.950 Punkten im vorliegenden Beispiel (Bedingung ist, dass die Schwelle von 2.450 während der Laufzeit nicht unterschritten wird) wird von dem Emittenten somit durch die „einbehaltenen Dividendenzahlungen" „finanziert". Wird diese

Schwelle von 2.450 Punkten unterschritten, nimmt der Investor wiederum vollständig am Verlust teil.

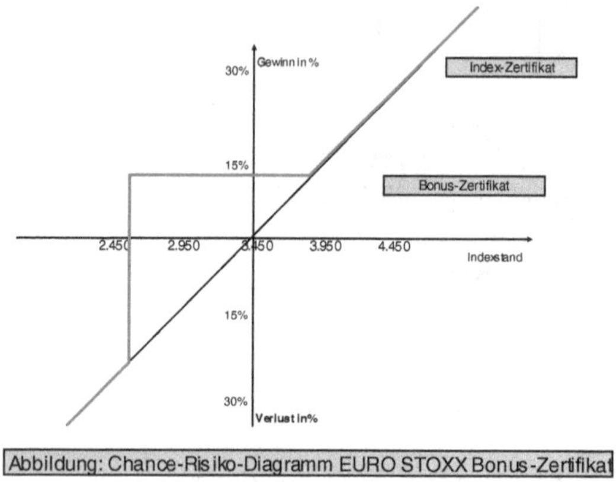

Abbildung 3: Chance-Risiko-Diagramm Bonus-Zertifikat

Discount- und Bonus-Zertifikate sind keine sog. „Delta-Eins-Zertifikate, da sie Optionen enthalten und die Wertentwicklung damit nicht unmittelbar von dem zugrunde liegenden Basiswert abhängt.

Unter das Ertrag-Risiko-Merkmal „Performance" sind sowohl Zertifikate auf Aktienindizes (darunter fallen auch die einzelnen Branchenindizes, die letztendlich auf Unternehmen bestimmter Sektoren abstellen), Aktienkörbe, aber auch auf sog. *commodities* einzuordnen.

Eine weitere Kategorie sind die sog. „Turbo-", „*outperformance*" oder „Hebel-"Zertifikate, die sich unter dem Ertrag-Risiko-Profil „Hebel" einordnen lassen. Die Bezeichnung „Hebel" oder „*leverage*" soll zum Ausdruck bringen, dass mit dem jeweiligen Zertifikat überproportional an der Entwicklung des Basiswertes partizipiert wird, was als „Hebeleffekt" oder *leverage* bezeichnet wird, sodass auch diese Zertifikate keine sog. „Delta-Eins"-Zertifikate darstellen.

II. Bedeutung der Analyse des Zinsbegriffs für die Besteuerung von Zertifikaten nach geltendem deutschem Steuerrecht, dem OECD-MA und der EU-Zinsrichtlinie

1. Deutsches Steuerrecht

Die Frage der Besteuerung von Kapitalerträgen aus der Einlösung oder

Veräußerung von Zertifikaten im deutschen Steuerrecht richtet sich im Wesentlichen nach der Einordnung als Finanzinnovation entsprechend § 20 Abs. 1 Nr. 7 i. V. m. § 20 Abs. 2 Nr. 4 c) EStG oder als spekulative Einkünfte nach § 23 Abs. 1 S. 1 Nr. 2 EStG bzw. § 23 Abs. 1 S. 1 Nr. 4 S. 2 EStG. Letztendlich geht es um die Abgrenzung der steuerpflichtigen Kapitalerträge und des nicht steuerpflichtigen Substanzgewinns. Diese Fragestellung ist von Bedeutung für sämtliche „Akteure“: für die Produktstrukturierer und Marketingstrategen der Kreditinstitute, um das Zertifikat als „steueroptimiert“ bezeichnen zu können, für die Investoren, um in ein „steueroptimiertes“ Produkt investieren zu können, für die Finanzbeamten der Veranlagungsstelle der Einkommensteuer, um die entsprechende Veranlagung der Produkte vorzunehmen und für die Depotbank, um gegebenenfalls die Zinsabschlagsteuer einzubehalten, für die sie Haftungsschuldner ist.

2. OECD-MA

Auf Ebene des OECD-MA geht es zunächst allgemein um die Definition des Zinsbegriffs und im Weiteren um die Frage der Einordnung der Erträge aus Zertifikaten, wobei grundsätzlich eine Einordnung unter den Artikel der Dividenden, Zinsen, Veräußerungsgewinne oder sonstigen Erträge in Betracht kommt. Die Frage der Einordnung hat Bedeutung hinsichtlich der Zuweisung des Besteuerungsrechts der Erträge zwischen den Staaten, die das DBA abgeschlossen haben. Es handelt sich bei Investitionen in ein Zertifikat insbesondere um die praktischen Fälle, in denen der Investor und der Emittent des Wertpapiers in unterschiedlichen Staaten ansässig sind. Besteht ein Besteuerungsrecht in beiden Staaten, so wird die Antwort der Zuweisung des Besteuerungsrechts zunächst auf Abkommensebene gesucht. Daran schließt sich die Untersuchung an, ob auf das nationale Recht zurückgegriffen werden kann, sofern eine Auslegung auf Abkommensebene die Frage nicht ausreichend beantwortet.

3. EU-Zinsrichtlinie[8]

Die Analyse des Zinsbegriffs, insbesondere im Hinblick auf die Einordnung von Zertifikaten bei natürlichen Personen, nach der EU-Zinsrichtlinie, deren Umsetzungsgesetzen und deren Durchführungsverordnungen wird beispielhaft anhand der Rechtslage in der Bundesrepublik Deutschland, der Republik Österreich und der Schweiz vorgenommen. Die Republik Österreich und die Schweiz wurden herausgegriffen, da sich diese deutschsprachigen Staaten in der Praxis durch herausragende Relevanz für Kapitalmarktinvestitionen für in Deutschland ansässige Privatinvestoren auszeichnen. Für die zur Informationserteilung bzw. zum Steuerabzug verpflichtete Zahlstelle ist eine klare Abgrenzung des Besteuerungstatbestandes von großer Bedeutung. Der

[8] Richtlinie 2003/48/EG des Rates vom 3.6.2003 im Bereich der Besteuerung von Zinserträgen

Quellensteuereinbehalt, dem Österreich und die Schweiz folgen, soll nach dem Sinn und Zweck der Richtlinie zu keiner endgültigen Besteuerung der entsprechenden Zinserträge beim wirtschaftlichen Eigentümer führen, da grundsätzlich eine Erklärung der Kapitalerträge des Privatinvestors bei seinem Wohnsitzfinanzamt und damit die Besteuerung nach dem individuellen Steuersatz erfolgen sollte.[9] Kommt ein Steuerpflichtiger dieser Erklärungspflicht nicht nach, so kann in der Praxis ein „Steuerwettbewerb"[10] durch Verlagerung der Zahlstelle in die Mitgliedstaaten oder Drittländer mit einem eng definierten materiellen Zinsbegriff nicht ausgeschlossen werden. Für Zahlstellen in Ländern mit weitem Zinsbegriff kann es demgegenüber zu „Standortnachteilen" kommen. Deutschland folgt nicht der Systematik des Quellensteuerabzugs, sondern der des Informationsaustausches, der nur zur Anwendung kommt, wenn das Zertifikat im Sinne der Zinsdefinition eingestuft wird. Je nach Umsetzung der Definition des Zinsbegriffs kann es in einzelnen Staaten zu umfassenderem und weniger umfassenderem Informationsaustausch kommen.

III. Bedeutung einer transparenten Sichtweise und der abgeltenden Kapitalertragsteuer nach dem Unternehmensteuerreformgesetzes 2008 für die Neukonzeption der Besteuerung von Zertifikaten

In dem letzten Abschnitt der vorliegenden Arbeit, dem Abschnitt F, wird eine Neukonzeption der Besteuerung von Zertifikaten dargestellt. Dabei wird die „Zerlegung der Zertifikate" i.S.e. Durchgriffs- bzw. Transparenzprinzips durch die Aufarbeitung der Besteuerung von sog. *combound instruments* wie der Options-, Wandel-, Umtausch- und Aktienanleihe, und Investmentfonds näher untersucht. Ferner wird die sog. Abgeltungssteuer durch das Unternehmenssteuerreformgesetz 2008 allgemein und insbesondere im Bezug auf Zertifikate dargestellt. Während dieser Teil zunächst als Illustration des Versuchs einer Neukonzeption im Sinne einer Kapitalertragsteuer mit abgeltender Wirkung gedacht war, stellte der Gesetzgeber am 7.2.2007 auf seiner *Homepage* einen Referentenentwurf zur Unternehmensteuerreform 2008 vor, der auch den Vorschlag einer Abgeltungssteuer für Kapitaleinkünfte im Privatvermögen enthält. Auch wenn die sog. Abgeltungssteuer erst zum 1.1.2009 umgesetzt werden soll, so ist sie nach der Gesetzesbegründung eng mit der Unternehmenssteuerreform verbunden[11] und enthält, auf Anregung des Bundesrates, insbesondere für Zertifikate eine gesonderte Übergangsregelung.

---

[9] *Mühlehner*, ÖStZ 2005, S. 76.

[10] Zur Problematik des „Steuerwettbewerbs" im Rahmen der EU-Zinsrichtlinie vgl. insbesonders, *Schwarz*, DStR 2006, S. 86 ff.; *Mühlehner*, ÖStZ 2005, S. 76 ff.; *Seiler/Ismer*, IStR 2005, S. 1 ff.; *Reiffs*, DB 2005, S. 242 ff.; Allgemein zur Besteuerungsgleichheit in der EU vgl. insbesondere *Birk* in *Lehner*, DStjG, Band 19, 1996, S. 63 ff.

[11] Gesetzesbegründung zum Unternehmensteuerreformgesetzes 2008, S. 51.

Ziel der Abgeltungssteuer sei, dass die derzeit unterschiedliche Besteuerung von Zinsen, Dividenden und privaten Veräußerungsgewinnen im Privatvermögen aufgegeben werde und einheitlich mit einer 25%igen Abgeltungssteuer (zuzüglich Solidaritätszuschlag und Kirchensteuer) belegt werden soll.[12] Nach einer knappen Darstellung der Änderungen durch das Unternehmensteuerreformgesetz 2008 wird auch die Bedeutung der damit einhergehenden Änderung des Zinsbegriffs und der Besteuerung von Zertifikaten im Hinblick auf das OECD-MA und die EU-Zinsrichtlinie demonstriert.

[12] Gesetzesbegründung zum Unternehmensteuerreformgesetzes 2008, S. 51.

B. Historischer Überblick zur Entwicklung der Besteuerung von Zinsen und Zertifikaten in Deutschland, des Zinsbegriffs des OECD-MA sowie der Entstehung, Zielsetzung und des Regelungsinhalts der EU-Zinsrichtlinie

I. Die historische Entwicklung der Unterscheidung zwischen Kapitalertrag und Substanzgewinn

Die Besteuerung von Zinseinkünften findet ihren Ursprung in der Quellentheorie[13]. Die Quellentheorie stellt bei dem Einkommensbegriff auf das Vorhandensein einer Einkommensquelle ab. Bildlich gesprochen sind Zinsen die „Äpfel" eines „Baumes" oder die Früchte des Stammvermögens. In dem Zeitraum vom Preußischen EStG von 1891 bis zum EStG 1934 wurden die bis heute wesentlichen Grundlagen der Einkommensbesteuerung geschaffen und das fundamentale Prinzip des „Dualismus der Einkunftsarten" festgeschrieben. Dieses Prinzip verankert das Konzept, dass Vermögenszugänge, die aus der Veräußerung der Quelle selbst stammen, kein steuerliches Einkommen bilden. Wiederum bildhaft gesprochen, wirft der mit Gewinn verkaufte „Apfelbaum" keinen steuerbaren Gewinn ab, denn es sollen nur die Früchte, nicht aber Wertschwankungen des Vermögens steuerlich erfasst werden. Anders sieht es die Reinvermögenszugangstheorie[14], die auch die Gewinne aus der Veräußerung des „Apfelbaums" einschließt. Das Einkommen ist danach der „reine", d. h. von zusammenhängenden Ausgaben bereinigte, Vermögenszugang, unabhängig davon, ob und aus welchen Quellen er stammt.[15] Damit werden auch Veräußerungsgewinne, die aus dem Verkauf der Quelle selbst resultieren, besteuert.

1. Preußisches EStG von 1891

Das Preußische EStG vom 24.6.1891 unterscheidet erstmals im Sinne der Systematik der Quellentheorie zwischen dem Vermögen (der Quelle) und dem aus der Quelle fließenden Ertrag.[16] Während das Vorgängergesetz, das

---

[13] *Kirchhof* in *Kirchhof/Söhn/Mellinghoff*, § 2 Rn A 240 ff.; *Tipke/Lang*, § 9 Rz 49 ff.; *Raupach* in *Herrmann/Heuer/Raupach*, § 2 Anm 520 ff.; *Crezelius* in *Kirchhof/Söhn/Mellinghoff*, § 23 Rn A 20 ff.; *Birk*; Steuerrecht, § 1 Rn 20 ff; *Tipke*, Die dualistische Einkünfteermittlung nach dem Einkommensteuergesetz, in *Kruse*; S. 391 ff.

[14] *Tipke/Lang*, § 9 Tz. 50 mit Verweis auf *von Schanz*, Der Einkommensbegriff und die Einkommensgesetze, Finanz Archiv, 13. Jahrgang (1896), S. 7.

[15] *Strutz*, EStG v. 10. August 1925, Band I, S. 24 ff.; *Tipke/Lang*, § 9 Tz. 50; *Ruppe* in *Herrmann/Heuer/Raupach* Einf ESt Anm 12; *Kirchhof* in *Kirchhof/Söhn/Mellinghoff*, § 2 Rn A 321 ff.; *Birk*, Steuerrecht; § 1 Rn 20 ff; *Tipke*, Die dualistische Einkünfteermittlung nach dem Einkommensteuergesetz,in *Kruse*, FS *Paulick*, S. 393 ff.

[16] *Kirchhof in Kirchhof/Söhn/Mellinghoff*, § 2 Rn A396 ff., *Wassermeyer* in *Kirchhof/Söhn/Mellinghoff*, § 20 Rn A 51 ff., *Fuisting/Strutz*, Die preußischen direkten Steuern; *Birk*, Steuerrecht, § 1, Rn 20 ff., *Huchatz/Daenner* in *Herrmann/Heuer/Raupach*, Dok 1 Anm 2.

ostpreußische EStG von 1808, das auf *Karl Freiherr vom Stein* zurückgeht[17], keine allgemein sachliche Steuerpflicht enthält, sondern kasuistisch an einzelne Einkunftsarten anknüpft[18], und die preußische Klassen- und klassifizierte Einkommensteuer 1851[19], wie schon der Name sagt, eine Klassensteuer darstellt, ist das Preußische EStG von 1891 eine echte Einkommensteuer unter völliger Berücksichtigung der individuellen Verhältnisse.[20] Es geht auf den preußischen Finanzminister *Johannes von Miquel* zurück, unter dem die direkten Steuern grundlegend geändert wurden.

§ 7 des Preußischen Einkommensteuergesetzes regelt die verschiedenen Einkommensarten nach der Quelle des Einkommens:[21]

„§ 7
Als Einkommen gelten die gesamten Jahreseinkünfte des Steuerpflichtigen in Geld und Geldeswerth aus:
1. *Kapitalvermögen,*
2. *Grundvermögen, Pachtungen und Miethen, einschließlich des Miethwertes der Wohnung im eigenen Haus,*
3. *Handel und Gewerbe einschließlich des Bergbaues,*
4. *Gewinn bringender Beschäftigung, sowie aus Rechten und periodischen Hebungen und Vortheile irgendwelcher Art, soweit diese Einkünfte nicht schon unter Nr. 1 bis 3 begriffen sind."*

Die Besteuerung der Einkünfte aus Kapitalvermögen ist in § 12 des Preußischen EStG geregelt.

„Als Einkommen aus Kapitalvermögen gelten: Zinsen, Renten, und geldwerte Vorteile aus Kapitalforderungen jeder Art, soweit solche Bezüge nicht bei Landwirtschaft-, Handel- und Gewerbetreibenden behufs Ausmittelung des steuerpflichtigen Einkommens aus Grundvermögen, Pachtungen, Handel oder Gewerbe (§§ 13, 14) als Teile des Geschäftsertrages in Rechnung zu bringen sind."

Anschließend erfolgt eine Aufzählung, was als Einkommen aus Kapitalvermögen gilt:

„a. Zinsen aus Anleihen und sonstigen verzinslichen Kapitalforderungen

---

[17] Vgl. *Kirchhof* in *Kirchhof/Söhn/Mellinghoff*, § 2 Rn A387, m. w. H. auf *Freiherr von Stein*, Briefe und amtliche Schriften, Bd. II/1, S. 279, S. 280 f.
[18] *Kirchhof* in Kirchhof/Söhn/Mellinghoff, § 2 Rn A 389.
[19] Gesetz betreffend die Einführung einer Klassen- und klassifizierten Einkommensteuer vom 1.5.1851, PrGS 1851, 193.
[20] *Blümich/Schachian*, EStG vom 10. August 1925, S. 27.
[21] Zitiert nach *Wassermeyer* in *Kirchhof/Söhn/Mellinghoff*, § 20 Rn A51.

sowie aus verzinslich gewordenen Zins- und anderen Ausständen;
b. Dividenden und Zinsen, Ausbeuten und sonstige Gewinnanteile von Aktiengesellschaften, Kommanditgesellschaften auf Aktien, Gewerkschaften, Erwerbs-, und Wirtschaftsgenossenschaften, und von einer stillen Gesellschaft (Art. 250 ff. des Handelsgesetzbuches);
c. Zinsen, welche in unverzinslichen Kapitalforderungen, bei denen ein höheres als das ursprünglich gegebene Kapital zurückgewährt wird, einbegriffen sind;
d. vereinnahmte Gewinne aus der zu Spekulationszwecken unternommenen Veräußerung von Wertpapieren, Forderungen, Renten usw., abzüglich etwaiger Verluste bei derartigen Geschäften.“ [22]

In § 12 lit d des Preußischen EStG werden Substanzgewinne, die aus Spekulationsgeschäften erzielt wurden, als steuerpflichtige Einkünfte aus Kapitalvermögen behandelt.[23] Die Einbeziehung der sog. Spekulationsgeschäfte zur Besteuerung wurde als unvereinbar mit der Quellentheorie gesehen.[24] Der Gesetzgeber nahm eine bewusste Durchbrechung des Grundsatzes der Quellenmäßigkeit des steuerpflichtigen Einkommens vor, indem er Spekulationseinkünfte, obwohl sie sich im Bereich des Vermögens vollziehen, nach ausdrücklicher gesetzlicher Bestimmung als steuerliches Einkommen fingierte.[25] Der Gesetzgeber wollte den Tatbestand des Spekulationsgeschäftes umfassend sehen, um An- und Verkaufsgeschäfte von Wertobjekten mit alleiniger Absicht der Erzielung von steuerfreien Einnahmen durch Vermögenszuwächse statt zur dauernden Einnahmeerzielung zu verhindern.[26] Der Spekulationstatbestand umfasste deshalb Substanzgewinne aus der Veräußerung von allen übrigen Wirtschaftsgütern wie Grundstückskomplexe, Bergwerke, Fabriken usw. und nicht nur Kapitalanlagen.[27] Somit kannte man erstmals 1891 die Unterscheidung zwischen Kapitalertrag und Substanzgewinn, jedoch wurden auch damals schon die sog. Spekulationsgeschäfte entgegen der Quellentheorie in die Besteuerung mit einbezogen. Unter Spekulationsgewinn wurde der Gewinn verstanden, der *„außerhalb des Gewerbes erzielt wird durch die Wiederveräußerung der vom Besitzer selbst von vornherein behufs Gewinnerzielung durch Wiederveräußerung erworbenen Vermögensteile.“*[28]

---

[22] Zitiert nach *Wassermeyer* in *Kirchhof/Söhn/Mellinghoff*, § 20 Rn A51.
[23] Man kannte noch keinen Tatbestand der sonstigen Einkünfte im heutigen Sinne. Vgl. *Wassermeyer* in *Kirchhof/Söhn/Mellinghoff*, § 20 Rn A54.
[24] *Fuisting/Strutz*, Die preußischen direkten Steuern, § 7 Anm 6, *Kirchhof* in Kirchhof/Söhn/Mellinghoff, § 2 EStG Anm. A 400, *Huchatz/Daenner* in *Herrmann/Heuer/Raupach*, Dok 1 Anm 3; *Bayer*, FR 1991, 333, 339 m. w. N.
[25] *Fuisting/Strutz*, Die preußischen direkten Steuern, § 7 Anm 6.
[26] *Fuisting/Strutz*, Die preußischen direkten Steuern, § 7 Anm 6.
[27] *Fuisting/Strutz*, Die preußischen direkten Steuern, § 7 Anm 6.
[28] *Fuisting/Strutz*, Die preußischen direkten Steuern, § 7 Anm 8.

2. Reichsdeutsches EStG von 1920

Nach dem Ersten Weltkrieg wurde im Zuge der Erzberg'schen Steuerreform das erste Reichseinkommensteuergesetz erlassen. Das EStG von 1920 ist von der von *Georg von Schanz* entwickelten Reinvermögenszugangstheorie geprägt.[29] Man wollte durch die Anlehnung der Steuergesetzgebung an die Reinvermögenszugangstheorie dem Nachteil der Quellentheorie begegnen, dass einmalige, nicht aus dauernder Quelle fließende Einkünfte nicht besteuert werden.[30] Zu den steuerbaren Einkommen gehörten nach § 5 EStG 1920:

> *„Einkünfte aus Grundbesitz, aus Gewerbebetrieb, aus Kapitalvermögen und aus Arbeit sowie sonstige Einnahmen ohne Rücksicht darauf, ob es sich um einmalige oder wiederkehrende Einkünfte handelt oder aus welchem rechtlichen oder tatsächlichen Grunde sie dem Steuerpflichtigen zugefallen sind."*[31]

Die Aufzählung der Einkünfte ist nicht abschließend, sondern lediglich beispielhaft.[32]

In § 8 EStG wurden die Einkommen aus Kapitalvermögen geregelt.

> *„(1) Zum Einkommen aus Kapitalvermögen gehören:*
> 1. *Dividenden, Zinsen, Ausbeuten und sonstige Gewinne, welche entfallen auf Aktien, Kuxe, Genußscheine sowie auf Anteile an Kolonialgesellschaften, an bergbautreibenden Vereinigungen, welche die Rechte einer juristischen Person haben, an Genossenschaften und an Gesellschaften mit beschränkter Haftung;*
> 2. *Einkünfte aus der Beteiligung an einem Handelsgewerbe als stiller Gesellschafter;*
> 3. *Zinsen von Anleihen, die in öffentlichen Schuldbüchern eingetragen oder über die Teilschuldverschreibung ausgegeben sind;*
> 4. *Zinsen aus Kapitalforderungen jeder Art einschließlich der Zinsen aus Einlagen und Guthaben bei Sparkassen, Banken und anderen Kreditanstalten;*
> 5. *Zinsen von Hypotheken und Grundschulden, Renten von Rentenschulden. Bei Tilgungshypotheken und Tilgungsgrundschulden gilt nur der Teil der Zahlung als Einkommen, der auf den jeweiligen Kapitalrest als Zins entrichtet wird;*

---

[29] *Blümich/Schachian*, EStG vom 10. August 1925, S. 30, Birk, Steuerrecht, § 1 Rn 21, *Kirchhof* in *Kirchhof/Söhn/Mellinghoff*, § 2 Rn A 422, *Huchatz/Daenner* in *Herrmann/Heuer/Raupach*, Dok 1 Anm 10.

[30] *Kirchhof* in *Kirchhof/Söhn/Mellinghoff*, § 2 Rn A 422 m.w.H. auf Begründung zum REStG-Entwurf vom 29.11.1919 und *Schanz* im FinArch, Bd. XIII (1896), S. 1 ff.

[31] Zitiert nach *Kirchhof* in *Kirchhof/Söhn/Mellinghoff*, § 2 Rn A 423.

[32] *Kirchhof* in *Kirchhof/Söhn/Mellinghoff*, § 2 Rn A 423 m. w. H. auf die Begründung zum REStG-Entwurf vom 29.11.1919.

6. vererbliche Rentenbezüge;
7. Diskontbeträge von Wechseln und Anweisungen einschließlich der Schatzwechsel, sowie es sich um Kapitalanlagen handelt.

(2) Als Erträge aus Kapitalanlagen im Sinne des Abs. 1 gelten auch besondere Entgelte oder Vorteile, die neben Kapitalerträgen der im Abs. 1 genannten Art oder an deren Stelle gewährt werden.

(3) Soweit Kapitalerträge der in Abs. 1 und 2 bezeichneten Art in einem land- und forstwirtschaftlichen, gewerblichen oder bergbaulichen Betrieb anfallen, gelten sie als Einkommen aus dem Betriebe der Land- und Forstwirtschaft oder Gewerbebetrieb."[33]

In Abs. 2 wird verdeutlicht, dass den Einkünften aus Kapitalvermögen ein weiter Einnahmebegriff zugrunde liegt. Die Subsidiarität der Einkünfte aus Kapitalvermögen gegenüber Einkünften aus Land- und Forstwirtschaft und aus Gewerbebetrieben wird gesetzestechnisch, wie auch heute noch, durch einen gesonderten Abs. 3 geregelt.

Während in den Vorgängergesetzen Substanzgewinne im Rahmen der Einkünfte aus Kapitalvermögen erfasst wurden, musste nunmehr ein gesonderter Tatbestand „sonstige Einnahmen" geschaffen werden, der insbesondere Renten, Zuschüsse und sonstige Vorteile sowie durch einzelne Veräußerungsgeschäfte erzielte Gewinne erfasst, ohne dass auch diese Aufzählung abschließend gemeint war.[34] Eine Ausnahme von der Besteuerung aus Veräußerungsgewinnen war für Gewinne aus dem Verkauf von länger als zehn Jahre im Eigentum gehaltenen Grundstücken sowie von Gebrauchsvermögen vorgesehen, sofern diese nicht zum Zwecke der Wiederveräußerung erworben worden waren.[35] Mit anderen Worten wurden im **REStG 1920 Wertveränderungen des Vermögens** im Rahmen der privaten Einkünfte **generell** erfasst. Die Einkunftsarten, die auf der Quellentheorie beruhen, waren somit von der Reinvermögenszugangstheorie geprägt.

Mit dem Gesetz vom 24.3.1921[36] wurden einmalige private Veräußerungsgewinne im außerbetrieblichen Bereich auf Spekulationsgewinne beschränkt.[37] Die ökonomische Lage Deutschlands im Jahr der Währungsreform und die Haushaltslage zwangen die Reichsregierung zu Korrekturen des Einkommen-

---

[33] Zitiert nach *Wassermeyer* in *Kirchhof/Söhn/Mellinghoff*, § 20 Rn A58.
[34] *Strutz*, Kommentar zum EStG vom 10. August 1925, Bd. I, S. 124, *Kirchhof* in *Kirchhof/Söhn/Mellinghoff*, § 2 Rn A 423.
[35] *Kirchhof* in *Kirchhof/Söhn/Mellinghoff*, § 2 Rn A424; *Blümich/Schachian*, EStG 1925, S. 30.
[36] *Kirchhof* in *Kirchhof/Söhn/Mellinghoff* § 2 Rn A 429 mit Hinweis auf RGBl 1921, 313 ff.
[37] *Kirchhof* in *Kirchhof/Söhn/Mellinghoff*, § 2 Rn A429.

steuergesetzes[38]; insbesondere mangelnde Steuerehrlichkeit im Bereich der Erklärung von spekulativen Einkünften war Grund für die Einschränkung der Besteuerung der Substanzgewinne im privaten Bereich. Vor der Novelle vom 24.3.1921 waren Veräußerungsverluste generell abzugsfähig, sodass Steuerpflichtige einerseits nur wenige Gewinne tatsächlich versteuerten, während andererseits Verluste steuerlich geltend gemacht wurden.[39] Dem Reich sei daher kein finanzieller Vorteil, sondern Schaden entstanden.[40]

Die Systematik der ausnahmsweisen Besteuerung von Substanzgewinnen im außerbetrieblichen Bereich, die mit der Gesetzesnovelle vom 24.3.1921[41] eingeführt wurde, gilt bis heute.

3. Reichsdeutsches EStG von 1925

Das Gesetz vom 15.8.1925 war wesentlich von *Johannes Popitz*, dem damaligen Staatssekretär des Reichsministers der Finanzen *von Schlieven*, geprägt.[42] In § 6 findet sich eine Gliederung des Einkommens in insgesamt acht Einkunftsarten, von denen die ersten sechs mit den Einkunftsarten im heutigen § 2 Abs. 1 Nr. 1 bis 6 übereinstimmen.

Nach den Gesetzesmaterialen war das EStG 1925 weder von der Quellen- noch von der Reinvermögenszugangstheorie besonders geprägt.[43] Man legte vielmehr besonderen Wert auf die Durcharbeitung der Grundbegriffe des Einkommensteuerrechts, auf eine zugängliche Formulierung der grundlegenden Vorschriften und auf den Aufbau des Gesetzes.[44]

Der historisch gewachsene Dualismus der Einkunftsarten wurde gesetzlich geregelt.[45] Die Einkunftsermittlung berücksichtigt bei den Gewinneinkünften (betriebliche Einkunftsarten) den Gewinn, der sich an der Reinvermögenszugangstheorie orientiert und auch Wertsteigerungen des Vermögens erfasst, während bei den Überschusseinkunftsarten der Überschuss der Einnahmen über die Ausgaben zu versteuern ist, der auf der Quellentheorie beruht und Substanzveränderungen nicht berücksichtigt.

Die Einkünfte aus Kapitalvermögen bildeten auch damals die fünfte Einkunftsart und wurde in § 37 REStG vom 15.8.1925 dargelegt.

---

[38] *Blümich*, DStZ 1921, S. 6.
[39] *Blümich*, DStZ 1921, S. 6.
[40] *Blümich*, DStZ 1921, S. 6.
[41] RGBl I 1923, 1203.
[42] *Wassermeyer* in *Kirchhof/Söhn/Mellinghoff*, § 20 Rn A63, *Kirchhof* in *Kirchhof/Söhn/Mellinghoff*, § 2 Rn A431.
[43] Gesetzesmaterialien zitiert nach *Strutz*, Kommentar zum EStG vom 10. August 1925 Bd. I, S. 494.
[44] Zitiert nach *Kirchhof* in *Kirchhof/Söhn/Mellinghoff*, § 2 Rn A 431 m. H. a. Begründung zum Entwurf eines Reichseinkommensteuergesetzes vom 23.4.1925, RT-Drucks. III/795.
[45] *Kichhof* in *Kirchhof/Söhn/Mellinghoff*, § 2 Rn A437.

„(1) Zu den Einkünften aus Kapitalvermögen gehören insbesondere:

1. *Dividenden, Zinsen, Ausbeuten und sonstige Gewinne, welche entfallen auf Aktien, Kuxe, Genußscheine sowie auf Anteile an der Reichsbank, an Kolonialgesellschaften, an bergbautreibenden Vereinigungen, welche die Rechte einer juristischen Person haben, an Gesellschaften mit beschränkter Haftung und an Genossenschaften;*
2. *Einkünfte aus der Beteiligung an einem Handelsgewerbe als stiller Gesellschafter;*
3. *Zinsen von Anleihen, die in öffentlichen Schuldbüchern eingetragen oder über die Teilschuldverschreibungen ausgegeben sind;*
4. *Zinsen aus Kapitalforderungen jeder Art einschließlich der Zinsen aus Einlagen und Guthaben bei Sparkassen, Banken und anderen Kreditanstalten;*
5. *Zinsen von Hypotheken und Grundschulden, Renten, von Rentenschulden. Bei Tilgungshypotheken und Tilgungsgrundschulden gilt nur der Teil der Zahlung als Kapitalertrag, der auf den jeweiligen Kapitalrest als Zins entrichtet wird;*
6. *Diskontbeträge von Wechseln und Anweisungen einschließlich der Schatzwechsel, soweit es sich um Kapitalanlagen handelt.*

(2) Aus Einkünfte aus Kapitalvermögen im Sinne des Abs.1 gelten auch:

1. *besondere Entgelte oder Vorteile, die den Kapitalerträgen der im Abs. 1 genannten Art oder an deren Stelle gewährt werden;*
2. *Einkünfte aus Veräußerungen von Dividenden und Zinsscheinen sowie sonstigen Gewinnen, sofern die dazu gehörigen Aktien, Schuldverschreibungen und sonstigen Anteile im Eigentum des Steuerpflichtigen bleiben.*

(3) Soweit Kapitalerträge der in Abs.1 und 2 bezeichneten Art in einem land- oder forstwirtschaftlichen oder gewerblichen Betrieb anfallen, gelten sie als Einkünfte aus dem Betrieb der Land- und Forstwirtschaft oder aus Gewerbebetrieb.“[46]

Man hat in den Regelungen der §§ 83-88 EStG 1925 erstmals im Rahmen der Einkommensteuer eine Kapitalertragsteuer im heutigen Sinne eingeführt.[47] Die Kapitalertragsteuer betrug 10 %, wurde von dem Schuldner der Kapitalerträge erhoben und war im Sinne einer Vorauszahlung auf die Einkommensteuer anrechenbar.

---

[46] Zitiert nach *Wassermeyer* in *Kirchhof/Söhn/Mellinghoff*, § 20 Rn A63.

[47] *Gersch* in *Kirchof/Söhn/Mellinghoff*, § 43 Rn A42; zur historischen Entwicklung der Kapitalertragsteuer ausführlich in *Zehetner*, Kapitalertragsteuer im Internationalen Steuerrecht, S. 23 ff.

Substanzgewinne im außerbetrieblichen Bereich wurden nach § 42 EStG 1925, dem Spekulationstatbestand, erfasst. Im Gegensatz zu den bisherigen Einkommensteuerregelungen, die den Tatbestand des Spekulationsgeschäfts als gegeben sahen, wenn subjektiv die Spekulationsabsicht vorlag, versuchte man die Absicht der gewinnbringenden Veräußerung eines erworbenen Objekts durch Fristen und eine daran geknüpfte (widerlegbare) Vermutung zu objektivieren.[48] Die Spekulationsfrist betrug bei Grundstücken zwei Jahre und bei anderen Gegenständen zwei Monate.

Mit dem EStG 1925 gingen die **Vermögenszuwachs-** und die **Vermögenssteuer** einher.[49] Die Vermögenszuwachssteuer wurde erstmalig mit der Besitzsteuer vom 3.7.1913 geregelt, fand ihre Fortsetzung im Kriegsteuergesetz und im Kriegsabgabegesetz, beide vom 21.6.1916, und wurde schließlich weitergeführt im Vermögenszuwachssteuergesetz vom 20.4.1922.[50] Jedoch setzte das mit dem REStG 1925 in Kraft tretende Vermögens- und Erbschaftsteuergesetz mit Artikel I § 26 das Vermögenszuwachsgesetz vorläufig außer Kraft.[51] Man differenzierte damit bei der Besteuerung drei Säulen: Einkommen, Vermögen und Vermögenszuwachs. Das Charakteristikum der reinen Vermögenssteuer war, dass sie das Vermögen an einem Stichtag erfasste, was sie von der Einkommen- und der Vermögenszuwachssteuer unterscheidet, die der Besteuerung eine ganze Periode zugrunde legte.[52] Substanzgewinne unterlagen damit grundsätzlich der Vermögenszuwachssteuer, sodass man verständlicherweise einer Besteuerung als Substanzgewinn im Rahmen der Einkommensteuer kritisch gegenüberstand. In den Gesetzesmaterialien wurde hinsichtlich des Spannungsverhältnisses zwischen Einkommen- und Vermögenszuwachssteuer Stellung genommen, da man in dieser Regelung erstmalig auch Veräußerungsgewinne von Betrieben, Teilbetrieben und wesentlichen Beteiligungen besteuern wollte.

> *„Andererseits sind gegen die Einbeziehung der bei der Veräußerung des Gewerbebetriebs erzielten Gewinne für das bisherige Einkommensteuergesetz und vor allem für das neue Einkommensteuergesetz erhebliche Einwendungen gemacht worden. Es wird insbesondere darauf hingewiesen, daß die bei solchen Gelegenheiten erzielten Gewinne nicht Objekt der Einkommensteuer sein dürfen, sondern daß sie Gegenstand der Vermögenszuwachssteuer sein müßten. Dieser Einwand ist nicht unberechtigt. Die Erfassung sowohl bei der Einkommensteuer als auch bei*

---

[48] *Kichhof* in *Kirchhof/Söhn/Mellinghoff*, § 2 Rn A435, *Blümich/Schachian*, EStG 1925, S. 405 f.
[49] *Blümich/Schachian*, EStG vom 10. August 1925, S.8 ff; *Becker*, EStG vom 10. August 1925, S. 4 f.
[50] *Blümich/Schachian*, EStG vom 10. August 1925, S. 9.
[51] *Blümich/Schachian*, EStG vom 10. August 1925, S. 9.
[52] *Blümich/Schachian*, EStG vom 10. August 1925, S. 9, *Strutz*, Kommentar zum Einkommensteuergesetz vom 10. August 1925, S. 151.

der Vermögenszuwachssteuer könnte eine zu schwere Belastung bewirken. Nun ist aber in Art. I. § 25 des gleichzeitig vorgelegten Entwurfes eines Gesetzes über Vermögen- und Erbschaftsteuer vorgesehen, daß die laufende Vermögenszuwachssteuer vorläufig außer Hebung gesetzt werden soll. Auch dieser Umstand zwingt dazu, solche Gewinne zum mindesten im Wege der Einkommensteuer zu erfassen.“[53]

Somit hat man die Nichterhebung der Vermögenszuwachssteuer letztendlich als Rechtfertigung für die Besteuerung der Substanzgewinne im Rahmen der Einkommensteuer gesehen.[54] Damit konnte die Veräußerung von Betrieben, Teilbetrieben, Mitunternehmeranteilen und wesentlicher Beteiligungen im Rahmen der Einkommensteuer erfasst werden.[55] Bei sonstigen (außerbetrieblichen) Substanzgewinnen, insbesondere Spekulationsgewinnen aus Kapitalvermögen, hat man diese Begründung nicht herangezogen. In den Gesetzesbegründungen zu § 42 EStG 1925 wurden im Gegenteil Überlegungen angestellt, ob Spekulationsgewinne im außerbetrieblichen Bereich überhaupt zur Besteuerung herangezogen werden sollen, da die Besteuerung von Spekulationsgewinnen aus fiskalischer Sicht ohnehin wenig ergiebig sei.[56] Diese Ansicht des Gesetzgebers könnte auf die Erfahrungen aus dem EStG 1920 zurückzuführen sein, in dem Substanzgewinne und -verluste im außerbetrieblichen Bereich generell einkommensteuerrechtlich erfasst[57], jedoch insbesondere Verluste erklärt wurden. Letztendlich entschied man sich für die Besteuerung der Substanzgewinne aus Spekulationsgeschäften gemäß dem damaligen § 42 EStG. Die historische Entwicklung zeigt, dass die noch heute bestehende Regelung der Besteuerung von Substanzgewinnen aus Spekulationsgeschäften im außerbetrieblichen Bereich eine Folge von einzelnen historischen Gegebenheiten war.[58]

4. Einkommensteuergesetz 1934

Die Gesetzesnovellen in den Jahren zwischen 1925 und 1929 haben die zum EStG 1925 ergangene Regelung des § 37 EStG 1925 weitgehend unberührt gelassen.[59] Im Jahre 1934 gab es eine Steuerreform, die im Wesentlichen auf dem REStG 1925 aufbaute und den Dualismus der Einkunftsarten fortschrieb, aber auch Grundbegriffe wie Einkommen, Einkünfte, Einkommensermittlung definierte sowie den Gesetzesaufbau einführte, der auch heute noch gilt.[60]

---

[53] Zitiert nach *Blümich/Schachian*, EStG vom 10. August 1925, S. 327.
[54] *Kirchmayr*, Besteuerung von Beteiligungserträgen, S. 35.
[55] *Kirchmayr*, Besteuerung von Beteiligungserträgen, S. 35.
[56] Zitiert nach *Blümich/Schachin*, EStG vom 10. August 1925, S. 409.
[57] Siehe B.I.2.
[58] So auch *Kirchmayr*, Besteuerung von Beteiligungserträgen, S. 35, 51.
[59] *Wassermeyer* in *Kirchhof/Söhn/Mellinghoff*, § 20 Rn A66.
[60] *Wassermeyer* in *Kirchhof/Söhn/Mellinghoff*, § 20 Rn A67, *Kirchhof* in *Kirchhof/Söhn/Mellinghoff*, § 2 A441 ff.

Der nach diesen Grundsätzen formulierte und nun auch in § 20 REStG vom 16.10.1934 festgeschriebene Gesetzestext lautete:

„(1) Zu den Einkünften aus Kapitalvermögen gehören:

1. *Gewinnanteile (Dividenden), Zinsen, Ausbeuten und sonstige Bezüge aus Aktien, Kuxen, Genußscheinen, Anteilen an Gesellschaften mit beschränkter Haftung, an Erwerbs- und Wirtschaftsgenossenschaften und Kolonialgesellschaften, aus Anteilen an der Reichsbank und an bergbautreibenden Vereinigungen, die die Rechte einer juristischen Person haben;*
2. *Einkünfte aus der Beteiligung an einem Handelsgewerbe als stiller Gesellschafter;*
3. *Zinsen aus Hypotheken und Grundschulden und Renten aus Rentenschulden. Bei Tilgungshypotheken und Tilgungsgrundschulden ist nur der Teil der Zahlung steuerpflichtig, der als Zins auf den jeweiligen Kapitalrest entfällt;*
4. *Zinsen aus sonstigen Kapitalforderungen jeder Art, z. B. aus Darlehen, Anleihen, Einlagen und Guthaben bei Sparkassen, Banken und anderen Kreditanstalten;*
5. *Diskontbeträge von Wechseln und Anweisungen einschließlich der Schatzwechsel.*

(2) Zu den Einkünften aus Kapitalvermögen gehören auch:

1. *besondere Entgelte oder Vorteile, die neben den in Absatz 1 bezeichneten Einkünften oder an deren Stelle gewährt werden;*
2. *Einkünfte aus der Veräußerung von Dividendenscheinen, Zinsscheinen und sonstigen Ansprüchen, wenn die dazugehörigen Aktien, Schuldverschreibungen oder sonstigen Anteile nicht mitveräußert werden.*

(3) Soweit Einkünfte der in Absatz 1 und 2 bezeichneten Art zu den Einkünften aus Land- und Forstwirtschaft, aus Gewerbebetrieb, aus selbständiger Arbeit oder aus Vermietung und Verpachtung gehören, sind sie diesen Einkünften zuzurechnen.“[61]

Auch wenn § 20 EStG 1934 nicht mehr das Wort „insbesondere“ in der Aufzählung der einzelnen Einkunftsarten enthält, so hat man schon damals die Vorschrift im Sinne einer beispielhaften Aufzählung verstanden.[62]

---

[61] Zitiert nach *Wassermeyer* in *Kirchhof/Söhn/Mellinghoff*, § 20 Rn. A68.
[62] *Wassermeyer* in *Kirchhof/Söhn/Mellinghoff*, § 20 Rn A69 m. w. N.

Wie auch derzeit noch gültig, so regelte man in § 23 EStG 1934 die Einkünfte aus Spekulationsvermögen als Veräußerungsgewinn, der durch die Anschaffung und Veräußerung von Wirtschaftsgütern innerhalb der Spekulationsfrist definiert wurde. Man erklärte das Spekulationsgeschäft damit als objektiv und sah von der Widerlegbarkeit der Vermutung der Spekulationsabsicht, wie in § 42 REStG 1925 noch geregelt, ab. Der Gesetzgeber hielt eine besondere Schonung von Spekulationsgewinnen nicht für erforderlich.[63]

5. Die Entwicklung des Einkommensteuergesetzes von 1934 bis zum geltenden Recht

Das **EStG 1938**[64] und das **EStG 1939** haben § 20 EStG 1934 und § 23 EStG 1934 unverändert übernommen.[65] Auch nach dem Zweiten Weltkrieg **bis 1971** ergaben sich für die §§ 20 und 23 EStG gegenüber dem EStG 1934 keine markanten sachlichen Änderungen.[66]

Im **Einkommensteuerreformgesetz vom 5.8.1974**[67] wurden Satz 1 und 2 des noch heute geltenden § 20 Abs. 1 Nr. 6 EStG hinsichtlich der Besteuerung von außerrechnungsmäßigen und rechnungsmäßigen Zinsen aus den Sparanteilen für Lebensversicherungsverträge in das Gesetz aufgenommen. In § 20 Abs. 4 wurde der Sparer-Freibetrag eingeführt.

Aufgrund des **Körperschaftsteuerreformgesetzes vom 31.8.1976**[68] waren in § 20 Anpassungen an die Erfordernisse des körperschaftsteuerlichen Anrechnungsverfahrens notwendig.[69] Die Vorschrift des § 20 Abs. 1 Nr. 6 EStG 1975 wurde um einen Satz 3 ergänzt, welcher diese Vorschrift auch auf fondsgebundene Lebensversicherungen entsprechend anwendbar machte. Zudem wurde in § 20 Abs. 2 Satz 1 eine Nr. 3 angefügt, die eine Regelung über Stückzinsen enthält, und er wurde um die Sätze 2 und 3 ergänzt, die den Anwendungsbereich des § 20 Abs. 2 Nr. 2 und 3 ausweiten.[70]

Mit dem **Gesetz zur Änderung des EStG vom 20.4.1976**[71] wurden alle Einkunftsarten in den Verlustabzug des § 10 d EStG 1976 einbezogen. Diese Neuregelung führte zu einer Ergänzung des § 23 Abs. 4 EStG 1976, nach der Verluste aus Spekulationsgeschäften, über die bereits bestehende

---

[63] *Creszelius* in *Kirchhof/Söhn/Mellinghoff*, § 23 Rn. A33.
[64] EStG 1938 v. 6.2.1938, RGBl I 1938, 121 = RStBl I 1938, 113.
[65] *Wassermeyer* in *Kirchhof/Söhn/Mellinghoff*, § 20 Rn A70.
[66] *Wassermeyer* in *Kirchhof/Söhn/Mellinghoff*, § 20 Rn A71.
[67] Einkommensteuerreformgesetz v. 5.8.1974, BGBl I 1974, 1769 = BStBl I 1974, 530.
[68] Körperschaftsteuerreformgesetz v. 31.8.1976, 2597 = BStBl. I 1976, 445.
[69] Im Einzelnen vgl. *Wassermeyer* in *Kirchhof/Söhn/Mellinghoff*, § 20 Rn A73.
[70] *Wassermeyer* in *Kirchhof/Söhn/Mellinghoff*, § 20 Rn A73.
[71] BGBl I 1974, 1769.

Einschränkung des § 23 Abs. 4 S. 3 hinaus, auch nicht im Wege des Verlustrücktrags oder Verlustvortrags nach § 10 d zu berücksichtigen sind.[72] Diesbezüglich wurde in § 23 Abs. 3 S. 3 ein letzter Halbsatz betreffend § 10 d angefügt.

Durch das **Steuerbereinigungsgesetz 1985**[73] hat man ebenso die Einnahmen aus unverbrieften Genussrechten in die Einkünfte aus Kapitalvermögen nach § 20 Abs. 1 Nr. 1 Satz 1 einbezogen.

Mit dem **Steuerreformgesetz 1990**[74] führte man eine sog. „kleine" Kapitalertragsteuer als Erhebungsform für die Einkommensteuer ein, die jedoch durch das **Gesetz zu Änderung des Steuerreformgesetzes 1990**[75] wieder abgeschafft wurde.

Durch das **Standortsicherungsgesetz vom 13.9.1993**[76] wurde § 20 Abs. 2 Satz 1 Nr. 2 neu gefasst. Unter a wurde „durch den Anteilseigner" ersetzt durch die Worte „durch den Inhaber des Stammrechts". Unter b sind die Worte „durch den Inhaber der Schuldverschreibung" gestrichen worden. Begründet wurde letztere Änderung im Bericht des Finanzausschusses des Bundestages dadurch, dass die Einnahmen aus der Veräußerung von Zinsscheinen auch dann zu den Einkünften aus Kapitalvermögen gehören, wenn der Veräußerer nicht oder nicht mehr Inhaber des Wertpapiers sei.[77] Die erstgenannte Neuregelung sollte klarstellen, dass ein Dividendenanspruch bis zum Zeitpunkt des Gewinnverwendungsbeschlusses ein unselbstständiger Bestandteil des Stammrechts sei und daher von demjenigen als Kapitalertrag versteuert werden müsse, dem zum Zeitpunkt des Gewinnverteilungsbeschlusses das Stammrecht steuerlich zuzurechnen sei.[78]

Durch das **Gesetz zur Bekämpfung des Missbrauchs und zur Bereinigung des Steuerrechts vom 21.12.1993**[79] wurde § 20 Abs. 1 Nr. 7 EStG und Abs. 2 Nr. 1, 2, 3 und 4 EStG neu gefasst, um Erträge aus innovativen Finanzanlagen (wie beispielsweise auch **Zertifikate**) der Besteuerung zu unterwerfen, soweit sie als Veräußerungs- oder Kursgewinne zu beurteilen sind. § 20 Abs. 1 Nr. 7 Satz 1 EStG bestimmt, dass Erträge aus sonstigen Kapitalforderungen jeder Art vorliegen, wenn die Rückzahlung des Kapitalvermögens oder ein Entgelt für die

---

[72] *Crezelius* in *Kirchhof/Söhn/Mellinghoff*, § 23 Rn A 34.
[73] Steuerbereinigungsgesetz 1985 v. 14.12.1984, BGBl. I 1984, 1493 = BStBl I 1984, 659.
[74] Steuerreformgesetz 1990 v. 25.7.1988, BGBl I 1988, 1093 = BStBl I 1988, 224.
[75] Gesetz zur Änderung des Steuerreformgesetzes 1990 sowie zur Förderung des Mietwohnbaus und von Arbeitsplätzen in Privathaushalten v. 30.6.1989, BGBl I 1989, 1267 = BStBl I 1989, 251.
[76] Standortsicherungsgesetz v. 13.9.1993, BGBl I 1993, 1569 = BStBl I 1993, 774.
[77] BT-Drucks. 12/5016, 87 ff.
[78] BT-Drucks. 12/5016, 87 ff.
[79] Gesetz zur Bekämpfung des Missbrauchs und zur Bereinigung des Steuerrechts v. 21.12.1993, BGBl I 1993, 2310 = BStBl I 1994, 50.

Kapitalüberlassung zur Nutzung zugesagt oder gewährt worden ist, auch wenn die Höhe des Entgelts von einem ungewissen Ereignis abhängt. In Satz 2 wird geregelt, dass Satz 1 unabhängig von der Bezeichnung und der zivilrechtlichen Ausgestaltung der Kapitalanlage gilt. Mit dieser Neuregelung sollte die im BMF-Schreiben vom 30.04.1993[80] vertretene Rechtsauffassung gesetzlich abgesichert werden, die in generalklauselartiger Form Veräußerungsgewinne erfassen wollte, soweit diese bei wirtschaftlicher Betrachtung für die Überlassung von Kapitalvermögen zur Nutzung erzielt werden.[81] Man hatte bei dieser Gesetzesänderung insbesondere die sog. steuerrechtliche Erfassung der Einlösungs- bzw. Veräußerungsgewinne von Zertifikaten (§ 20 Abs. 2 Nr. 4 c EStG), die eine Unterscheidung von Kapitalertrag und Substanzgewinn nicht zulassen, vor Augen.

Durch das **Jahressteuergesetz 1997**[82] wurde die Besteuerung von Zinsen aus den Sparanteilen von Lebensversicherungen in § 20 Abs. 1 Nr. 6 Satz 3 EStG auf Fälle ausgedehnt, in denen Steuerpflichtige nach dem 31.12.1996 Ansprüche aus einem von einer anderen Person abgeschlossenen Versicherungsvertrag erwerben, mit anderen Worten ein sog. entgeltlicher Gebrauch von „Gebrauchtpolicen" vorliegt.

Durch das **Steuersenkungsgesetz vom 23.10.2000**[83] wurde das sog. Halbeinkünfteverfahren eingeführt. Damit werden die Einkünfte aus der Beteiligung an inländischen und ausländischen Kapitalgesellschaften, unabhängig von der Beteiligungsquote, der Besitzzeit der Beteiligung, der Vorbelastung und der von der ausschüttenden Gesellschaft erzielten Einkünfte bei einem Gesellschafter, der unter § 1 KStG fällt, steuerfrei gestellt (§ 8b Abs. 1 KStG). Hingegen besteuert ein Gesellschafter, der eine natürliche Person ist, die Einkünfte nur zur Hälfte (§ 3 Nr. 40 EStG).[84]

Mit dem **Steueränderungsgesetz 2001**[85] wurde § 20 Abs. 2 S. 1 Nr. 4 S. 2 EStG derart geändert, dass die Veräußerung, Abtretung oder Einlösung einer Finanzinnovation auch dann der Besteuerung unterliegt, wenn die Finanzinnovation keine Emissionsrendite hat, mit der Folge, dass in diesem Fall die Bemessungsgrundlage der Besteuerung der Unterschied zwischen dem Entgelt für den Erwerb und den Einnahmen aus der Veräußerung, Abtretung oder Einlösung der Finanzinnovation ist (sog. Marktrendite). Diese Änderung war eine Reaktion des Gesetzgebers auf das sog. *Floater*-Urteil des BFH v.

---

[80] BStBl I 1993, 343.
[81] *Wassermeyer* in *Kirchhof/Söhn/Mellinghoff*, § 20 Rn A83.
[82] Jahressteuergesetz v. 20.12.1996, BGBl I 1996, 2049, BStBl I 1996, 1523.
[83] Steuersenkungsgesetz vom 23.10.2000, BGBl I 2000, 1433 = BStBl I 2000, 1428.
[84] Vgl. im Einzelnen *Wassermeyer* in *Kichhof/Söhn/Mellinghoff*, § 20 Rn A84 ff.
[85] Steueränderungsgesetz (StÄndG) BGBl I 2001, 3794.

24.10.2000[86] zur Besteuerung von *Floating Rate Notes*. Nach dem eingefügten zweiten Halbsatz des § 20 Abs. 2 S. 1 Nr. 4 S. 2 EStG ist der Unterschied zwischen dem Entgelt und den Einnahmen aus der Veräußerung, Abtretung oder Einlösung einer Finanzinnovation in ausländischer Währung in der dieser Währung zu ermitteln, damit Wechselkursschwankungen auf der Vermögensebene aus der Marktrenditeberchnung ausgeschlossen werden. Nach der alten Rechtslage war hingegen die Umrechnung in DM jeweils zum Zeitpunkt des Erwerbs und der Veräußerung oder Einlösung der Finanzinnovation durchzuführen.[87] Zudem wurde aufgrund der Streichung des § 20 Abs. 2 S. 1 Nr. 4 EStG eine Gleichbehandlung des Erst-, Zweit- und jeden weiteren Erwerbers bei allen Übertragungsgeschäften hergestellt. Nach der alten Rechtslage wurde die Einlösung durch den Durchhalter von § 20 Abs. 1 Nr. 7 EStG erfasst.[88]

6. Zusammenfassende Würdigung

Die Unterscheidung zwischen Gewinn- und Überschusseinkünften findet sich bereits Ende des 19. Jahrhunderts und ist bis heute ein weitgehend unverändert gebliebener Bestandteil des deutschen Einkommensteuerrechts. Der wichtigste materielle Unterschied besteht darin, dass der Betriebsvermögensvergleich bei Gewinneinkünften auch Veränderungen, insbesondere die Veräußerung von Wirtschaftsgütern, des Betriebsvermögens umfasst, während bei der Ermittlung des Überschusses der Einnahmen über die Werbungskosten Wertveränderungen des privaten Vermögens irrelevant sind. Private Veräußerungsgeschäfte sind deshalb grundsätzlich keine steuerbaren Vorgänge. Die Ausnahme der Erfassung von privaten Veräußerungsvorgängen (heutige Regelungen des §§ 17, 23 EStG) durchbricht die an der Quellentheorie orientierte Überschussermittlung, wurde aber in der Vergangenheit, ebenso wie in der Gegenwart, hingenommen. Die historische Entwicklung zeigt, dass diese weiterhin bestehende Regelung der Besteuerung von Substanzgewinnen aus Spekulationsgeschäften im außerbetrieblichen Bereich eine Folge von einzelnen historischen Gegebenheiten ist.

Der Dualismus der Einkünfteermittlung bzw. der Einkunftsarten wird seit mehr als 80 Jahren als Grundsatz des deutschen Einkommensteuerrechts wie selbstverständlich akzeptiert und weder infrage gestellt noch überhaupt kritisiert.[89] Die historische Entwicklung der Gesetzesänderungen zeigt, dass insbesondere seit Anfang der 70er-Jahre der mit der unterschiedlichen

---

[86] BFH v. 24.10.2000, BStBl II 2001, 97.

[87] BMF v. 24.10.1995, DB 1995, 2293; *Dötsch* in *Kirchhof/Söhn*, § 20 Rn B 64; *Harenberg* in *Herrmann/Heuer/Raupach*, § 20 Anm. 1120.

[88] Vgl. BT-Drs. 12/6078, S. 123; BFH v. 24.10.2000 VIII R 28/99, BStBl II 2001, 97, DStR 2001, 2179 Dötsch in Kirchhof/Söhn, § 20 Rn O 114; Harenberg in Herrmann/Heuer/Raupach, § 20 Anm. 1126.

[89] *Söhn*, DStJG, Bd. 30 (2007), S. 16 m. H. a. *Tipke/Lang*, Steuerrecht, § 9 Rz. 184 m. w. H.

Einkünfteermittlung verbundene „Dualismus der Einkunftsarten“ und vor allem die an der Quellentheorie orientierte Nichterfassung der privaten Veräußerungsgeschäfte als Problem gesehen werden.[90] Der Gesetzgeber hat in den letzten Jahren mit einer Änderung der Sondertatbestände der §§ 17 und 23 EStG (Erweiterung der Steuerbarkeit privater Veräußerungsgeschäfte) „reagiert“[91] bzw. „versteckte“ steuerfreie Veräußerungsgewinne in die Besteuerung als Kapitalertrag (sog. Finanzinnovation) mit einbezogen. *Söhn*[92] wirft zu Recht die Frage auf, ob und inwieweit der geltende Dualismus der Einkunftsarten verfassungsrechtlich ist und/oder steuersystematischen Anforderungen entspricht bzw. ob und inwieweit Reformbedarf besteht.[93] Ferner stellt *Söhn* Ansätze zur Überwindung des Dualismus der Einkunftsarten dar[94] und überprüft, ob neuere Vorschläge den verfassungsrechtlichen Anforderungen entsprechen.[95]

II. Kurze Übersicht der Historie des Zinsbegriffs des OECD-MA

Die aktuelle Zinsdefinition des Art. 11 Abs. 3 OECD-MA besteht seit 1977. Während in dem OECD-MA 1963 noch keine eigenständige Definition des Zinsbegriffs vorhanden war, wurde diese in Art. 11 Abs. 3 OECD-MA 1977 aufgenommen und umfasst vollumfänglich die in Art. 11 Abs. 3 OECD-MA 1963 aufgeführten Erträge.[96] Hinsichtlich des detaillierten Wortlauts der jeweiligen Abkommensfassungen und der entsprechenden Analyse der Zinsdefinition wird auf die Ausführungen im Abschnitt D[97] verwiesen.

---

[90] *Söhn*, DStJG, Bd. 30 (2007), S. 16.
[91] *Söhn*, DStJG, Bd. 30 (2007), S. 16.
[92] *Söhn*, DStJG, Bd. 30 (2007), S. 16.
[93] Die Verfassungsmäßigkeit des Dualismus der Einkunftsarten ist nicht Gegenstand dieser Arbeit und es sei insbesondere auf den Vortrag von *Söhn* hingewiesen. Nach *Söhn* widerspreche der geltende Dualismus der Einkunftsarten dem verfassungsrechtlichen Grundsatz der Besteuerung nach der Leistungsfähigkeit. Der Verstoß gegen den Grundsatz der steuerlichen Belastungsgleichheit müsste sachlich besonders gerechtfertigt sein, wenn er nicht verfassungswidrig sein soll. Eine solche Rechtfertigung fehle: Die amtliche Begründung im Entwurf des Einkommensteuergesetzes 1925, die sich auf einen unterschiedlichen Einsatz des Vermögens für die Einkünfteerzielung beruft, sei schon tatsächlich nicht stichhaltig. Die von der älteren Rechtsprechung des BVerfG „bemühte“ Freiheit des Gesetzgebers zur Erschließung neuer Steuerquellen passt nicht, weil die „Binnenstruktur“ der (einheitlichen) Einkommensteuer betroffen ist und die auf die Markteinkommenstheorie gestützten Begründungsversuche die steuerrechtliche Nichterfassung der Veräußerung von Privatvermögen, das zur Einkünfteerzielung eingesetz wird, von vornherein nicht begründen könne; denn „wer zur Einkünfteerzielung eingesetzes Vermögen veräußert, agiert im Markt“.
[94] *Söhn*, DStJG, Bd. 30 (2007), S. 25 ff.
[95] *Söhn*, DStJG, Bd. 30 (2007), S. 28 ff.
[96] *Pöllath* in *Vogel/Lehner*, DBA-Kommentar, Art. 11 Rz 59.
[97] Abschnitt D.II.1 und 2.

III. Überblick zur historischen Entwicklung, der Zielsetzung und dem Regelungsinhalt der EU-Zinsrichtlinie

1. Historische Entwicklung der EU-Zinsrichtlinie

a. Anfängliche Harmonierungsbestrebungen zur koordinierten Besteuerung von Zinserträgen

Die Einkünfte aus Zinserträgen unterliegen grundsätzlich der Besteuerung im Wohnsitzstaat, sodass stets die Versuchung besteht, es bei der niedrigen Quellenbesteuerung im Veranlagungsstaat zu belassen und die Erträge im Wohnsitzstaat nicht zu deklarieren. Man war sich bereits in den 60er-Jahren darüber im Klaren, dass derartigen Steuerhinterziehungen auf internationaler Ebene entgegengewirkt werden muss, und fand als eine mögliche Lösung dagegen, von dem Quellensteuereinbehalt abzusehen und stattdessen Meldepflichten für die ausgezahlten Erträge gegenüber dem Heimatfinanzamt des Schuldners einzuführen.[98] Als weitere denkbare Lösung sah man die Erhebung einer höheren harmonisierten Quellensteuer, die als eine Endbesteuerung gesehen wurde.[99] Ferner sollte ein sehr niedriger harmonisierter Steuersatz anzuwenden sein, der von der persönlichen Einkommensteuer abzugsfähig wäre, wenn die Erträge im Ansässigkeitsstaat deklariert werden.[100]

Als im Jahr 1988 die mitgliedstaatlichen Deviseneinfuhr- und -ausfuhrbeschränkungen bzw. Einfuhr- und Ausfuhrkontrollen abgeschafft wurden, befürchteten die Mitgliedstaaten ein vermehrtes Auftreten von Missbrauchsfällen wie Kapitalflucht, Steuerhinterziehung und Geldwäsche. Nach Art. 6 Abs. 5 der Richtlinie über die Liberalisierung des Kapitalverkehrs[101] wurde die Kommission aufgefordert, Vorschläge zu unterbreiten, die darauf abzielen, *„Gefahren von Steuerflucht und Steuerhinterziehung im Gefolge der Unterschiede in den nationalen Regelungen zur Besteuerung von Sparerträgen und in der Kontrolle der Anwendung dieser Regelungen zu beseitigen oder zu verhindern“.*

Im Jahr 1989 legte die Kommission einen Vorschlag für eine Richtlinie über ein gemeinsames Quellensteuersystem auf Zinsen vor.[102] Jedoch stellten sich Deutschland, Großbritannien und Luxemburg gegen diesen Vorschlag, da er ihnen nicht geeignet schien, den Problemen der Steuerflucht und der Steuerhinterziehung entgegenzutreten. Zudem befürchtete man, dass eine EG-

---

[98] *Debatin*, DStZ/A 1965, 146 ff.; *Fischer*, NJW 1968, 321 ff.; *Themaat*; DB 1966, 834 ff.
[99] *Themaat*, DB 1966, 838.
[100] *Themaat*, DB 1966, 838.
[101] Zitiert nach *Gläser*, Handbuch der EU-Quellensteuer, S. 24 mit Hinweis auf RL 88/361/EWG v. 24.6.1988 zur Durchführung des Artikels 67 des Vertrages, Abl L 178 v. 8.7.1988, S. 5.
[102] KOM (89) 60 endg. = Abl C 141 vom 7.6.1989.

einheitliche Quellensteuer das Kapital aus der Gemeinschaft in Drittstaaten treiben und damit den Mitgliedstaaten schaden könnte.

In einem Diskussionspapier der Kommission vom 20.3.1996[103] wurden die wesentlichen Herausforderungen der Steuerpolitik der Europäischen Union dargelegt, welche insbesondere in einer beschäftigungsfreundlichen Gestaltung der Steuerpolitik, dem Abbau von Wettbewerbsverzerrung im Binnenmarkt und der Vermeidung von Einbußen im Steueraufkommen bestehen. Kapitalerträge, v. a. Zinseinkünfte aus Spareinlagen, wurden als „mobilste“ Besteuerungsgrundlage erkannt und um einer Verlagerung von Kapitalanlagen entgegenzuwirken, wurden folgende vier Lösungsvorschläge entwickelt:[104]

- Besteuerung von Zinserträgen aus Spareinlagen mit einem Mindestsatz;
- Einführung einer Mindestquellensteuer;
- Informationsaustausch zwischen den Behörden über die Zinseinkünfte Gebietsfremder;
- Kombination von Quellensteuer und Informationsaustausch.

In dem Diskussionspapier „Koordinierung der Steuerpolitik in der Europäischen Union“ vom 1.10.1997[105] wurden Maßnahmen zur Beschränkung des schädlichen Steuerwettbewerbs innerhalb der Europäischen Union ausgearbeitet. Diese beinhalteten eine Richtungsweisung für die Unternehmensbesteuerung der einzelnen Mitgliedsländer und die Abschaffung der Quellensteuer bei grenzüberschreitenden Zahlungen von Zinsen und Lizenzgebühren zwischen Unternehmen. Im Bereich der Kapitalerträge wurde einer der Lösungsvorschläge der Kommission vom 20.3.1996, die Kombination von Quellensteuer und Informationsaustausch, aufgegriffen. Man wollte, dass sich die einzelnen Mitgliedstaaten auf dieses sog. „Koexistenzmodell“ als „Element einer gemeinschaftlichen Minimallösung zur Besteuerung von Zinserträgen“[106] einigen, um Fälle von Steuerhinterziehungen einzuschränken. Dabei wurden Zinszahlungen, die eine Privatperson aus einem anderen Mitgliedstaat als dem Wohnsitzstaat vereinnahmt, aufgegriffen. Der Einbehalt der Steuer sollte an der Quelle der Zinszahlung, der sog. Zahlstelle, erfolgen. Das „Koexistenzmodell“ wurde am 5.11.1997 dem Rat und dem Europäischen Parlament zugeleitet.[107] Der Rat wollte, dass neben den Mitgliedstaaten auch andere unabhängige oder assoziierte Gebiete bzw. Gebiete, die über besondere steuerrechtliche Vorrechte verfügen, in den Anwendungsbereich der Richtlinie

[103] SEK (96) 487 endg., KOM (96) 546 endg.
[104] KOM (96) 546, Ziffer III.3.16. und III.3.17.
[105] KOM (97) 495
[106] KOM (97) 564 endg. Anhang 2 mit dem Titel „Elemente einer Gemeinschaftlichen Minimallösung zur Besteuerung von Zinserträgen“.
[107] KOM (97) 564 endg.

mit einbezogen werden und dementsprechend Gespräche aufgenommen werden sollten.[108]

b. Erster Richtlinienvorschlag

Die Europäische Kommission legte am 4.6.1998 den ersten Vorschlag einer Richtlinie zur Gewährleistung eines Minimums an effektiver Besteuerung von Zinserträgen innerhalb der Gemeinschaft vor.[109] Man orientierte sich an dem „Koexistenzmodell“, d. h. die einzelnen Mitgliedstaaten konnten frei zwischen dem System des Informationsaustauschs und der Erhebung der Quellensteuer wählen. Sofern die Entscheidung auf die Quellensteuererhebung fiel, hätte der Quellensteuersatz mindestens 20 % betragen müssen und ein endgültiger sein sollen; d. h. neben der Quellensteuer aufgrund der EU-Zinsrichtlinie hätte der zur Quellensteuer optierende Mitgliedstaat keine Quellensteuer nach innerstaatlichem Recht oder den Doppelbesteuerungsabkommen erheben dürfen.[110] Bei der Festlegung der Höhe des Steuersatzes von 20 % orientierte man sich einerseits am Mittelwert der Bandbreite einer Besteuerung von Zinserträgen in der EU und wollte andererseits eine Kapitalflucht in Drittländer vermeiden. Um die Doppelbesteuerung der Zinserträge zu verhindern, hätte der Wohnsitzstaat des Empfängers der Zinsen die einbehaltene Quellensteuer bis zur Höhe der nach innerstaatlichem nationalem Recht geschuldeten Steuer anrechnen müssen.[111] Sofern der Quellensteuereinbehalt des Zahlstellenstaates höher gewesen wäre, hätte dieser erstattet werden müssen.[112] Wesentliche Merkmale der heutigen EU-Zinsrichtlinie waren bereits in diesem Vorschlag enthalten.[113]

Der erste Richtlinienvorschlag scheiterte im Dezember 1999 am Einstimmigkeitserfordernis des Art. 94 EGV. Das Vereinigte Königreich Großbritannien verweigerte seine Stimme, da es das reine Informationssystem befürwortete.[114]

---

[108] ABl C 2 vom 6.1.1998, Anhang 2.
[109] KOM (98) 295 endg = Abl C 212 vom 8.7.1998, 13.
[110] Art. 8 Abs. 1 Vorschlag der Richtlinie zur Gewährleistung des Minimums an effektiver Besteuerung von Zinserträgen innerhalb der Gemeinschaft, KOM (98) 295 endg.
[111] Art. 10 Abs. 2 Vorschlag der Richtlinie zur Gewährleistung des Minimums an effektiver Besteuerung von Zinserträgen innerhalb der Gemeinschaft, KOM (98) 295 endg.
[112] Art. 10 Abs 2 Vorschlag der Richtlinie zur Gewährleistung des Minimums an effektiver Besteuerung von Zinserträgen innerhalb der Gemeinschaft, KOM (98) 295 endg.
[113] Der bedeutende Unterschied war allerdings die Koexistenz der Modelle des Quellensteuereinbehalts einerseits und des Systems des Informationsaustausches andererseits. Weitere markante Unterschiede sind, dass es den heutigen Mitgliedstaaten unbenommen bleibt, neben dem Quellensteuereinbehalt, wenn nach innerstaatlichem Recht oder in Doppelbesteuerungsabkommen vorgesehen, weitere Quellensteuern einzubehalten. Weiter ist nach heutiger Regelung des Art. 14 EU-Zinsrichtlinie, im Gegensatz zu Art. 10 Abs. 2 des ersten Richtlinienvorschlages allein der Ansässigkeitsstaat zur Vermeidung der Doppelbesteuerung durch eine Anrechnung oder Erstattung der Quellensteuer verpflichtet.
[114] *Sass*, FR 1999, 82; *Gratt*, SWI 2003, 163.

c. Zweiter Richtlinienvorschlag

Vom 19. bis 20.6.2000 fand in Santa Maria da Feira eine Sitzung des Europäischen Rates statt. Die Regierungs- und Staatsoberhäupter einigten sich im Bereich der Besteuerung von Zinsen grundsätzlich auf ein sog. Informationsaustauschsystem. Der erste Richtlinienvorschlag, das sog. Koexistenzmodell, wurde daher explizit zugunsten eines reinen Informationsaustauschsystems verdrängt. Jedoch sollte Luxemburg und Österreich während eines Übergangszeitraums von sieben Jahren nach Inkrafttreten der Richtlinie das sog. Quellensteuerabzugsystem gestattet sein. Die Beitrittsländer (Tschechien, Ungarn, Polen, Malta, Zypern, Estland, Lettland, Litauen, Slowenien und Slowakei), die seit dem 1.5.2004 Mitglieder der EU sind, sollten zum Informationsaustauschsystem verpflichtet werden. Belgien, Griechenland und Portugal wurden aufgefordert, bis Ende 2000 ihren Standpunkt mitzuteilen. Ferner nahmen der Rat und die Kommission Gespräche mit Drittländern, wie den Vereinigten Staaten, Schweiz, Liechtenstein, Monaco, Andorra und San Marino, auf, um sie zu gleichwertigen Maßnahmen zu bewegen. Großbritannien und die Niederlande verpflichteten sich, in ihren abhängigen und assoziierten Gebieten ebenso auf die Einigung hinsichtlich eines Informationsaustausches hinzuwirken.

Im November 2000 fand eine ECOFIN-Sitzung statt, in der man sich auf die Quellensteuersätze für die Länder, die nicht am Informationsaustausch teilnehmen, verständigte. Während der ersten drei Jahre sollte ein Quellensteuereinbehalt von 15 % erfolgen und ab dem vierten bis zum siebten Jahr sollte er auf 20 % festgelegt werden.

Am 23./24.3.2001 kam man in Stockholm zu dem Entschluss, bis zum Ende des Jahres 2002 hinsichtlich sämtlicher Maßnahmen zur Besteuerung der Zinsen eine Einigung erzielen zu wollen.[115]

Am 18.7.2001 erarbeitete die Kommission einen neuen „Vorschlag für eine Richtlinie zur Gewährleistung einer effektiven Besteuerung von Zinserträgen innerhalb der Gemeinschaft“[116].

In der ECOFIN-Sitzung am 16.10.2001 beauftragte der Europäische Rat explizit die Kommission zur Aufnahme der Verhandlungen mit den Vereinigten Staaten, der Schweiz, Liechtenstein, Monaco, Andorra und San Marino, deren Ausgang entscheidend für die Umsetzung der Richtlinie war. Die Gespräche mit den sechs Drittstaaten wurden aufgenommen, gestalteten sich jedoch insbesondere mit der Schweiz als zeitintensiv, da die Schweiz Themen in die Verhandlungen

[115] Schlussfolgerungen des Europäischen Rates von Stockholm vom 23./24.3.2001.
[116] KOM (01) 400 endg, Rz 2.

aufnahm, welche die sachliche Kompetenz der Kommission überschritten.

Am 14.3.2002 gab das Europäische Parlament und am 28.11.2002 der Wirtschafts- und Sozialausschuss dem Richtlinienvorschlag den Zuspruch.

d. Richtlinie 2003/48/EG

Am 21.1.2003 fand die Sitzung des ECOFIN statt, in der die politische Einigung zur Zustimmung zur Richtlinie 2003/48/EG über die Besteuerung von Zinserträgen in der EU gelang. Am 3.6.2003 erfolgte in der Tagung des ECOFIN in Luxemburg die formelle Zustimmung zu einem gesamten Paket von Maßnahmen zur Bekämpfung des schädlichen Steuerwettbewerbs. Dieses beinhaltete: einen Verhaltenskodex zur Beseitigung des schädlichen Steuerwettbewerbs im Bereich der Unternehmensbesteuerung, die Richtlinie des Rates im Bereich der Besteuerung von Zinserträgen und die Richtlinie des Rates über eine gemeinsame Steuerregelung für Zahlungen von Zinsen und Lizenzgebühren zwischen verbundenen Unternehmen verschiedener Mitgliedstaaten.

e. Umsetzung der Richtlinie und weitere Entwicklung

In den einzelnen EU-Mitgliedstaaten sowie deren assoziierten Gebieten erfolgte die Umsetzung der EU-Zinsrichtlinie in nationales Recht. Beispielsweise wurde diese in Deutschland durch die sog. Zinsinformationsverordung vom 26.1.2004[117] umgesetzt, in Österreich durch das sog. EU-Quellensteuergesetz[118] und in der Schweiz durch das sog. Zinsbesteuerungsgesetz vom 17.12.2004[119]. Zudem wurde das in den beispielhaft genannten wie auch in vielen anderen Staaten durch Verwaltungsrichtlinien konkretisiert[120].

2. Zielsetzung und Regelungsinhalt

Nach Art. 1 der Richtlinie 2003/48/EG des Rates besteht *„das letztliche Ziel dieser Richtlinie ... darin, dass Erträge, die in einem Mitgliedstaat im Wege von Zinszahlungen an wirtschaftliche Eigentümer, die natürliche Personen sind und die in einem anderen Mitgliedstaat steuerlich ansässig sind, erzielt werden, nach den Rechtsvorschriften dieses letzteren Mitgliedstaates effektiv besteuert werden.“*

Die Richtlinie setzt damit voraus, dass der wirtschaftliche Eigentümer der Zinsen in seinem Ansässigkeitsstaat die Zinsen erklärt und entsprechend

[117] BStBl I 2004, 128 ff.

[118] öBGBl I 2004/33.

[119] BBl (Schweiz) 2004, 5665 ff.

[120] In Deutschland durch das sog. Einführungsschreiben zur Zinsinformationsverordnung v. 6.1.2005 IV C 1 – S 2000 – 363/04, BStBl I S. 29; in Österreich durch die sog. Richtlinie zur Durchführung der EU-Quellensteuer – Einführungserlass, öBMF v. 16.5.2005 GZ.BMF-010221/0370-IV/8/2005 BBl 2004, 5665; in der Schweiz: Eidgenössische Steuerverwaltung, Wegleitung zur EU-Zinsbesteuerung v. 24.6.2005.

versteuert. Somit besteht das Hauptziel der EU-Zinsrichtlinie darin, eine effektive Besteuerung der Zinserträge im Mitgliedstaat des Wohnsitzes des wirtschaftlichen Eigentümers zu gewährleisten.

Das Ziel der Gewährleistung der effektiven Besteuerung von Zinserträgen soll grundsätzlich durch einen Informationsaustausch bei grenzüberschreitenden Zinszahlungen zwischen den Mitgliedstaaten (unter Einbeziehung der relevanten Drittstaaten und der abhängigen und assoziierten Gebiete) erreicht werden. Nach Art. 10 Abs. 1 EU-Zinsrichtlinie ist es Belgien, Luxemburg und Österreich vorbehalten, anstelle des Informationsaustausches einen Quellensteuerabzug vorzunehmen. Der Übergangszeitraum ist in Art. 10 der EU-Zinsrichtlinie definiert und beginnt nach Art. 17 Abs. 2 und 3 mit dem Anwendungsbeginn der EU-Zinsrichtlinie, d. h. am 1.7.2005. Nach Art. 11 Abs. 1 EU-Zinsrichtlinie erheben Belgien, Luxemburg und Österreich während der ersten drei Jahre der Übergangszeit eine Quellensteuer in Höhe von 15 %, in den darauf folgenden drei Jahren (d. h. ab dem 1.7.2008) in Höhe von 20 % und danach (ab dem 1.7.2011) in Höhe von 35 %. Belgien, Luxemburg und Österreich sollten dann gezwungen sein, zum Informationsaustauschverfahren zu wechseln. Jedoch wurde durch die Regelung nach Art. 10 Abs. 2 EU-Zinsrichtlinie eine Entschärfung herbeigeführt. Der Übergangszeitraum endet demzufolge mit dem Ende des ersten abgeschlossenen Steuerjahrs, das auf den späteren der beiden nachstehenden Zeitpunkte folgt:

> „*- den Tag des Inkrafttretens eines nach einstimmigem Beschluss des Rates geschlossenen Abkommens zwischen der Europäischen Gemeinschaft und dem letzten der Staaten Schweizerische Eidgenossenschaft, Fürstentum Liechtenstein, Republik San Marino, Fürstentum Monaco, Fürstentum Andorra über die Auskunftserteilung auf Anfrage im Sinne des OECD-Musterabkommens zum Informationsaustausch in Steuersachen vom 18. April 2002 (im Folgenden „OECD-Musterakommen" genannt) hinsichtlich der in dieser Richtlinie definierten Zinszahlungen von ihm Hoheitsgebiet des jeweiligen Staates niedergelassenen Zahlstellen an wirtschaftliche Eigentümer, deren Wohnsitz sich im räumlichen Geltungsbereich der Richtlinie befindet, und der gleichzeitig erfolgenden Anwendung des in Artikel 11 Abs. 1 für den entsprechenden Zeitraum festgelegten Quellensteuersatzes auf derartige Zahlungen durch die vorstehenden Staaten;*
> *- den Tag, an dem der Rat einstimmig zu der Auffassung gelangt, dass die Vereinigten Staaten von Amerika sich hinsichtlich der in dieser Richtlinie definierten Zinszahlung von in ihrem Hoheitsgebiet niedergelassenen Zahlstellen an wirtschaftliche Eigentümer, deren Wohnsitz sich im räumlichen Geltungsbereich der Richtlinie befindet, zur Auskunftserteilung*

auf Anfrage im Sinne des OECD-Musterabkommens verpflichtet haben.“[121]

Am Ende des Übergangszeitraums müssen auch Belgien, Luxemburg und Österreich die Bestimmungen über den Informationsaustausch anwenden. Die endgültige Anwendung durch die drei genannten EU-Staaten hängt damit von dem Verlauf der bilateralen Verhandlungen mit den in Art. 10 Abs. 2 EU-Zinsrichtlinie genannten Staaten ab.

Für den Anwendungsbeginn der EU-Zinsrichtline ab dem 1.6.2005 ist nach Art. 17 Abs. 2 ii) EU-Zinsrichtlinie auch das Bestehen sämtlicher Abkommen oder sonstigen Regelungen erforderlich, die vorsehen, dass alle relevanten abhängigen oder assoziierten Gebiete (Kanalinseln, Isle of Man und abhängige oder assoziierte Gebiete in der Karibik) ab dem gleichen Zeitpunkt die automatische Auskunftserteilung oder während des Übergangszeitraums das sog. Quellensteuerverfahren anwenden. Somit haben sämtliche Mitgliedstaaten der Europäischen Union (insbesondere erwähnt seien: Spanien mit den Kanarischen Inseln; Frankreich mit Guadeloupe, French Guyana, Martinique und Reunion; Portugal mit Madeira und den Azoren; Großbritannien mit Gibraltar) sowie auch Andorra, Liechtenstein, Monaco, San Marino, die Schweiz und die abhängigen und assoziierten Gebiete Angueilla, die Niederländischen Antillen, Aruba, die British Virgin Islands, die Cayman Islands, die Isle of Man, Guernsey, Jersey, Montserrat und die Turks und Caicos Islands, die gleichen Maßnahmen anzuwenden.

Nach dem Informationsaustauschverfahren hat die Zahlstelle nach Art. 8 EU-Zinsrichtlinie die Identität und den Wohnsitz des wirtschaftlichen Eigentümers, Name und Anschrift der Zahlstelle, Kontonummer des wirtschaftlichen Eigentümers oder in Ermangelung dieser Kennzeichen der Forderung, aus der die Zinsen herrühren und die Zinszahlung betreffende Auskünfte zu ermitteln.[122] Die eruierten Informationen sind von der zuständigen Behörde des Zahlstellenstaates jährlich binnen sechs Monaten nach dem Ende des Steuerjahres des Mitgliedstaates[123], in dem die Zahlstelle niedergelassen ist, an die zuständige Behörde des Mitgliedstaates, in dem der wirtschaftliche Eigentümer ansässig ist, zwingend automatisch zu melden.[124]

Bei dem Quellensteuerabzugsverfahren wird während des Übergangszeitraums

---

[121] Art. 10 Abs. 2 EU-Zinsrichtlinie

[122] Hinsichtlich der Auskünfte der Zinszahlung sind in Art. 8 Abs. 2 EU-Zinsrichtlinie die Mindestauskünfte zur Zinszahlunge, die die Zahlstelle erteilen muss, dargelegt.

[123] Wenn das Steuerjahr, wie regelmäßig der Fall, dem Kalenderjahr entspricht, ist die Information bis zum 30. Juni eines jeden Jahres an die zuständige Behörde der Ansässigkeitsstaaten der wirtschaftlichen Eigentümer zu übermitteln. Eine Ausnahme stellt insofern das Vereinigte Königreich Großbritannien dar, da das Steuerjahr für natürliche Personen regelmäßig zum. 4. April endet.

[124] Art. 9 EU-Zinsrichtlinie.

von der Zahlstelle eine Quellensteuer von zunächst 15 % (steigend auf 20 % am 1.7.2008 und 35 % am 1.7.2011) einbehalten. Der Quellensteuerabzug entbindet den wirtschaftlichen Eigentümer aber nicht von seiner Besteuerung im Wohnsitzstaat, sodass im Ergebnis bei ordnungsgemäßer Erklärung der Zinseinkünfte dasselbe Steuerergebnis eintritt wie bei Anwendung des Informationsverfahrens. Hinsichtlich der einbehaltenen Quellensteuer kann eine Anrechnung bei dem die Steuer erklärenden Wohnsitzfinanzamt erfolgen. Ist hingegen der Zinsempfänger nicht steuerehrlich, so stellt die Quellensteuer eine Mindestbesteuerung sicher. Durch das Erhöhen des Quellensteuereinbehalts auf 35 % ab 2011 soll das Nichtdeklarieren von Zinseinkünften im Ansässigkeitsstaat unattraktiv gemacht werden, was insbesondere bei Jurisdiktionen, die eine effektive Zinsbesteuerung von weniger als 35 % haben, zum Erfolg führen sollte. Ist hingegen der Quellensteuereinbehalt niedriger als im Ansässigkeitsstaat, was während des Übergangszeitraums, in dem der Quellensteuereinbehalt noch 15 % oder 20 % beträgt, oftmals der Fall sein dürfte, ist die Effektivität dieser Regelung fraglich, da weiterhin ein Steuervorteil durch das Nichtdeklarieren erzielt wird. Dies stellt jedoch eine illegale Verhaltensweise, also ein Steuerdelikt, dar.

C. Probleme des Zinsbegriffs bei der Besteuerung von Zertifikaten im Privatvermögen nach deutschem Steuerrecht

I. Problemstellung

Bei Kapitalerträgen aus Zertifikaten stellt sich die Frage, ob der Gewinn bei der Einlösung bzw. Fälligkeit oder Veräußerung als Kapitalertrag voll steuerpflichtig ist (sog. Besteuerung als Finanzinnovation) oder als Veräußerungsgewinn in der Vermögenssphäre nach Ablauf der einjährigen Haltefrist steuerfrei bleibt (sog. Besteuerung als Spekulationsgeschäft). Ob die Erträge der steuerfreien Vermögens- oder der steuerpflichtigen Ertragsphäre zuzuordnen sind, stellt die zentrale Fragestellung bei der „Produktgestaltung" der emittierenden Kreditinstitute dar, sodass Zertifikate letztendlich als „steueroptimierte Produkte" bezeichnet werden können. Bereits aus der Problemstellung wird klar, dass die Produktgestalter bei der Strukturierung motiviert sind, die Einordnung in die steuerfreie Vermögenssphäre zu erreichen und diesbezüglich bis in steuerrechtlichen Graubereiche optimiert wird. Es besteht die Tendenz der Verschiebung der Kapitalerträge in die nichtsteuerbare Vermögenssphäre. Der Gesetzgeber versucht dem seit Jahren durch gesetzliche Änderungen entgegenzuwirken, welche dazu tendieren, die steuerliche Systematik der Trennung zwischen Vermögens- und Ertragsphäre zu durchbrechen.

Die Verschiebung von Kapitalerträgen in die nichtsteuerbare Vermögenssphäre und die Entfernung des deutschen Gesetzgebers vom traditionellen Zinsbegriff sowie die Durchbrechung der Systematik des Dualismus der Einkunftsarten sollen in diesem Abschnitt aufgezeigt und gewürdigt werden. Zunächst soll allgemein auf den Begriff und die Besteuerung von Zinsen eingegangen werden, um im Weiteren die Kapitaleinkünfte aus Zertifikaten entsprechend einordnen zu können.

II. Besteuerung und Begriff der Zinsen im Allgemeinen

Hinsichtlich der Besteuerung von Zinsen ist zwischen dem Bestehen einer unbeschränkten und beschränkten Steuerpflicht zu unterscheiden. Hiernach bestimmen sich der Umfang, der Gegenstand, die Bemessungsgrundlage und der Tarif der Besteuerung.

1. Unbeschränkte Steuerpflicht

a. Umfang

Eine unbeschränkte Steuerpflicht besteht gemäß § 1 Abs. 1 EStG, wenn der Steuerpflichtige seinen Wohnsitz (§ 8 AO) oder gewöhnlichen Aufenthalt (§ 9 AO) im Inland hat. Ist eines dieser Merkmale gegeben, so unterliegt der

Steuerpflichtige nach dem Welteinkommensprinzip grundsätzlich mit den Einkünften, die er auf den deutschen und ausländischen Finanzmärkten erzielt, in Deutschland der Besteuerung.

b. Steuergegenstand

Die Besteuerung von Zinsen erfolgt grundsätzlich als Einkünfte aus Kapitalvermögen (§§ 2 Abs. 1 S. 1 Nr. 5, 20 EStG). § 20 EStG enthält eine Aufzählung der Einnahmen aus Kapitalvermögen und beinhaltet für die Tatbestände, die zu Einkünften aus Kapitalvermögen führen können, eine abschließende Aufzählung.[125] Einkünfte aus Kapitalvermögen werden, soweit sie in wirtschaftlichem Zusammenhang mit den Einkünften der §§ 13, 15 oder 18 EStG stehen, gemäß § 20 Abs. 3 EStG diesen Einkünften zugerechnet (sog. Subsidiarität der Kapitaleinkünfte).

aa. Begriff der Zinsen

Der Gesetzgeber erwähnt insbesondere in folgenden Regelungen der Einkünfte aus Kapitalvermögen explizit den Begriff „Zinsen“:

- § 20 Abs. 1 Nr. 5 EStG: *„Zinsen aus Hypotheken und Grundschulden ... Bei Tilgungshypotheken und Tilgungsgrundschulden ist nur der Teil der Zahlung anzusetzen, der als Zins auf den jeweiligen Kapitalrest entfällt.“*
- § 20 Abs. 2 S. 1 Nr. 2 b) EStG: *„Einnahmen aus der Veräußerung von Zinsscheinen und Zinsforderungen durch den Inhaber oder ehemaligen Inhaber der Schuldverschreibung, wenn die dazugehörigen Schuldverschreibungen nicht mitveräußert werden. Entsprechendes gilt auch für die Einlösung von Zinsscheinen und Zinsforderungen durch den ehemaligen Inhaber der Schuldverschreibung;“*
- § 20 Abs. 2 S. 1 Nr. 3 EStG: *„Einnahmen aus der Veräußerung von Zinsscheinen und Zinsforderungen, wenn die dazugehörigen Schuldverschreibungen mitveräußert werden und das Entgelt für die auf den Zeitraum bis zur Veräußerung der Schuldverschreibung entfallenden Zinsen des laufenden Zinszahlungszeitraums (Stückzinsen) besonders in Rechnung gestellt ist.“*
- § 20 Abs. 2 S. 1 Nr. 4 b) bis d) EStG: Einnahmen aus der Veräußerung oder Abtretung von
  „b) Schuldverschreibungen, Schuldbuchforderungen und sonstigen Kapitalforderungen ohne Zinsscheine und Zinsforderungen oder von Zinsscheinen und Zinsforderungen ohne Schuldverschreibungen, Schuldbuchforderungen und sonstige Kapitalforderungen durch den zweiten und jeden weiteren Erwerber zu einem abgezinsten oder

[125] BFH BStBl II 1992, 174, 175; *Wassermeyer* in *Kirchhof/Söhn/Mellinghoff*, § 20 Rn A9; nicht unumstritten, vgl. beispielsweise *Heinicke* in *Schmidt* § 20 Rz. 9 „Beispielhafte Aufzählung in § 20“.

aufgezinsten Preis,
c) Schuldverschreibungen, Schuldbuchforderungen und sonstige Kapitalforderungen mit Zinsscheinen oder Zinsforderungen, wenn Stückzinsen nicht besonders in Rechnung gestellt werden oder bei denen die Höhe der Erträge von einem ungewissen Ereignis abhängt,
d) Schuldverschreibungen, Schuldbuchforderungen und sonstige Kapitalforderungen mit Zinsscheinen oder Zinsforderungen, bei denen Kapitalerträge in unterschiedlicher Höhe oder für unterschiedlich lange Zeiträume gezahlt werden,
soweit sie der rechnerisch auf die Besitzzeit entfallenden Emissionsrendite entsprechen ... Die Besteuerung der Zinsen und Stückzinsen nach Absatz 1 Nr. 7 und Satz 1 Nr. 3 bleibt unberührt; ...“

- § 20 Abs. 2 S. 2 und 3 EStG: *„Die Nummern 2 und 3 gelten sinngemäß für die Einnahmen aus der Abtretung von Dividenden- oder Zinsansprüchen oder sonstigen Ansprüchen im Sinne der Nummer 2, wenn die dazugehörigen Anteilsrechte oder Schuldverschreibungen nicht in den einzelnen Wertpapieren verbrieft sind. Satz 2 gilt auch bei der Abtretung von Zinsansprüchen aus Schuldbuchforderungen, die in ein öffentliches Schuldbuch eingetragen sind.“*

Der Gesetzgeber verwendet somit im EStG den Begriff „Zinsen“, jedoch enthält das EStG keine Legaldefinition des Zinsbegriffs.[126] Zu untersuchen ist daher, was unter dem Begriff „Zinsen“ zu verstehen ist.

(1) Rechtsprechung des BFH

Auch im Bürgerlichen Gesetzbuch findet sich keine Legaldefinition des Zinsbegriffs, so dass der **BFH** auf einen von ihm entwickelten Zinsbegriff zurückgreift[127], der auf den Grundlagen und Wertungen des Zivilrechts beruht. Danach definiert sich der Zins als gewinn- und umsatzunabhängige, laufzeitabhängige Vergütung für die Möglichkeit des Gebrauchs eines auf Zeit überlassenen Kapitals.[128] Entgegen der vom **RG**[129] verwandten Definition brauchen Zinsen nicht „fortlaufend“ entrichtet zu werden, sie können auch sogleich für die Nutzungsdauer berechnet und vom Kapital einbehalten werden.[130] Es ist ebenso nicht begriffswesentlich, dass die Zinsen „in einem im Voraus bestimmten Bruchteil“ des Kapitals bestehen; die Zinshöhe kann von wechselnden Umständen abhängen[131] und muss nicht in einem Prozentsatz des

---

[126] *Dötsch* in *Kirchhof/Söhn/Mellinghoff*, § 20 Anm I4.
[127] BFH v. 8.3.1984 - I R 31/80, BStBl II 1984, 623 = BFHE 141, 158; BFH v. 3.10.1987 - II R 194/82, BStBl II 1985, 73 = BFHE 142, 166.
[128] BFH v. 13.10.1987 - VIII R 156/84, BStBl II 1988, 252, 255 m. w. N.
[129] RGZ 168, 285.
[130] Vgl. insbesondere *Canaris*, NJW 1978, 1891; *Larenz* § 12 VIII.
[131] RGZ 118, 156.

Kapitals ausgedrückt sein.[132] Bei dem Kapital handelt es sich in der Regel um Geld, es kommen aber auch sonstige vertretbare Sachen in Betracht.[133] Die Überlassung zur Nutzung ist wirtschaftlich zu verstehen; in rechtlicher Hinsicht liegt meist eine Übertragung von Eigentum mit Rückgewährverpflichtung vor.[134]

Gemäß der Reinvermögenstheorie unterscheidet der BFH grundsätzlich zwischen dem Kapitalvermögen als solchem und dem Ertrag als Frucht des Kapitals; Wertveränderungen der Kapitalanlage als solche fallen nicht unter § 20 EStG. Der BFH macht Ausnahmen, soweit in Wertsteigerungen bei wirtschaftlicher Betrachtung Nutzungsentgelte enthalten sind, so bei einem abgezinsten Sparbrief[135] oder bei dem Disagio (Aufgeld) einer Schuldverschreibung, das bei der Rückgabe der Schuldverschreibung gezahlt wird[136]. Das Nutzungsentgelt eines Zerobonds zählt zu den Einnahmen aus Kapitalvermögen, da der Unterschiedsbetrag zwischen Ausgabe- und Rücknahmebetrag als Ausgleich für den entgehenden laufenden Zins anzusehen ist.[137]

Zusammenfassend basiert die vom RG und BFH entwickelte Definition von Zins auf dem Kapital bzw. dem Vermögen als „Bestandsgröße" und den Zinsen bzw. den Erträgen als „Stromgröße". Diese Trennung von Kapital und Erträgen bzw. Einkünften hat sich, wie die historische Abhandlung[138] zeigt, in der Entwicklung des Einkommensteuergesetzes im Laufe der Zeit festgeschrieben; ihren zivilrechtlichen Ursprung findet diese Unterscheidung im römischen Recht und wird in angebrachter Kürze nachfolgend dargestellt.

(2) Frucht und Substanz im römischen Recht

Als Früchte (fructus) werden im **römischen Recht** Sachen benannt, die aus der Bewirtschaftung anderer Sachen gewonnen werden.[139] Die Früchte werden im Gegensatz zu den „quaestus" nicht aus der Arbeit (ex operus), sondern aus einer Sache (ex re) gewonnen.[140] Somit liegt den „fructus" typischerweise ein wie auch immer geartetes Vermögen zugrunde, während die „quaestus" eher das Arbeitseinkommen darstellen.[141] Frucht kann deshalb nur in Bezug auf etwas

[132] Vgl. *Heinrichs* in *Palandt*, § 246 Rz 2.
[133] BFH v. 8.3.1984 - I R 31/80, BStBl II 1984, 623 = BFHE 141, 158; BFH v. 3.10.1987 - II R 194/82, BStBl II 1985, 73 = BFHE 142, 166.
[134] RG 161, 56.
[135] BFH v. 9.3.1982 VIII R 160/81, BStBl II 1982, 540 = BFHE 136, 72.
[136] BFH v. 13.10.1987 – VIII R 156/84, BStBl II 1988, 252 = BFHE 151, 512.
[137] *Jachmann*, DStR 2006, S. 1137, 1138.
[138] Abschnitt B.I.
[139] *Kaser/Knütel*, S. 384.
[140] *Petrazycki*, S. 127,
[141] *Petrazycki*, S. 70.

anderes und somit begrifflich für sich allein nicht existieren.[142] Dieses „Andere" ist die Substanz (rei substantia). Die „rei substantia" ist dasjenige, das in einem abstrakten und pragmatischen Sinn das Wesen einer Sache ausmacht.[143] Als Wesen einer Sache lässt sich ihre Fähigkeit zur Erfüllung ihrer wirtschaftlichen Bestimmung begreifen.[144] Eine Frucht der Sache liegt vor, wenn die Sache etwas abwirft, ohne die wirtschaftliche Bestimmung einzubüßen. Daher darf das Wesen der Sache nicht durch die Fruchtziehung beeinträchtigt werden. Es geht somit die Frage nach dem Fruchtbegriff in die Frage nach dem Substanzbegriff über[145]; mit anderen Worten kann die Entscheidung darüber, was Frucht ist, nicht fallen, ohne über die Substanz der Sache entschieden zu haben.

Substanz ist die „wirtschaftliche Bestimmung" der Sache, welche auch das Hervorbringen von Früchten beinhaltet. Andere Bestimmungen der Substanz als das Hervorbringen von Früchten sind nicht ersichtlich, zumal umgekehrt eine völlig unfruchtbare Substanz ihre wirtschaftliche Bestimmung verfehlen würde.[146] Die Folge ist, dass alles Substanz ist, was Früchte abwerfen soll.

Folglich lässt sich ohne Kenntnis des Fruchtbegriffs nichts über die Substanz sagen und ohne Kenntnis des Substanzbegriffs scheitert die Definition der Früchte – ein Zirkelschluss, zu dessen Behebung sich die römischen Rechtsgelehrten mit der praktischen Rechtsanwendung von Konventionen behalfen,[147] sodass allgemein abstrakte Abgrenzungskriterien auch an der Wurzel der Entwicklung der Unterscheidung zwischen Substanz und Frucht nicht vorzufinden sind.

(3) Frucht und Stammvermögen im gegenwärtigen materiellen Zivilrecht

Im **gegenwärtigen materiellen Zivilrecht**[148] wurde das Bild von Früchten und Stammvermögen beibehalten, doch gegenüber dem römischen Recht modifiziert.

In § 100 BGB wird der Begriff der Nutzungen als Oberbegriff eingeführt, der außer den Früchten (§ 99 BGB) auch die Gebrauchsvorteile einer Sache oder eines Rechts umfasst. Nach § 99 BGB sind Früchte einer Sache deren Erzeugnisse und die sonstige Ausbeute, welche aus der Sache ihrer Bestimmung gemäß gewonnen wird. Innerhalb der Früchte unterscheidet die Kommentarliteratur sowohl Sach- und Rechtsfrüchte als auch unmittelbare und

---

[142] *Reichel*, Frucht, S. 247.
[143] *Reichel*, Frucht, S. 247.
[144] *Reichel*, Frucht, S. 252.
[145] *Reichel*, Frucht, S. 252.
[146] *Reichel*, Frucht, S. 251 f.
[147] *Petrazycki*, S. 246.
[148] Verfahrensnormen, wie z. B. §§ 810, 114, 115 etc. ZPO sind nicht Gegenstand der Bearbeitung.

mittelbare Früchte.[149]

Erzeugnisse i. S. d. § 99 Abs. 1 BGB (wie z. B. Hühnerei, Obst) können im Gegensatz zum römischen Recht auch im Übermaß gewonnen werden.[150] So sind Früchte grundsätzlich auch die durch Raubbau oder zur Unzeit gewonnenen Produkte.[151] Die sonstige Ausbeute i. S. d. § 99 Abs. 1 BGB (wie z. B. Steine aus einem Steinbruch) wiederum bleibt auf die „bestimmungsgemäße Gewinnung" beschränkt. Dieser Begriff der „bestimmungsgemäßen Gewinnung" wird laut Kommentarliteratur bei Sachfrüchten durch Begriffe wie die „Natur der Sache"[152], die „Verkehrsüblichkeit"[153] oder den „Willen des Furchtziehenden"[154], also eine Vielzahl unbestimmter Rechtsbegriffe, umschrieben. Rechtsfrüchte sind nach dem Maße des Parteiwillens zu ziehen.[155] Jedoch haben Rechtsfrüchte von dem Stammrecht verschieden zu sein.[156]

Die Kommentarliteratur spricht insgesamt nicht von dem Stammvermögen oder von der Substanz, sondern von der Muttersache.[157] Nach allgemeiner Meinung soll bei der Fruchtziehung von Sachfrüchten nicht die Existenz der Muttersache bedroht werden. Bei landwirtschaftlichen Erzeugnissen (wie z. B. Ei, Obst, Milch usw.) erscheint dies wenig problematisch, jedoch im Fall der sonstigen Ausbeute besteht Unklarheit. Schon das Wort „Ausbeute" beinhaltet dem Sinn nach einen Substanzverzehr[158], andererseits soll aber die Substanz der Sachfrüchte nach herrschender Meinung erhalten bleiben.[159] Soweit die Fruchtziehung allerdings über den Parteiwillen hinausgeht, liegt Substanzverzehr vor, wenn es sich nicht um Erzeugnisse i. S. d. § 99 Abs. 1 BGB handelt[160], da diese als Frucht leicht und eindeutig vom Stammvermögen zu unterscheiden sind. Daran wird deutlich, wie der Begriff der Frucht, je mehr man sich von dem Bereich der Urproduktion, dem land- und forstwirtschaftlichen Bereich, entfernt, an Unschärfe gewinnt. Rechtsfrüchte hingegen dürfen auch auf Kosten der Substanz gezogen werden.[161]

---

[149] *Dilcher* in *Staudinger*, § 99 Rz 4, 6; *Baur* in *Soergel*, § 99 Rz 1; *Holch* in *MüKo*, § 99 Rz 1; *Kregel* in RGRK, § 99 Rz 3; *Michalski* in *Ermann* § 99 Rz 3.
[150] *Dilcher* in *Staudinger*, § 99 Rz. 6; *Baur* in *Soergel*, § 99 Rz 7; *Heinrichs* in *Palandt*, §99 Rz 2.
[151] *Heinrichs* in *Palandt*, § 99 Rz. 2.
[152] *Holch* in *MüKo*, § 99 Rz 4; *Baur* in *Soergel*, § 99 Rz 8; *Heinrichs* in *Palandt*, §99 Rz 2.
[153] *Michalski* in *Erman*, § 99 Rz 5, *Dilcher* in *Staudinger*, §99 Rz 7, *Heinrichs* in *Palandt*, § 99 Rz 2; *Baur* in *Soergel*, § 99 Rz 5, 8; *Holch* in *MüKo*, § 99 Rz 4.
[154] *Baur* in *Soergel*, § 99 Rz 8.
[155] *Baur* in *Soergel*, § 99 Rz 13; *Holch* in MüKo, § 99 Rz. 6; *Dilcher* in *Staudinger*, § 99 Rz 12.
[156] *Baur* in *Soergel*, § 99 Rz 11 „selbstständig neben dem Stammrecht ..., aus dem sie hervorgegangen sind"; *Dilcher* in *Staudinger*, § 99 Rz 10 „eigener Leistungsgegenstand".
[157] *Baur* in *Soergel*, § 99 Rz 6, 7; *Dilcher* in *Staudinger* § 99 Rz 6; *Holch* in *MüKo* § 99 Rz 3 spricht von der „Substanz der Muttersache" .
[158] *Holch* in *MüKo*, § 99 Rz 4.
[159] *Baur* in *Soergel* ,§ 99 Rz. 9; *Dilcher* in *Staudinger*, § 99 Rz 8.
[160] *Holch* in *MüKo*, § 99 Rz 8; *Baur* in *Soergel*, § 99 Rz 13.
[161] So *Baur* in *Soergel* § 99 Rz 13; *Dilcher* in *Staudinger* § 99 Rz 12.

Mietzinsen werden übereinstimmend als mittelbare Sachfrüchte[162] gemäß § 99 Abs. 3 BGB gesehen[163]. Hingegen ist die Einordnung von Darlehenszinsen und Lizenzgebühren umstritten. Zum einen werden Lizenzgebühren den Rechtsverhältnisfrüchten gemäß § 99 Abs. 3 BGB zugeordnet[164], zum anderen den Rechtsfrüchten gemäß § 99 Abs. 2 BGB[165]. Darlehenszinsen sieht eine Ansicht[166] als Rechtsfrüchte i. S. v. § 99 Abs. 2 BGB, während eine andere Ansicht[167] diese als mittelbare Sachfrucht i. S. d. § 99 Abs. 3 BGB versteht.

In § 488 Abs. 1 BGB sind die vertragstypischen Pflichten beim Darlehensvertrag geregelt: Der Darlehensgeber ist verpflichtet, dem Darlehensnehmer einen bestimmten Geldbetrag zur Verfügung zu stellen. Der Darlehensnehmer ist verpflichtet, einen geschuldeten Zins zu zahlen und bei Fälligkeit das zur Verfügung gestellte Darlehen zurückzuzahlen.

Im materiellen Zivilrecht findet sich also eine gewisse Systematisierung und Abgrenzung. Doch weder im Gesetz, der Rechtsprechung noch in der Kommentarliteratur finden sich eine konkrete Darlegung bzw. Kriterien zur Unterscheidung von Stammrecht und Zinsen, sodass offenbar davon ausgegangen wird, die individualvertraglichen Vereinbarungen würden festlegen, was Stammvermögen und was Zins ist.

Inwieweit im Steuerrecht überhaupt unmittelbar auf das Zivilrecht zurückgegriffen werden kann, also die **Beziehung zwischen Steuerrecht und Zivilrecht**, wird seit jeher kontrovers diskutiert. [168] Das BVerfG[169] hat

---

[162] Unmittelbare Früchte einer Sache sind nach § 99 Abs. 1 BGB die Erzeugnisse der Sache (wie z. B. das Hühnerei, Obst) und die sonstige Ausbeute, die aus der Sache ihrer Bestimmung gemäß gewonnen wird (wie beispielsweise Steine aus einem Steinbruch). Mittelbare Früchte einer Sache sind die Erträge, die eine Sache vermöge eines Rechtsverhälntisses gewährt (§ 99 Abs. 3 BGB). Dabei handelt es sich genau genommen nicht um Früchte der Sache, sondern des Eigentumrechts an der Sache (z. B. Miet- und Pachtzinsen) vgl. *Brox,* Rn 770.

[163] *Holch* in *MüKo*, § 99 Rz 5; *Michalski* in *Erman*, § 99 Rz 9; *Baur* in *Soergel*, § 99 Rz 16; *Dilcher* in *Staudinger*, § 99 Rz.15; *Heinrichs* in *Palandt*, § 99 Rz 4; *Kregel* in RGRK, § 99 Rz. 15.

[164] *Dilcher* in *Staudinger*, § 99 Rz 16; *Heinrichs* in *Palandt*, § 99 Rz 4.

[165] *Baur* in *Soergel*, § 99 Rz 11.

[166] *Dilcher* in *Staudinger*, § 99 Rz 13; *Baur* in *Soergel*, § 99 Rz 11, 15.

[167] *Holch* in MüKo, § 99 Rz 5.

[168] Siehe *Tipke*, Steuerrecht und Bürgerliches Recht, JuS 1970, 149*;* *Meincke*, Bürgerliches Recht und Steuerrecht, JuS 1976, 693, *Walz*, Die steuerrechtliche Herausforderung des Zivilrechts, ZHR Bd. 147 (1983), 281; *Crezelius*, Steuerrechtliche Rechtsanwendung und allgemeine Rechtsordnung; *Crezelius*, Steuerrecht II, Rz 6 ff.; *Schulze-Osterloh*, Zivilrecht und Steuerrecht AcP, Bd. 190 (1990), 139; *Klingelhöffer*, Die Bedeutung des Steuerrechts bei der Auslegung und Anwendung zivilrechtlicher Normen, DStR 1997, 544; *Tipke/Lang*, Steuerrecht, §1 Rz 15 m. w. N.

[169] BVerfG, StuW 1992, 186 ff. (Insoweit auch *Crezelius*, Steuerrecht II, Rz 6ff, der in seiner Habilitationsschrift - *Crezelius*, Steuerrechtliche Rechtsanwendung und allgemeine Rechtsordnung - allerdings die extreme Position vertritt, das Steuerrecht sei das Annexrecht oder Folgerecht des Zivilrechts). Nach der Aussage des BVerfG seien steuerrechtliche Tatbestandsmerkmale, auch wenn sie einem anderen Rechtsgebiet entnommen sind, nach dem steuerrechtlichen Bedeutungszusammenhang, nach dem Zweck des jeweiligen Steuergesetzes und nach dem Inhalt der Einzelregelungen zu interpretieren; es bestünde weder eine Vermutung,

entschieden, dass entsprechend dem verfassungsrechtlich abgeleiteten Fundamentalprinzip, der Besteuerung nach der wirtschaftlichen Leistungsfähigkeit, die Steuergesetze durchweg an wirtschaftliche Vorgänge oder Zustände anknüpfen, wie Einkommen, Vermögen, Bereicherung, Verbrauch, Aufwand. Das Zivilrecht liefert die Institution für den Rechtsverkehr, der für die an ihm Beteiligten wirtschaftliche Ergebnisse hervorbringt, an die das Steuerrecht anknüpft. Bei der Auslegung zivilrechtlich vorgegebener Begriffe ist zunächst davon auszugehen, dass es keine teleologische Prävalenz des Zivilrechts gibt; das dem Zivilrecht nebengeordnete Steuerrecht hat seine eigene Teleologie, die bei der Interpretation von Steuergesetzen zu entfalten ist.[170] Damit stellt sich auch im Steuerrecht wie in allen anderen Rechtsgebieten die Frage nach dem Sinn und Zweck einer Norm und inwieweit eine teleologische Auslegung, die im Steuerrecht eine wirtschaftliche Auslegung (oder wirtschaftliche Betrachtungsweise) ist, die Maßgeblichkeit zivilrechtlicher Regelungsinhalte zu begrenzen hat.[171]

bb. Begriff der Zinsen in § 20 Abs. 1 Nr. 7 Satz 1EStG

Die Norm des § **20 Abs. 1 Nr. 7 EStG „Erträge aus Kapitalforderungen jeder Art“** bildet den steuerrechtlichen Auffangtatbestand (lex generalis) zu den Regelungen in § 20 Abs. 1 Nr. 1-6 und Nr. 8. In der ursprünglichen Formulierung unterlagen ganz allgemein **„Zinsen** aus sonstigen Kapitalforderungen jeder Art“ der Besteuerung. Im Rahmen des StMBG 1993 hat der Gesetzgeber im Hinblick auf „innovative Bankprodukte“ den Begriff der „Zinsen“ als zu eng angesehen und durch den weiteren Begriff der „Kapitalerträge“ ersetzt. Man ersetzte somit den Begriff „Zinsen“ durch den Oberbegriff „Erträge aus sonstigen Kapitalforderungen jeder Art“. Was unter diesem Begriff zu verstehen ist, welche Voraussetzungen im Einzelnen vorliegen müssen und wie Zertifikate hierunter einzuordnen sind, ist Gegenstand der nachfolgenden Abhandlung im Abschnitt C.III.

cc. Surrogate, § 20 Abs. 2 EStG

In § 20 Abs. 2 EStG werden Surrogate behandelt, was der Gesetzgeber bereits durch den gesetzlichen Wortlaut „zu den Einkünften aus Kapitalvermögen gehören auch“ klarstellt.

dd. Zusammenfassung und Würdigung

Zusammenfassend kann festgestellt werden, dass für die Unterscheidung von

---

noch ein übereinstimmendes, noch ein abweichendes Verständnis. Das BVerfG bestätigt damit für das Steuerrecht den allgemeinen methodologischen Ansatz, dass nach Zweck und Wertung der anzuwendenden Norm zu bestimmen ist, ob und ggf. wieviel die anzuwendende Norm von dem Regelungsinhalt des anderen Rechtsgebiets übernommen hat.

[170] BVerfG, StuW 1992, 187.

[171] *Tipke/Lang*, Steuerrecht, § 1 Rz 20, § 5 Rz 77 ff.

Kapital und Ertrag weder in den Wurzeln des römischen Rechts noch im gegenwärtigen Recht bzw. zivilrechtlichen Schrifttum oder in der Rechtsprechung konkrete Abgrenzungskriterien zu finden sind.

Es ergeben sich für den Begriff der Erträge aus sonstigen Kapitalforderungen nach § 20 Abs. 1 Nr. 7 Satz 1 EStG im Wesentlichen folgende drei Komponenten: Erstens muss Kapital überlassen bzw. zur Verfügung gestellt werden. Zweitens soll dieses Kapital nicht endgültig im Vermögen des Empfängers verbleiben, d. h. es wird ein Schuldverhältnis begründet, kraft dessen der Schuldner zur Rückzahlung verpflichtet ist; mit anderen Worten ist die Rückzahlung des überlassenen Kapitals geschuldet bzw. formalrechtlich garantiert. Drittens muss zwischen der Kapitalüberlassung und dem zu zahlenden Entgelt eine gewisse Kausalität bestehen, da das Entgelt für die Kapitalüberlassung gezahlt wird. Kapitalforderungen im einkommensteuerrechtlichen Sinne sind daher alle Kapitalanlagen, die unabhängig von ihrer zivilrechtlichen Gestaltung eine Kapitalüberlassung beinhalten und die bei dem Nutzer des Kapitals kein Eigenkapital darstellen.[172]

Einer Vielzahl von Steuerrechtsordnungen liegt ein derartiges oder ähnliches Begriffsverständnis von Zins zugrunde.[173]

c. Steuerbemessungsgrundlage

Zur Ermittlung der Einkünfte aus Kapitalvermögen sind zunächst nach §§ 8 ff. EStG die Einnahmen um die Werbungskosten zu mindern. Nach § 11 Abs. 1 EStG ergibt sich der Zuflusszeitpunkt, der bei wirtschaftlicher Verfügungsmöglichkeit, d. h. bei tatsächlicher Zahlung oder Verrechnung gegeben ist.[174] Dies gilt auch für die Besteuerung des Zerobonds, da der

---

[172] Vgl. *Schumacher*, DStR 1996, 1505, 1506.

[173] *Pross*, Swap, Zins und Derivat, S. 130 m. H. a. *Arnold,* Deductability of Interest and Other Financing Charges in Computing Income, Generalbericht, und w. H. a.: CDFI, LXXIXa (1994), S. 491, 497; *Pross* zitiert folgende Zinsdefinitionen: **Großbritannien:** "... *payment by time for the use of money ...*" Bennett v. Ogsten (1930), 15 TC S. 374, 379, vgl. ausführlich Norfolk ECD, Taxation Treatment of Interest, S. 8 ff**., Australien:** auch hier gilt *Bennett v. Ogsten*, vgl. Hughes T., Deductability of Interest and other Financing Charges in Computing Income, Nationalbericht Australien, DCFI LXXIXa (1994), S. 41, 42 m. w. N., **Frankreich***:* "... *Les fonds laissés ou mis à la disposition de celui qui en deviant ainsi le débiteur appellant une juste rémunterationau profit du créncier; c`est cette remuneration que l`on nomme ''ntérêt' et qui ne autre que le loyer de l`argent preté ...*" *Mouillan-Hogberg*, Die steuerliche Behandlung der Zinsen bei internationalen Wirtschaftsbeziehungen, Nationalbericht Frankreich, CDFI, LXVIIa (1982), S. 435, **Kanada***:* „... *(i) it is compensation for the use or retention of money by one person belonging to another (ii) there must be reference or relationship between the amount of interest and the principal amount of the debt (iii) interest must accrue from day to day ...*" *Ruby S./Stacey J.*, Deductibility of Interest and other Financing Charges in Computing Income, Nationalbericht Kanada, CDFI LXXIXa (1994) m.w.N., **Vereinigte Staaten**: "... *the amount one has contracted to pay for the use of borrowed funds ...*" Old Colony R. Co. v. Commissioner 284 U. S. 552 /1932), Deputy v. Du Pont 308 U. S. 488 (1940); **Japan:** "... *Payments for the use of money according to the amount of money and the duration of use ...*" *Inoue K.*, Deductibility of Interest and other Financing Charges in Computing Income, Nationalbericht Japan, CDFI L XXIXa (1994), S. 231.

[174] BFH BStBl II 1992, 174, 175*; Scholz,* DStZ 1990, 523, 527.

Investor erst zu diesem Zeitpunkt über den Differenzbetrag verfügen kann.[175]

Entgegen dem Wortlaut des § 9 EStG werden unter Werbungskosten nach übereinstimmender Ansicht für § 20 EStG auch Aufwendungen verstanden, die nach dem Veranlassungsprinzip objektiv im Zusammenhang mit der Nutzungsüberlassung von Kapital stehen und subjektiv zur Förderung derselben dienen.[176]

Für den Fall, dass der Steuerpflichtige keine höheren Werbungskosten nachweist, wird ihm nach § 9a Satz 1 Nr. 2 EStG ein Pauschbetrag i. H. v. 51 Euro (für nach §§ 26, 26 b EStG zusammen Veranlagte 102 Euro) abgezogen. Von dem ermittelten Betrag wird der sog. Sparerfreibetrag nach § 20 Abs. 4 EStG abgezogen, der 750 Euro bzw. für Ehegatten, die zusammen veranlagt werden, 1.500 Euro beträgt.

d. Steuersatz/-tarif

Zinseinkünfte unterliegen im Privatvermögen stets in voller Höhe dem entsprechenden individuellen Steuersatz des Steuerpflichtigen, maximal dem Höchststeuersatz. Das durch das StSenkG eingeführte Halbeinkünfteverfahren findet bei Zinseinkünften keine Anwendung (§ 3 Nr. 40 EStG). Der Einkommensteuertarif ist gemäß § 32 a EStG progressiv ausgestaltet.

2. Beschränkte Steuerpflicht

Wenn die Voraussetzungen einer unbeschränkten Steuerpflicht nicht vorliegen, so könnte eine beschränkte Steuerpflicht hinsichtlich der Zinseinkünfte gegeben sein. Dabei unterliegt der Steuerpflichtige dem sog. Territorialitätsprinzip, wonach die Einkünfte, die durch ihre Herkunft eine objektive Beziehung zum Inland aufweisen, in dem Quellenland besteuert werden.[177] Einkünfte aus Kapitalvermögen sind nach § 49 Abs. 1 Nr. 5 EStG steuerpflichtig. Diese Regelung knüpft ihrerseits wieder an den Besteuerungstatbestand des § 20 Abs. 1 und 2 EStG an. Bei Zinsen nach § 20 Abs. 1 Nr. 5 und 7 EStG ist gemäß § 49 Abs. 1 Nr. 5 c) aa) EStG Voraussetzung, dass eine dingliche Sicherung des Kapitalvermögens im Inland gegeben ist. Sofern bei Zinsen von Steuerausländern keine dingliche Anknüpfung gegeben ist werden diese steuerrechtlich nicht erfasst.[178]

Im Falle des Steuerabzugs, der bei beschränkt Steuerpflichtigen eine Endbesteuerung ist, dürfen Werbungskosten in Zusammenhang mit den Einkünften nicht abgezogen werden (§ 50 Abs. 5 Satz 1 EStG), sondern

---

[175] BMF-Schreiben v. 24.1.1985 BStBl I, 1985, 77; *Pöllath/Rodin*, DB 1986, 2094.
[176] BFH BStBl II 1993, 275, 275; BStBl II 1984, 27, 27; *Heinicke* in *Schmidt*, EStG § 20 Rn 220.
[177] *Birk*, Steuerrecht, Rn 605.
[178] *Heinicke in Schmidt*, EStG, § 49 Rn 62.

vielmehr nur im Falle einer Veranlagung nach § 50 Abs. 1 Satz 1 EStG. Auch der Sparerfreibetrag kommt grundsätzlich nicht zum Ansatz (§ 50 Abs. 1 Satz 5 EStG). Erfolgt eine Veranlagung des beschränkt Steuerpflichtigen, ist der Tarif der unbeschränkt Steuerpflichtigen maßgeblich (§ 50 Abs. 3 EStG).

3. Steuererhebungsverfahren

Es sind zwei Steuererhebungsverfahren, die bei Einkünften aus Kapitalvermögen bzw. bei Zinseinkünften zur Anwendung kommen, zu differenzieren: zum einen das Veranlagungsverfahren nach § 25 Abs. 3 EStG und zum anderen das Kapitalertragsteuerabzugsverfahren nach §§ 43 ff. EStG.

a. Veranlagungsverfahren

Der Veranlagungszeitraum für die Einkommensteuer ist gemäß § 2 Abs. 7 Satz 1 EStG ein Jahr, das mit dem Kalenderjahr übereinstimmt. Der Steuerpflichtige hat nach §§ 36 Abs. 1, 25 Abs. 3 Satz 1 EStG das Einkommen zu erklären. Sofern vierteljährliche Vorauszahlungen geleistet wurden, werden diese angerechnet.

b. Kapitalertragsteuerabzug bei unbeschränkt Steuerpflichtigen

Steuereinkünfte im Bereich der Kapitaleinkünfte sind jedoch vor allem durch den Steuerabzug vom Kapitalertrag geprägt. Die Kapitalertragsteuer (KapESt)[179] ist wie die Lohnsteuer keine eigenständige Steuerart, sondern nur eine besondere Erhebungsform, die keine abgeltende Wirkung hat und eine Vorauszahlung der endgültigen Steuerschuld ist. Der Umfang der Besteuerung wird durch die KapESt nicht erweitert. Für bestimmte Kapitalerträge regelt das EStG in §§ 43 ff. EStG, dass die Einkommensteuer durch den Abzug der KapESt erhoben wird.

Am 27.6.1991 erging eine Entscheidung des BVerfG[180], aufgrund derer eine verfassungskonforme Neuordnung der Besteuerung der Einkünfte aus Kapitalvermögen notwendig wurde.[181] Das BVerfG forderte, Zinseinkünfte spätestens mit Wirkung ab 1.1.1993 rechtlich und tatsächlich steuerlich gleich zu belasten. Der Gesetzgeber folgte dieser Aufforderung mit dem Zinsabschlaggesetz, das die KapESt-Pflicht auf Zinsen und zinsähnliche Erträge ausgedehnte.[182] Die Vorschriften über den Zinsabschlag sind seit ihrer

[179] BFH vom 14.2.1973, BStBl II 1973, 452.
[180] BVerfGE v. 27.6.1991, BStBl II 1991, 654.
[181] Das Urteil konstatiert eine gleichheitswidrige Besteuerung, wenn die durch den Steuerpflichtigen vorgenommene Deklaration der zu besteuernden Tatbestände nicht durch die Steuerbehörden in hinreichender Weise verifiziert werde kann (sog. „strukturelles Vollzugsdefizit"). Bedeutung erlangt das Urteil in diesem Zusammenhang auch im Hinblick auf die Abgeltungssteuer durch das Unternehmensteuerreformgesetz 2008, da das Gericht bereits in diesem Urteil neben Kontrollmitteilungen sowie der Abschaffung des in § 30a AO „geregelten" Bankgeheimnisses die Abgeltungssteuer als einen möglichen Lösungsweg vorgeschlagen hat.
[182] Gesetz zur Neuregelung der Zinsbesteuerung (Zinsabschlaggesetz v. 9.1.1992, BGBl I 1992, 1853.

Einführung mehrfach ergänzt bzw. geändert worden.[183]

Abzugspflichtige Zinsen nach der ZASt sind insbesondere in § 43 Abs. 1 Satz 1 Nr. 7, 8 und Satz 2 EStG geregelt. Dabei erfasst § 43 Abs. 1 Nr. 7 EStG unter Buchstabe a (sog. verbriefte Forderungen) Zinsen aus Anleihen und Forderungen, die in ein öffentliches Schuldbuch oder ein ausländisches Register eingetragen werden oder über Sammelurkunden i. S. d. § 9 DepotG oder Teilschuldverschreibungen ausgegeben sind. Bei den verbrieften Forderungen kann es sich auch um ausländische Wertpapiere handeln, von deren Erträgen der Steuerabzug vorgenommen wird.[184] Unter b fallen hingegen sog. einfache Forderungen, bei denen es sich um Kapitalerträge i. S. d. § 20 Abs. 1 Nr. 7 EStG handelt (z. B. Sparkonten, -verträge, -pläne, Sichteinlagen). Der Schuldner der Kapitalerträge ist ein inländisches Kreditinstitut oder ein inländisches Finanzdienstleistungsinstitut im Sinne des Gesetzes über das Kreditwesen.

Mit Wirkung ab dem 1.1.1994 wurden die dem Zinsabschlag unterliegenden Erträge erweitert. Diesem unterliegen seitdem nicht nur laufende Zinserträge, sondern auch von Einnahmen aus der Veräußerung, Abtretung oder Einlösung bestimmter Wertpapiere und Kapitalforderungen wird nach § 43 Abs. 1 Nr. 8 EStG Zinsabschlag erhoben. Die Vorschrift umfasst im Einzelnen: Stückzinsen, d. h. Einnahmen aus der Veräußerung von isolierten Zinsscheinen und Zinsforderungen i. S. d. § 20 Abs. 2 Satz 1 Nr. 2 Buchst. b EStG, und Einnahmen aus der Veräußerung von Zinsscheinen und Zinsforderungen, wenn die dazugehörigen Schuldverschreibungen mitveräußert werden, soweit die Stückzinsen separat ausgewiesen sind (§ 20 Abs. 2 Satz 1 Nr. 3 EStG) sowie Erträge aus der Veräußerung, Abtretung oder Einlösung bestimmter Kapitalforderungen i. S. d. § 20 Abs. 2 Satz 1 Nr. 4 EStG, wie z. B. abgezinste oder aufgezinste Schuldverschreibungen, Sparbriefe, Zerobonds und auch Zertifikate, die als Finanzinnovation qualifiziert werden.

Nicht unter die ZASt fallen die Zinsen, die kapitalertragsteuerpflichtig waren. Das sind insbesondere einzelne Zinserträge aus Wandelanleihen, Gewinnobligationen, Genussrechten ohne Anspruch am Liquidationserlös nach §§ 20 Abs. 1 Nr. 7, 43 Abs. 1 Satz 1 Nr. 2 EStG, Erträge aus partiarischen Darlehen gemäß §§ 20 Abs. 1 Nr. 4, 43 Abs. 1 Nr. 3 EStG und Zinsen aus kurzfristigen Lebensversicherungen gemäß §§ 20 Abs. 1 Nr. 6, 43 Abs. 1 Satz 1 Nr. 4 EStG.

Die ZASt ist von der auszahlenden Stelle i. S. d. § 44 Abs. 1 Satz 4 EStG

---

[183] V. a. durch das Gesetz zur Bekämpfung des Missbrauchs und zur Bereinigung des Steuerrechts vom 21.12.1993, BGBl I 1993, 2310 mit Wirkung zum 01.01.1994.

[184] *Harenberg*, Besteuerung privater Kapitaleinkünfte, Rz 324; *Rendels*, DStR 1992, 1037, 1039.

einzubehalten (sog. Zahlstellensteuer) und beträgt 30 v. H. (§ 43 a Abs. 1 Nr. 3 EStG).[185] Zahlstelle ist grundsätzlich das inländische Kreditinstitut oder Finanzdienstleistungsinstitut i. S. d. KWG; das ist auch die inländische Zweigstelle eines ausländischen Kreditinstituts, nicht jedoch die ausländische Niederlassung eines inländischen Kreditinstituts (§§ 44 Abs. 1 Satz 4 Nr. 1b, 43 Abs. 1 Satz 1 Nr. 7b, Satz 2 EStG).

c. Kapitalertragsteuerabzug bei beschränkt Steuerpflichtigen

Bei beschränkt Steuerpflichtigen hat der Kapitalertragsteuerabzug abgeltende Wirkung (§ 50 Abs. 5 Satz 1 EStG). Nach §§ 49 Abs. 1 Nr. 5 a), 5 c), bb), cc) EStG unterliegen der beschränkten Steuerpflicht Zinsen aus partiarischen Darlehen, Lebensversicherungen, aus Genussrechten und aus Tafelgeschäften.

III. Besteuerung von Erträgen aus Zertifikaten

Es stellt sich die Frage, wie der Ertrag bei Einlösung oder Veräußerung eines Zertifikats in die Systematik des Einkommensteuergesetzes einzuordnen und zu versteuern ist. Es ist zu prüfen, ob ein Kapitalertrag i. S. v. § 20 Abs. 1 Nr. 7 S. 1 EStG bzw. eine Finanzinnovation nach § 20 Abs. 1 Nr. 7 i. V. m. § 20 Abs. 2 S. 1 Nr. 4 S. 1 Buchst. c) Alt. 2, Abs. 2 S. 1 Nr. 4 S. 4 EStG vorliegt. Bei Verneinen kann nur ein Ertrag auf der Vermögensebene, d. h. nicht steuerbare Veräußerungsgewinne nach § 23 EStG vorliegen.

1. Einheitliche Betrachtungsweise oder Zerlegung von Zertifikaten für die Besteuerung

Für steuerliche Zwecke qualifizieren sich Zertifikate nach herrschender Meinung[186] im Schrifttum und auch nach der Auffassung der Finanzverwaltung[187] als einheitliches Wirtschaftsgut. Das Finanzgericht München hat im Urteil vom 4.5.2004[188] eine Zerlegung eines (Index-)Zertifikats bei nur teilweiser Kapitalgarantie in zwei unterschiedlich ausgestattete Index-Zertifikate (in Komponenten mit und ohne Kapitalgarantie) abgelehnt. Gegen das Urteil wurde Revision eingelegt. Auch der BFH hat in seinem Urteil

---

[185] Hingegen ist der KapESt-Abzug z. B. bei Dividenden, Erträgen aus Wandelanleihen, Gewinnobligationen, Genussrechten i. H. v. 20 bzw. 25 v. H. (§ 43a Abs. 1 Nr. 1 und 2 EStG) vom Schuldner der Kapitalerträge, z. B. dem Emittenten des Wertpapiers, vorzunehmen (sog. Quellensteuer). Der Solidaritätszuschlag ist nicht berücksichtigt.

[186] *Harenberg/Irmer*, Die Besteuerung privater Kapitaleinkünfte, Rn 1622, 791 ff., *Harenberg*, NWB Fach 3, S. 12151 ff.; *Harenberg*, Derivatives, July/August 2003, 122, 126; *Haisch*, DStR 2003, S. 2202, 2205 in Bezug auf Fremd- und Doppelwährungsanleihen; *Danz/Haisch*, DStR, 2005, 2108, 2109 m. w. N.; *Schulze/Spudy*, DStR, 2001, 1143, 1146. Es wird jedoch ein Zerlegungsansatz für strukturierte Produkte für bilanzielle Zwecke vertreten, so IDW RH BFA 1.003, WPg 2001, 916; jedoch ablehnend hierzu *Eisele/Knobloch*, zfbf 55, 749; *Häuselmann*, BB 2003, 1531, 1535.

[187] BMF v. 2.3.2001, BStBl I 2001, 206, DStR 2001, 576, wonach Aktienanleihen als einheitliche Wirtschaftsgüter qualifiziert werden.

[188] FG München 4.5.2004, 2K2385/03, EFG 2005, S. 1868 ff.

teilkapitalgarantierte Zertifikate als Finanzinnovation i. S. des § 20 Abs. 1 Nr. 7, Abs. 2 S. 1 Nr. 4 eingestuft und keine Zerlegung vorgenommen, beurteilt aber die Überschüsse aus der Veräußerung der Zertifikate nur teilweise als steuerpflichtige Kapitaleinkünfte.[189] Das Urteil wird im Kapitel „Kapitalrückzahlung" C.III.2.d.bb.(2) und „Umfang der steuerpflichtigen Einnahmen" C.III.3.c.dd. eingehend dargestellt und gewürdigt. Hier wird auch der konzeptionelle Ansatz einer Aufteilung in einen kapitalgarantierten und einen nicht kapitalgarantierten Teil - Ebene der Bestimmung des Umfangs der Besteuerung (C.III.3.c.) - analysiert.

Die Idee und die Rechtsgrundlage für einer „transparenten Besteuerung" von Zertifikaten im Sinne eines Durchgriffs oder einer Aufteilung auf die dahinter stehenden Einzelkomponenten wird in dem gesonderten Abschnitt F.I. dieser Arbeit als mögliche Neukonzeption kritisch hinterfragt und gewürdigt.

2. Tatbestandsmerkmale des § 20 Abs. 1 Nr. 7 EStG

Zertifikate haben regelmäßig keine laufende Verzinsung, sodass sie – wenn überhaupt – nur als sog. Finanzinnovation nach § 20 Abs. 2 Nr. 4 c) EStG eingeordnet werden können, sofern die gesetzlichen Voraussetzungen gegeben sind. Es ist Grundvoraussetzung für die Einstufung eines Zertifikats als Finanzinnovation, dass es eine sonstige Kapitalforderung gemäß § 20 Abs. 1 Nr. 7 S.1 EStG gegeben ist.[190]

a. Allgemein

§ 20 Abs. 1 Nr. 7 S. 1 EStG erfasst, soweit sie nicht bereits unter § 20 Abs. 1 Nr. 1 bis 6 und Nr. 8 EStG fallen:

- Erträge aus festverzinslichen Kapitalforderungen unabhängig davon, ob sie mit einer gleichmäßigen oder einer ungleichmäßigen Verzinsung ausgestattet sind,
- Erträge aus Kapitalforderungen mit ungewissem Kapitalertrag, aber zugesagter Rückzahlung des überlassenen Kapitalbetrags und
- Erträge aus Kapitalforderungen mit zugesagter Verzinsung, aber ungewisser Rückzahlung des überlassenen Kapitals.

Wenn nicht mindestens eine dieser Voraussetzungen erfüllt ist, liegen keine steuerpflichtigen Kapitalerträge vor, sondern es handelt sich um Kapitalanlagen mit spekulativem Charakter auf der Vermögensebene, die eventuell nach § 23 EStG zu versteuern sind.

---

[189] BFH v. 4.12.2007, VIII R53/05, DStR 2008, 342

[190] *Beckerath* in *Kirchhof*, EStG, § 20 Rn 300, *Weber-Grellet* in *Schmidt*, EStG, § 20 Rn 182, 186, *Hamacher* in *Carlé/Korn/Stahl/Strahl*, EStG, § 20 Rn 165; *Jachmann*, Münchener Steuerfachtagung 2007, S. 24.

b. Abgrenzung der Einkünfte nach § 20 Abs. 1 Nr. 7 EStG zu den anderen Einkünften nach § 20 Abs. 1 Nr. 1-6 und Nr. 8 EStG und zu Investmentfonds

Sonstige Forderungen i. S. v. § 20 Abs. 1 Nr. 7 Satz 1 EStG sind alle auf eine Geldleistung gerichtete Forderungen, soweit sie nicht bereits unter § 20 Abs. 1 Nr. 1 bis 6 und Nr. 8 EStG fallen. Somit bedarf es zunächst grundsätzlich einer Abgrenzung zu diesen besagten Vorschriften.

In dieser Arbeit soll sich die Abgrenzung auf die in der Praxis vorkommenden Abgrenzungsprobleme beschränken. Das sind insbesondere:

- die Abgrenzung zwischen Eigen- („*equity*" i. S. v. § 20 Abs. 1 Nr. 1 EStG) und Fremdkapital („*debt*" i. S. v. § 20 Abs. 1 Nr. 7 EStG), d. h. die Frage nach der Grenze zwischen Forderungswertpapier und Unternehmensbeteiligung,
- die Abgrenzung gegenüber einem Fondsinvestment.

aa. Abgrenzung von Eigen- und Fremdkapital bzw. „*equity*" und „*debt*"

In den deutschen Steuergesetzen findet sich keine Abgrenzung zwischen Eigen- und Fremdkapital, deshalb stellt diese Frage ein diffiziles, umfangreiches Thema dar, insbesondere im Hinblick auf hybride bzw. mezzanine Finanzierungen. In der vorliegenden Arbeit werden keine hybriden Finanzierungsstrukturen abgehandelt[191] (die Motivation bei solchen Finanzierungsstrukturen besteht darin, bei dem Kapitalempfänger steuerlich abzugsfähige Zinsen zu generieren), sondern es geht vielmehr um die Frage der Abgrenzung einer Kapitalhingabe mit Rückzahlungs- und Verzinsungsanspruch versus die Qualifizierung als Beteiligung an einer Kapitalgesellschaft mit Dividendenanspruch. Sofern keine Unternehmensbeteiligung gegeben ist, sollte daraus „e contrario" grundsätzlich eine Zinszahlung gefolgert werden können.

Gesetzliche Anhaltspunkte der Unterscheidung zwischen Fremd- und Eigenkapital findet man im deutschen Steuerrecht bei den Genussrechten. Genussrechte können unterschiedliche Erträgnisansprüche mit unterschiedlichen steuerlichen Folgen für die ausschüttende Körperschaft und den Genussrechtsinhaber gewähren. Möglich ist bei Genussrechten eine Beteiligung nur am Gewinn, eine Beteiligung nur am Liquidationserlös oder eine Beteiligung an beidem. Nach § 20 Abs. 1 Nr. 1 EStG werden Einnahmen aus Genussrechten lediglich erfasst, wenn mit ihnen das Recht am Gewinn und am Liquidationserlös verbunden ist.

---

[191] Hybride Finanzierungsformen, wie etwa typisch stille Gesellschaften, partiarische Darlehen oder Darlehen mit Rangrücktritt und Gewinnobligationen stellen zivilrechtlich Fremdkapital dar, verbunden mit vielen wirtschaftlichen Kennzeichen von Eigenkapital, oder Eigenkapital mit starkem Fremdkapitalcharakter. Wirtschaftlich betrachtet erfüllen sie aber unabhängig von ihrer zivilrechtlichen Ausgestaltung weitgehend die Funktion als Eigenkapital.

Diese beiden Kriterien „Beteiligung am Gewinn und Liquidationserlös" stellen vereinfacht die entscheidenden Weichenstellungen zwischen der Beurteilung als Eigen- und Fremdkapital mit den entsprechenden steuerlichen Folgen dar. Gemäß den Emissionsbedingungen eines Zertifikats sind die Investoren grundsätzlich nicht am Gewinn bzw. dem Liquidationserlös des Emittenten beteiligt.

bb. Abgrenzung gegenüber einem Fondsinvestment

(1) Problembeschreibung

Die Frage der Anwendbarkeit des InvStG stellt sich nur bei Zertifikaten von ausländischen Emittenten, da das InvStG bei ausländischen Investmentvermögen nach wie vor ein materieller und nicht ein nur formeller Investmentfondsbegriff ist. Während der formelle Investmentbegriff ausschließlich an die rechtliche Form des Emissionsvehikels anknüpft, knüpft der materielle Investmentbegriff an die materielle „Substanz" des gegründeten Vermögens nach dem Grundsatz der Risikomischung an.

(2) Formeller Investmentfondsbegriff

Die rechtlichen Rahmenbedingungen für Wertpapier- und Immobilienfonds sind in dem Investmentgesetz[192] geregelt. Nach § 1 S. 1 Nr. 1 InvG findet das InvG auf inländische Investmentvermögen Anwendung, soweit diese in Form von Investmentfonds i. S. d. § 2 Abs. 1 InvG oder einer Investmentaktiengesellschaft i. S. d. § 2 Abs. 5 InvG gebildet werden. Gemäß § 1 Abs. 1 Nr. 1 InvStG kommt das InvStG auf inländische Investmentvermögen zur Anwendung, soweit diese in Form eines Investmentfonds i. S. d. § 2 Abs. 1 InvG oder einer Investmentaktiengesellschaft i. S. d. § 2 Abs. 5 InvG (inländische Investmentgesellschaft) gebildet werden, sowie auf Anteile aus inländischen Investmentvermögen (inländische Investmentanteile). Es handelt sich somit im InvG und auch im InvStG um eine rein formelle Anknüpfung, sodass Vermögensanlagen, die nicht unter diese Definitionen fallen, nicht in den Anwendungsbereich des InvG und InvStG fallen.[193]

(3) Materieller Investmentfondsbegriff

Ausländische Investmentanteile sind nach § 1 Satz 1 Nr. 3 und § 2 Abs. 8 und 9

---

[192] BGBl I 2003, 2627. Das sog. Investmentmodernisierungsgesetz hat das Gesetz über Kapitalanlagegesellschaften und das Auslandsinvestmentgesetz neu geregelt und enthält das sog. Investmentgesetz (InvG) und das sog. Investmentsteuergesetz (InvStG). Während das InvG die organisations-, aufsichts- und vertriebsrechtlichen Normen enthält, sind im InvStG die steuerrechtlichen Vorschriften enthalten.

[193] Wie z. B. geschlossene Fonds i. S. v. Publikumspersonengesellschaften (Schiffsfonds, Filmfonds), vgl. BMF-Schreiben vom 2.6.2005, IV C 1 – S 1980 – I 87/05, BStBl I 2005, 728 ff.; *Ramackers* in *Littman/Bitz/Pust*, § 1 InvStG, Rz 5 ff.

InvG i. V. m. § 1 Abs. 1 Nr. 2 und Abs. 2 Satz 1 InvStG grundsätzlich sämtliche Anteile an einem nach ausländischen Recht gegründeten Vermögen, das nach dem Grundsatz der Risikomischung angelegt ist. Die Anwendbarkeit des InvG und des InvStG auf ausländische Rechtsgebilde hängt somit davon ab, ob die materiellen Merkmale eines Investmentfonds i. S. v. § 1 S. 2 InvG erfüllt sind, sodass das entscheidende Kriterium die Vergleichbarkeit der Kapitalanlage mit dem Grundsatz der Risikomischung und -streuung ist.[194] Der nach derzeitiger Rechtslage[195] vorgesehene materielle Vergleich stellt nicht auf die rechtliche Organisation, sondern auf den Zweck des Rechtsgebildes ab.[196]

Ein materieller Investmentbegriff (zumindest ein weiter materieller Investmentbegriff) für ausländische Emittenten gegenüber dem rein formellen für inländische Emittenten kann jedoch in europarechtlicher Hinsicht bedenklich sein.[197] Eine solche diskriminierende Einschränkung könnte darin zu sehen sein, dass die Emission eines Zertifikates durch ein ausländisches Kreditinstitut dem materiellen Investmentbegriff unterliegt, während für einen inländischen Emittenten der formelle Investmentbegriff zutrifft.

Das BMF-Schreiben vom 2.6.2005[198] stellt hinsichtlich der Zertifikate klar, dass ausländische Investmentanteile nur vorliegen, wenn zwischen dem Rechtsinhaber und dem Rechtsträger des ausländischen Vermögens eine direkte Rechtsbeziehung besteht, die allerdings schuldrechtlicher oder mitgliedschaftlicher Natur sein kann. Zertifikate, die von einem Dritten emittiert werden und die Ergebnisse eines ausländischen Investmentvermögens, mehrerer solcher Vermögen oder eines Index auf solche Vermögen lediglich nachvollziehen, sind nach Ansicht des BMF keine ausländischen Investmentanteile. Begründet werden kann diese Ansicht damit, dass Zertifikate kein Recht auf einen Teil des Vermögens des Emittenten, sondern lediglich

---

[194] BMF-Schreiben vom 2.6.2005, IV C 1 – S 1980 – I 87/05, BStBl I 2005, 723, Tz. 9; *Bujotzek*, Offene Immobilienfonds, Rn 17 ff.; *Kayser/Steinmüller*, FR 2004, 144 f.; *Ramackers* in *Littmann-Bitz/Putz*, EStG, § 1 InvStG Rz 10 ff.; *Sradj/Mertes*, DStR 2004, 201 ff.

[195] Im Rahmen des Investmentmodernisierungsgesetzes wurde zwar die Einführung eines formellen Investmentbegriffs diskutiert, aber letztlich nicht umgesetzt. Vgl. *Kayser/Steinmüller*, FR 2004, 144; *Sradj/Mertes*, DStR 2003, 1681 ff., *Sradj/Mertes*, DStR 2004, 201 ff. Vgl. Konkreter hinsichtlich der Probleme eines formellen ausländischen Investmentbegriffs *Kirchmayr*, DStJG Bd. 30 (2007), S. 238 f.

[196] *Kirchmayr*, DStJG Bd. 30 (2007), S. 238 f.

[197] *Kirchmayr*, DStJG Bd. 30 (2007), S. 238 f., insbesondere dann, wenn ausländische Investmentfonds gegenüber inländischen eingeschränkt werden. *Kirchmayr* nennt hierzu das Beispiel, dass ein inländischer Immoblienfonds als offener Immobilienfonds oder als Immobilienaktiengesellschaft organisiert werden kann und sich die steuerliche Behandlung nach der jeweiligen Organisation des Immoblienfonds richtet, während ein ausländischer Fonds diese Möglichkeit nicht hat. Hierin liege eine nicht gerechtfertigte Diskriminierung mit der Folge, dass der materielle Fondsbegriff aus europarechtlichen Gründen teilweise eingeschränkt zu sehen sei. Vgl. hierzu auch insbesondere *Sedlaczek*, Die EG-Rechtsverträglichkeit der unterschiedlichen Besteuerung in- und ausländischer Investmentfonds.

[198] BMF-Schreiben vom 2.6.2005, IV C 1 – S 1980 – I 87/05, BStBl I 2005, 723, Tz. 9; dazu auch *Kayser/Steinmüller*, FR 2004, S. 145 jedoch ablehnend bezüglich Hedgefonds-Zertifikaten, was m. E. dem Wortlaut des genannten BMF-Schreibens widerspricht.

einen schuldrechtlichen Zahlungsanspruch gegenüber diesem verbriefen.[199] Insbesondere im Falle der Insolvenz des Emittenten hat der Anleger keinen besonderen rechtlichen Zugriff auf vom Emittenten gehaltenes Vermögen, sondern er hat mit allen anderen Insolvenzgläubigern nur einen gleichrangigen Insolvenzanspruch.[200]

Man könnte die direkte Rechtsbeziehung, die für die Anwendung des InvStG erforderlich ist, darin sehen, dass ein Durchgriff durch die Zertifikate auf das aufseiten des ausländischen Emittenten regelmäßig vorgenommene Absicherungsgeschäft erfolgt oder auf die Gegenpartei durchgegriffen wird, die das *underlying* als *„hedge"* auf die Bankbilanz bucht. Die *„hedge"*-Entscheidung steht allerdings im alleinigen Ermessen des Kreditinstituts, d. h. es besteht keine Verpflichtung, überhaupt ein Absicherungsgeschäft vorzunehmen, sodass insofern keine direkte Rechtsbeziehung gegenüber dem Zertifikatsinhaber besteht. Ein Privatanleger, der in ein Zertifikat eines ausländischen Emittenten investiert, erwirbt damit grundsätzlich nicht ausländische Investmentanteile i. S. d. InvStG, sodass die nachteilige Pauschalbesteuerung nach § 6 InvStG nicht zur Anwendung kommt.

(4) Neuregelung des § 2 Abs. 9 InvG-E

In dem Entwurf eines Gesetzes zur Änderung des Investmentgesetzes vom 26.3.2007 wurde § 2 Abs. 9 InvG, auf welchen § 1 Abs. 1 Nr. 2 und Abs. 2 Satz 1 InvStG Bezug nimmt, folgendermaßen ergänzt:

> § 2 Abs. 9 InvG-E
> *„Ausländische Investmentanteile sind Anteile an ausländischen Investmentvermögen, die von einem Unternehmen mit Sitz im Ausland ausgegeben werden (ausländische Investmentgesellschaft)* ***und bei denen der Anleger verlangen kann, dass ihm gegen Rückgabe des Anteils ein Anteil an dem ausländischen Investmentvermögen ausgezahlt wird, oder die ausländische Investmentgesellschaft im Staat ihres Sitzes einer Aufsicht über Vermögen zur gemeinschaftlichen Kapitalanlage unterstellt ist.*** *"*

Nach der Gesetzesbegründung bedeutet die Änderung eine Abkehr von dem bisher geltenden materiellen Investmentbegriff für ausländische Investmentfonds. Die Regelung sieht nunmehr vor, dass als ausländische Investmentanteile nur noch Anteile zu sehen sind, bei denen der Anleger gegen Rückgabe die Auszahlung seines Anteils verlangen kann oder die ausländische Investmentgesellschaft im Staat ihres Sitzes einer Aufsicht über Vermögen zur

---

[199] *Haisch/Danz*, DStR 2005, 2108, 2114.

[200] *Pfüller/Schmidt* in *Brinkhaus/Scherer*, § 1 Rz. 29; *Oho/Remmel*, BB 2002, 1449, 1451; *Haisch/Danz*, DStR 2005, 2108, 2114; *Stamm/Livonius*, Absolut Report, 2003, S. 49 ff.

gemeinschaftlichen Kapitalanlage unterstellt ist. Es soll dadurch mehr Rechtssicherheit für die ausländischen Anbieter geschaffen werden, indem nun der Anwendungsbereich des InvG eröffnet ist, wenn ein „offener Fonds" vorliegt. Von einem „offenen Fonds" wird nach der Gesetzesbegründung dann nicht gesprochen, wenn ein „geschlossener Fonds" vorliegt, der gegeben ist, wenn kein Recht auf Rücknahme besteht. Weder das Gesetz noch die Gesetzesbegründung lässt soweit erkennen, was unter dem „Recht zur Rückgabe der Anteile" konkret zu verstehen ist. Der BVI[201] kommentiert in Anmerkungen zu dem Gesetz, dass bei der Rücknahmemöglichkeit nicht auf den einzelnen Anleger, sondern auf die konzeptionelle Ausgestaltung des ausländischen Investmentvermögens abgestellt wird. Jedoch kann diese Regelung als Schritt in die „richtige Richtung" verstanden werden, dass auch für ausländische Investmentanteile ein formeller Investmentbegriff zur Anwendung kommen soll.

c. Erträge aus „sonstigen Kapitalforderungen jeder Art", § 20 Abs. 1 Nr. 7 EStG

Die Norm des § **20 Abs. 1 Nr. 7 EStG „Erträge aus Kapitalforderungen jeder Art"** bildet den Auffangtatbestand (lex generalis) zu den Regelungen in § 20 Abs. 1 Nr. 1-6 und Nr. 8 EStG. In der ursprünglichen Formulierung unterlagen ganz allgemein „Zinsen aus sonstigen Kapitalforderungen jeder Art" der Besteuerung. Im Rahmen des StMBG 1993 hat der Gesetzgeber im Hinblick auf „innovative Bankprodukte" den Begriff der Zinsen als zu eng gesehen und durch den weiteren Begriff der Erträge ersetzt. Sonstige Kapitalforderungen jeder Art sind alle auf einen Geldbetrag gerichtete Forderungen, die nicht schon unter einem anderen Tatbestand des § 20 Abs. 1 EStG erfasst sind. Bis zu der Änderung durch das StMBG wurde unter dem Zinsbegriff das Nutzungsentgelt für die zeitlich begrenzte Überlassung des Kapitals verstanden, was sowohl Ertrag als auch die Rückzahlung („zeitlich begrenzte Überlassung") voraussetzte. So liegen nunmehr Kapitalerträge auch dann vor, wenn zwar kein bestimmtes Entgelt für die Überlassung des Kapitals, aber die Rückzahlung des überlassenen Kapitalvermögens bestimmt zusagt worden ist, sowie im umgekehrten Fall, wenn ein bestimmter Zins zugesichert wurde, aber ungewiss ist, ob oder in welcher Höhe das überlassene Kapitalvermögen zurückgezahlt wird.[202]

Sonstige Kapitalforderungen sind, wie bereits dargestellt, alle auf eine

[201] BVI, Lesefassung des Entwurfs des Investmentänderungsgesetzes in der Fassung vom 26.3.2007 im Vergleich zum geltenen Investmentgesetz vom 1.1.2004, Fn 14.

[202] *Stuhrmann* in *Blümich*, § 20 Rn 293; *Schlotter* in *Littmann/Bitz/Pust*, § 20 Rn 597; *Harenberg* in *Herrmann/Heuer/Raupach*, § 20 Anm 821; *Lohr*, Kapitalanlage nach der Unternehmensteuerreform, S.125 f.; *Harenberg/Irmer*, Besteuerung privater Kapitaleinkünfte, § 20 Rn 794, *Lindberg*, Die Besteuerung der Kapitaleinkünfte, Rn B22.

Geldleistung gerichtete Forderungen[203], wobei die Rechtsgrundlage und die Rechtsnatur der Forderung unerheblich sind, d. h. sie können sowohl vertraglicher als auch gesetzlicher, privatrechtlicher oder öffentlich-rechtlicher Natur sein.[204] Selbst Forderungen aus nichtigen oder anfechtbaren Verträgen werden unter den Voraussetzungen des § 41 AO erfasst. Kapitalertrag kann beim Empfänger einer Zahlung auch dann vorliegen, wenn der vermeintliche zivilrechtliche Zinsanspruch dem Grunde oder der Höhe nach nicht besteht.[205]

Zu den Erträgen i. S. d. § 20 Abs. 1 Nr. 7 EStG gehört im Sinne der Norm als Auffangtatbestand alles, was der Steuerpflichtige „für die Gestattung seiner Kapitalnutzung" erhält. Steuerpflichtig ist jedoch nicht das Entgelt, sondern der Ertrag aus einer Kapitalüberlassung. Es sind die steuerpflichtigen Kapitalerträge von der nicht steuerbaren Vermögenssteigerung (Kursgewinnen) abzugrenzen. Vermögensmehrungen, die durch eine Änderung des Kapitalmarktzinses – umlaufbedingte Kursschwankungen – entstehen und realisiert werden, fließen dem Inhaber des Kapitalvermögens (Gläubiger) bei Veräußerung der Kapitalforderung nicht vom Schuldner zu. Sie sind deshalb – mit Ausnahme von Gewinnen aus privaten Veräußerungsgeschäften (§§ 22 Nr. 2, 23 Abs. 1 S. 1 Nr. 2 EStG) – nicht steuerbar.[206]

d. Voraussetzungen im Einzelnen

Maßgeblich für die steuerrechtliche Einordnung eines Zertifikats ist, ob nach § 20 Abs. 1 Nr. 7 S. 1 EStG:

- die Rückzahlung des Kapitalvermögens zugesagt wird;
- die Rückzahlung des Kapitalvermögens gewährt wird;
- ein Entgelt für die Überlassung des Kapitalvermögens zur Nutzung zugesagt wird;
- ein Entgelt für die Überlassung des Kapitalvermögens zur Nutzung gewährt wird.

Es sind daher nachfolgend die Tatbestandsmerkmale „Entgeltzahlung oder Kapitalrückzahlung" und „Zusage oder Gewährung" näher zu analysieren.

aa. Entgeltzahlung

Unter Entgeltzahlung ist jede Vermögensmehrung zu verstehen, die bei wirtschaftlicher Betrachtung eine Gegenleistung des Kapitalnutzers für die

---

[203] *Bordewin* in *Lademann*, EStG, § 20 Anm 513; *Heinicke* in *Schmidt*, EStG, § 20 Rz 160.

[204] BFH v. 8.4.1986 VIII R 260/82 = BStBl II S. 557, BFH v. 29.9.1991 VIII R 39/29 = BStBl II 1982, S. 113, BFH v. 18.2.1975 VIII R 104/70 = BStBl II S. 568; *Harenberg* in *Herrmann/Heuer/Raupach* § 20 Anm 808 m. w. N.,

[205] BFH v. 6.4.1993 = BStBl II 1993, 825.

[206] BFH v. 24.10.2000 = BStBl II 2001, 97 (sog. Floaterurteil); BMF v. 24.11.1986 = BStBl I 1986, 539 sog. Emissionsdisagio-Erlass.

Nutzungsüberlassung des Geldvermögens darstellt; in Betracht kommt alles, was als Einnahme i. S. d. § 8 EStG gilt.[207] Bei Zertifikaten ist eine laufende Verzinsung grundsätzlich nicht vorgesehen, sondern mit der Einlösung des Zertifikats erfolgt eine Rückzahlung (oder ein Verlust) des eingesetzten Kapitals sowie der Wertentwicklung (oder des -verlusts) an dem zugrunde liegenden Basiswert. Enthalten Zertifikate eine (laufende) Couponzahlung, so ist die Voraussetzung der Entgeltzahlung zu bejahen.

bb. Kapitalrückzahlung

Es stellt sich die Frage, ob eine Kapitalrückzahlung die gesamte Rückzahlung voraussetzt oder die teilweise Rückzahlung ausreicht.

(1) Kapitalrückzahlung vor der aktuellen BFH-Rechtsprechung

Im Einvernehmen mit den obersten Finanzbehörden vertritt die Finanzverwaltung die Auffassung[208], dass eine „Rückzahlung des Kapitalvermögens" vorliegt, wenn eine teilweise Rückzahlung des Kapitals erfolgt; dabei wird explizit kein Mindestbetrag vorausgesetzt.

Der Gesetzeswortlaut spricht von der Rückzahlung „des" Kapitalvermögens; die Verwendung des bestimmten Artikels könnte nach **verbaler Auslegung des Gesetzes** so zu verstehen sein, dass die Rückzahlung des **gesamten** Kapitalvermögens vom Gesetzgeber gefordert ist.[209] Auch aus dem letzten Satzteil des § 20 Abs.1 Nr. 7 Satz 1 EStG, „auch wenn die Höhe des Entgelts von einem ungewissen Ereignis abhängt", könnte man bei einer wörtlichen Auslegung darauf schließen, dass die Ungewissheit bezüglich der Höhe des Entgelts, nicht aber der Höhe der Kapitalrückzahlung für die Anwendung des § 20 Abs. 1 Nr. 7 S. 1 EStG unschädlich ist.[210]

Eine Ansicht in der Literatur[211] unterstützt die Auffassung der Finanzverwaltung mit dem Argument, dass die Begriffe der Entgelt- und Kapitalrückzahlung nach wirtschaftlicher Betrachtungsweise austauschbar wären. Dieser Ansicht wird der Widerspruch gegen die Gesetzessystematik entgegengehalten. In der Differenzierung zwischen Kapitalrückzahlung und Entgelt komme die historische Systematik der Unterscheidung zwischen Stammrecht und Frucht bzw. der nicht steuerbaren Vermögens- und Ertragsphäre zum Ausdruck. Eine Vermengung der Unterscheidung von Entgelt- und Kapitalrückzahlung würde diesem tragenden Prinzip und

---

[207] *Harenberg* in *Herrmann/Heuer/Raupach*, § 20 Anm 807 m. w. N.; *von Beckerath* in *Kirchhof*, EStG, § 20 Rz 302.
[208] BMF v. 16.3.1999, IV C 1 S. 2252-87/99 = BStBl I 1999, 433 = DStR 1999, 935; OFD Kiel v. 3.7.2003, S2252 A – St 231.
[209] So *Haisch/Danz*, DStR 2005, S. 2108, 2110.
[210] So *Haisch/Danz*, DStR 2005, S. 2108, 2110.
[211] *Bödecker/Geitzenauer*, FR 2003, S. 1214.

letztendlich dem Dualismus der Einkunftsarten widersprechen. Das FG München formuliert folgendermaßen:

> *„Die Besteuerung der Einkünfte aus Kapitalvermögen (§ 20 EStG) wird von dem Grundsatz beherrscht, dass zwischen dem Kapitalvermögen als solchem und dem Ertrag als Frucht des Kapitals zu unterscheiden ist. Grundsätzlich wirken sich deshalb Wertänderungen der Kapitalanlage als solche auf die Besteuerung der erzielten Erträge im Rahmen des § 20 EStG nicht aus.“*[212]

Das FG München kommt bei einer Kapitalgarantie von 10,26% zu der Auffassung, dass die Rückgewähr eines Betrages von 10,26% des hingegebenen Kapitals nicht mehr als Erhalt des Vermögens anzusehen sei, allgemein als Geringfügigkeitsgrenze gelte und eine derartige Zusage nicht zu einer Sicherung des Nominalwertes des eingesetzten Vermögens genüge.[213]

Diese von der Finanzverwaltung abweichende Ansicht, dass die Voraussetzung der „Rückzahlung des Kapitalvermögens“ als eine vollständige Rückzahlung, insbesondere im Hinblick auf die Systematik des Einkommensteuergesetzes zu verstehen ist, findet ebenfalls große Zustimmung in der Literatur.[214]

Nach der **historischen Auslegungsmethode zur Ermittlung des Gesetzeszwecks**[215] ist der Wille des Gesetzgebers zu prüfen. Mit der seit 1994 geltenden Neufassung des § 20 Abs. 1 Nr. 7 EStG hat sich der Gesetzgeber für eine Besteuerung von Erträgen entschieden, wenn

- die Rückzahlung des Kapitalvermögens oder
- ein Entgelt für die Überlassung des Kapitalvermögens zur Nutzung unabhängig von der Rückzahlung des Kapitals

zugesagt oder gewährt worden ist. Aus der Gesetzesbegründung geht hervor, dass bereits steuerpflichtiger Kapitalertrag vorliegt, wenn nur die Zahlung eines Zinses, nicht aber die Rückzahlung des eingesetzten Kapitals zugesagt ist.[216] Nach den Gesetzesbegründungen zum StMBG[217] ist es jedoch auch Wille des

---

[212] FG München v. 4.5.2004 2K2385/03 EFG 2005, 1868, m. w. N. auf BFH v. 09.10.1979 VIII R 67/77, BFHE 129, 132 = BStBl II 1980, 116 m. w. N.; BFH v. 11.02.1981 I R 98/76 BFHE 133, 35 = BStBl 1981, 465; BFH v. 15.12.1987 VIII R 281/83, BFHE 154, 456 = BStBl II 1989, 16; BFH v. 27.06.1989 VIII R30/88; BFHE 157, 541 = BStBl II 1989, 934; BFH v. 02.03.1993 VIII R13/91, BFHE 171, 48 = BStBl II 1993, 602.

[213] FG München v. 04.05.2004 2K2385/03 – EFG 2005, 1868

[214] So auch *von Beckerath* in *Kirchhof*, EStG, § 20 Rn 302; *Hamacher* in *Carlé/Korn/Stahl/Strahl*, EStG, § 20 Rn 166; *Geurts* in *Bordewin/Brandt*, EStG, § 20 Rn 336; *Lohr*, DB 200, 643; *Wagner*, StBp 2002, 331; *Haisch/Danz*, DStR 2005, 2110.

[215] Vgl. *Tipke/Lang*, Steuerrecht, § 5 Rz 69 m. w. N.: „Mit der historischen Methode werden die subjektiv-teleologischen Kriterien ermittelt. Das Demokratieprinzip verpflichtet dazu, nach Prüfung des Wortsinns die Gesetzesmaterialien zu ergründen, um feststellen zu können, welches Wortverständnis der Rechtsanwendung zugrunde zu legen ist und ob der Wille des Gesetzgebers im Gesetzestext einen hinreichend klaren Ausdruck gefunden hat; vgl. auch *Larenz*, Methodenlehre, S. 328 ff.

[216] BT-Drucks. 12/6078, S. 122.

[217] BT-Drucks. 12/6078, S. 122 und 12/6856, S. 25.

Gesetzgebers, rein spekulative Kapitalforderungen nicht von § 20 Abs. 1 Nr. 7 EStG erfassen zu lassen. Nach der Auffassung der Finanzverwaltung würden Rückzahlungsgarantien von 10 %[218] oder weniger zu steuerpflichtigen Einkünften nach § 20 Abs. 1 Nr. 7 EStG führen. Es stellt sich somit die Frage, ob der Gesetzgeber dem traditionellen Zinsbegriff, der von der Quellentheorie geprägt ist und sich als Nutzungsentgelt für die zeitlich begrenzte Überlassung des Kapitals definiert, nicht mehr festhalten will.

Der traditionelle Zinsbegriff ist ein zivilrechtlicher, der bestimmt ist durch den Anspruch auf ein Entgelt und zusätzlich auf Rückzahlung des überlassenen Kapitals. In § 488 Abs. 1 BGB werden die vertragstypischen Pflichten beim Darlehensvertrag wie folgt normiert:

> *„Der Darlehensgeber ist verpflichtet dem Darlehensnehmer einen bestimmten Geldbetrag zur Verfügung zu stellen. Der Darlehensnehmer ist verpflichtet, einen geschuldeten Zins zu zahlen und bei Fälligkeit das zur Verfügung gestellte Darlehen zurückzuzahlen."*

Von diesem zivilrechtlichen Zinsverständnis hat sich der Steuergesetzgeber mit der Neufassung von § 20 Abs. 1 Nr. 7 S. 1 EStG mit dem StMBG 1993 abgewendet, da die Überlassung von Kapitalvermögen zur Nutzung nicht mehr beinhaltet, dass es zurückgewährt werden muss, denn es reicht bereits eine bloße Entgeltzahlung für die Entstehung eines steuerpflichtigen Kapitalertrages aus. Der Gesetzgeber hat sein Zinsverständnis zu einem von einer wirtschaftlichen Betrachtungsweise geprägten Zinsverständis („wirtschaftlicher Zinsbegriff") fortentwickelt und verstärkt dieses Verständnis durch die Gesetzesänderung mit dem StÄndG 2001, indem in § 20 Abs. 1 Nr. 7 S. 2 EStG zum Ausdruck gebracht wird, dass die Besteuerung nach § 20 Abs. 1 Nr. 7 S. 1 EStG unabhängig von der Bezeichnung und der zivilrechtlichen Ausgestaltung der Kapitalanlage zu erfolgen hat. Die strikte Trennung zwischen hingegebenen Kapital und Kapitalertrag ist in der modernen Finanztheorie ohnehin nur schwer nachzuvollziehen. Insbesondere an dem Beispiel eines Zerobonds wird deutlich, dass der gesamte Zins Bestandteil der Kapitalrückzahlung sein kann, und genauso umgekehrt, wenn auch in der Praxis unüblich, die gesamte Kapitalrückzahlung zum Bestandteil der laufenden Zinszahlung werden kann. Diese formale Trennung zwischen Stamm und Frucht entspricht nicht der fortschreitenden Entwicklung am Finanzmarkt. Die formale Ausgestaltung, ob es sich bei Auszahlung um eine Rückzahlung des eingesetzten Kapitals oder um die Zahlung eines Entgelts handelt, ist nicht aufrechtzuerhalten, denn die

---

[218] OFD Kiel v.21.3.2001, S 2252 A – St 231, Vorkarte zu EStK, § 20 EStG, Karte 3.0. Die Finanzverwaltung hat in dem konkreten Fall die Zusage von 10,26 % des hingegebenen Kapitals als ausreichend angesehen für eine Subsumtion des Tatbestandes unter § 20 Abs. 1 Nr. 7 EStG (FG München v. 4.5.2005 2K2385/03 – Rev. eingelegt, Az. des BFH VIII R 53/05 in EFG 2005, 868 ff.).

Begriffe der Entgeltzahlung und Kapitalrückzahlung sind finanztechnisch austauschbar. Das hat der Gesetzgeber erkannt und durch seine Änderung im StÄndG 2001 aufgegriffen. Eine teilweise Rückzahlung des hingegebenen Kapitals reicht m.E. aus.

Wenn die Zusage oder Gewährung einer nur teilweisen Rückzahlung des Kapitals ausreicht, widerspricht dies auch bei einer sehr geringen Rückzahlungsgarantie nicht der Erfassung der Erträge nach § 20 Abs. 1 Nr. 7 EStG.[219] Es muss keine Geringfügigkeitsgrenze gezogen werden, denn der derzeitige Gesetzeswortlaut sieht keine Geringfügigkeitsgrenze vor.

(2) Kapitalrückzahlung nach der aktuellen BFH-Rechtsprechung

Der VIII. Senat hat in seinem jüngsten Urteil[220] diesem Ergebnis, dass eine Gewährung oder Zusage einer teilweisen Rückzahlungsgarantie ausreichend ist, zugestimmt. Der Tatbestand der Alternative 1 des § 20 Abs. 1 Nr. 7 EStG erfordert es nach der Auffassung des BFH nicht, dass die Rückzahlung des gesamten überlassenen Geldbetrags zugesagt oder gewährt wird. Die Auffassung des BFH bestätigt, dass der Gesetzgeber mit der Neufassung des § 20 Abs. 1 Nr. 7 EStG den bisherigen Zinsbegriff in dem Sinne erweitert, dass – abweichend vom früheren Recht – ein steuerpflichtiger Kapitalertrag auch dann vorliegt, wenn nur die Zahlung eines Entgelts, nicht aber die Rückzahlung des Kapitals verbindlich zugesagt worden ist.[221] Die Vorschrift berücksichtigt, dass bei bestimmten Kapitalanlagen die Entgeltzahlung wirtschaftlich mit der Kapitalrückzahlung austauschbar ist und das Risiko vom Entgelt auf die Rückzahlung des Kapitals verlagert werden kann.[222]

Aus dieser Aussage folgert der BFH: wenn ein Kapitalertrag bereits dann anzunehmen ist, wenn lediglich das Entgelt, nicht aber die Rückzahlung des Kapitals zugesagt ist, der Anleger im wirtschaftlichen Ergebnis das Risiko eines Teilverlusts des eingesetzten Geldbetrages trägt, nichts anderes gelten kann, wenn dem Anleger kein Entgelt, aber die Rückzahlung nur eines Teils des eingesetzten Kapitals zugesagt worden ist.[223] Denn auch in diesem Fall trägt der Anleger wirtschaftlich in vergleichbarer Weise das Risiko, den über die garantierte Rückzahlung hinausgehenden Geldbetrag zu verlieren.[224]

Das BFH-Urteil bestätigt zudem die Auffassung der Verfasserin, dass es für

---

[219] Vgl. *Haisch*, DStZ 2005, S. 103.
[220] BFH v. 4.12.2007 VIII R 53/05, DStR 2008, 342.
[221] BFH v. 4.12.2007 VIII R 53/05 Zi. II.1.a.bb.(2), DStR 2008, 342.
[222] BFH v. 4.12.2007 VIII R 53/05 Zi. II.1.a.bb.(2), DStR 2008, 342.
[223] BFH v. 4.12.2007 VIII R 53/05 Zi. II.1.a.bb.(2), DStR 2008, 342.
[224] BFH v. 4.12.2007 VIII R 53/05 Zi. II.1.a.bb.(2), DStR 2008, 342.

eine Geringfügigkeitsgrenze auch bei nur sehr geringer Rückzahlungsgarantie, keine Anhaltspunkte im Gesetz zu finden sind.[225] Nach dem BFH stellt sich die Frage, ob eine Geringfügigkeitsgrenze im Rahmen des § 20 Abs. 1 Nr. 7 EStG verfassungsrechtlich nach dem Verhältnismäßigkeitsgrundsatz geboten ist, nicht, da der BFH in dem einschlägigen Urteil nicht zu einer vollständigen Erfassung des erzielten Ertrages kommt, sondern zu einer Aufteilung des Ertrages in einen steuerpflichtigen und einen nicht steuerbaren Anteil im Rahmen des Umfangs der Besteuerung kommt.[226]

Dem BFH ist auch insofern zu folgen, dass bei einer steuerbaren Finanzinnovation beide Merkmale, die (i) Typenbeschreibung wie auch die (ii) Vorgaben für die Berechnung der steuerbaren Einkünfte i. S. d. Bestimmung des Umfangs der Besteuerung den maßgeblichen Steuertatbestand bilden.[227] Die Frage, ob eine teilweise Kapitalgarantie ausreichend ist, ist eine Frage, die m. E. auf der Ebene der sog. „Typenbeschreibung" zu beantworten und zu bejahen ist. Es ist jedoch weiter zu prüfen, ob aufgrund der teilweisen Kapitalgarantie auf der Ebene der Bestimmung des Umfangs eine Einschränkung zu erfolgen hat (vgl. dazu Ziffer C.III.3.c.).

(3) Zwischenergebnis
Als Zwischenergebnis ist festzuhalten, dass die Zusage oder Gewährung einer teilweisen Kapitalrückzahlung für § 20 Abs. 1 Nr. 7 S. 1 EStG genügt.

cc. Zusage im Sinne von „zivilrechtlicher Kapitalgarantie"
Der Begriff der Zusage ist im Sinne einer vertraglichen – zivilrechtlichen – Vereinbarung einer Entgeltzahlung oder einer Kapitalrückzahlung zu verstehen, die in den Emissionsbedingungen des Zertifikats gegeben wird. Für das Vorliegen einer Zusage ist damit ausschließlich der Emissionszeitpunkt maßgeblich[228] somit ist eine nachträgliche Umwandlung von Finanzprodukten, die zum Emissionszeitpunkt keine Kapitalforderung sind und dann zu einer Kapitalforderung „mutieren" ausgeschlossen. Diese Auffassung vertritt auch der BFH in seinen aktuellen Urteilen.[229] Ist in den Emissionsbedingungen eine Zusage im Sinne einer Garantie eines Kapitalertrages oder einer teilweisen Kapitalrückzahlung gegeben, so ist § 20 Abs. 1 Nr. 7 EStG zu bejahen. In den Emissionsbedingungen für Garantiezertifikate wird regelmäßig ein prozentualer Anteil einer Kapitalrückzahlung garantiert, sodass bei Garantiezertifikaten stets Kapitalerträge nach § 20 Abs. 1 Nr. 7 Satz 1 EStG vorliegen.

---

[225] BFH v. 4.12.2007 VIII R 53/05 Zi. II.1.a.bb.(3), DStR 2008, 342.
[226] BFH v. 4.12.2007 VIII R 53/05 Zi. II.1.a.bb.(3), DStR 2008, 342.
[227] Vgl. insbesondere BFH v. 13.12.2006 VIII R 79/03 Ziffer I.1, , DStR 2007, 338.
[228] So auch *Wagner*, DStZ 2005, 623, 625.
[229] BFH v. 13.12.2006 VIII R 79/03, BFH v. 13.12.2006 VIII R 62/04. Vgl. auch *Jachmann*, DStR 2007, S. 880.

dd. Gewährung im Sinne von faktischer bzw. wirtschaftlicher Kapitalgarantie

Ohne ausdrückliche oder stillschweigende Vereinbarung kann nach Verwaltungsansicht[230] und h. M.[231] in der Literatur die Voraussetzung der „Gewährung" vorliegen, wenn die Kapitalrückzahlung oder eine Entgeltzahlung aufgrund der Ausgestaltung der Kapitalanlage sicher ist.

Dabei werden im Folgenden zwei Fragestellungen unterschieden: zum einen, ob eine lediglich theoretische Möglichkeit eines Totalverlusts des eingesetzten Kapitals gegen die Annahme der Gewährung einer Kapitalgarantie spricht (1), zum anderen die Frage einer faktischen bzw. wirtschaftlichen Kapitalgarantie (2).

(1) Theoretische Möglichkeit eines Totalverlusts

Es stellt sich die Frage, ob auch dann eine Gewährung der Kapitalrückzahlung vorliegt, wenn nur eine **theoretische Möglichkeit eines Totalverlusts** besteht. Nach Auffassung der Finanzverwaltung[232] und der h. M. in der Literatur[233] liegt bei auch nur theoretischer Möglichkeit eines Totalverlusts keine (teilweise) Gewährung der Kapitalrückzahlung vor; die Voraussetzungen des § 20 Abs. 1 Nr. 7 S. 1 EStG wären damit nicht erfüllt. Hingegen wird von einer Mindermeinung[234] in der Literatur vertreten, dass die nur theoretische Möglichkeit eines Totalverlustes zur Bejahung des Tatbestandsmerkmales der (teilweisen) Gewährung der Kapitalgarantie führt. Mit anderen Worten ist zu prüfen, inwieweit es Voraussetzung für § 20 Abs. 1 Nr. 7 S. 1 EStG ist, dass „kein Totalverlust" bestehen kann bzw. der „Ausschluss eines Totalverlusts" gegeben ist. Die Mindermeinung[235] argumentiert mit dem Hinweis auf die Anwendung einer wirtschaftlichen Betrachtungsweise (bzw. wirtschaftlichen Auslegung), dass bei Kapitalanlagen, bei denen nach allgemeiner Erfahrung bzw. bei Zugrundelegung der wirtschaftlichen Verhältnisse ein Totalausfall nahezu ausgeschlossen ist, eine Gewährung der (teilweisen) Kapitalrückzahlung gegeben ist.

Ein Totalverlust des eingesetzten Kapitals würde im Falle eines Index-Zertifikats einen Indexstand mit der Einheit 0 voraussetzen, da sich das

---

[230] BMF v. 14.1.1998, IV B 4 – S. 2252 -2/98, DStR 1998, 456; BMF v. 16.3.1999, IV C1 – S.2252 – 87/99 = DStR 1999, 936; OFD Kiel v. S.2252A – St231, StEK EStG § 20 Nr. 308.

[231] *Beckerath* in *Kirchhof*, EStG, § 20 Rn 302; *Hamacher* in *Carlé/Korn/Stahl/Srahl*, EStG, § 20 Rn 169; *Geurts* in *Bordewin/Brandt*, EStG, § 20 Rn 346.

[232] OFD Kiel v. 03.07.2003, S. 2252 A – St 231, StEK EStG § 20 Nr. 308 unter dem Stichwort „Garantiespannenzertifikate".

[233] *Harenberg*, NWB Fach 3, 12151, 12155; *Harenberg/Irmer*, Besteuerung privater Kapitaleinkünfte, Rn 1128; *Busch*, BB 2005, 1765, 1768 f.; *Haisch*, DStZ 2005, 102, 103; *Bödecker/Geitzenauer*, FR 2003, 1209, 1213.

[234] *Remmel*, Besteuerung von Finanzinnovationen im Privatvermögen, S. 103 ff.

[235] *Remmel*, Besteuerung von Finanzinnovationen im Privatvermögen, S. 103 ff.

Auszahlungsprofil des Zertifikats nach der Entwicklung des Indexstandes richtet. Die theoretische Möglichkeit allein würde nicht ausreichen, dass keine Gewährung der Kapitalgarantie besteht. Ein Zertifikat, dem beispielsweise der DAX zugrunde liegt, würde einen Rückgang des DAX auf 0 Punkte voraussetzen, wenn ein Totalausfall gegeben sein sollte. Der DAX zeigt die Entwicklung der 30 wichtigsten deutschen Unternehmen unter Berücksichtigung der Marktkapitalisierung und fasst deren Kursbewegung in einer Zahl, dem DAX-Index, zusammen.[236] Der DAX wird vierteljährlich neu aufgestellt, wobei nur Unternehmen, die sowohl beim Börsenwert als auch in der Umsatzstatistik auf Ranglistenplatz 35 liegen, eine Chance haben, in die 30 DAX-Unternehmen aufgenommen zu werden.[237] Für die endgültige Entscheidung über die Zusammensetzung ist formalrechtlich der Vorstand der Deutschen Börse AG zuständig.[238] Eine DAX-Absenkung auf 0 würde den Zusammenbruch der deutschen Wirtschaft voraussetzen, sodass der Aktienwert aller 30 Unternehmen mit 0 anzusetzen wäre. Das ist in der Praxis kaum denkbar, in der Theorie jedoch möglich. Nach der Mindermeinung[239] wäre bei einem DAX-Zertifikat, da lediglich die theoretische Möglichkeit nicht ausreicht, die Gewährung einer Kapitalrückzahlung zu bejahen. Der Einlösungsgewinn eines DAX-Zertifikats wäre demnach steuerpflichtig nach § 20 Abs. 1 Nr. 7 S. 1 EStG.[240]

Diese Interpretation des Gesetzes ist im Folgenden kritisch zu prüfen. Grundsätzlich beginnt jede **Auslegung** eines Rechtssatzes mit dem **Wortsinn.**[241] Eine „Gewährung" gebietet bereits nach dem Wortsinn ein garantierendes Element, sodass wenigstens ein Teil zugesagt sein sollte, eine nur theoretische Möglichkeit reicht damit nicht aus. Die Richtigkeit der Rechtsentscheidung muss jedoch mit dem Zweck des Gesetzes überprüft werden.[242] Nach den Gesetzesbegründungen zum StMBG 1993[243] ist es **Wille des Gesetzgebers,** rein spekulative Kapitalforderungen nicht von § 20 Abs. 1 Nr. 7 EStG erfassen zu lassen. Sobald allerdings eine formalrechtliche Garantie eines Entgelts oder einer (teilweisen) Kapitalrückzahlung gegeben ist, sollen die Einkünfte von § 20 Abs. 1 Nr. 7 EStG erfasst werden.

---

[236] *Deutsche Börse*, Leitfaden zu den Aktienindizes der Deutschen Börse S. 7.
[237] Vgl. im Detail zur Indexzusammensetzung und Berechung: *Deutsche Börse*, Leitfaden zu den Aktienindizes der Deutschen Börse, S. 16 ff.
[238] *Deutsche Börse*, Leitfaden zu den Aktienindizes der Deutschen Börse, S. 16.
[239] *Remmel*, Besteuerung von Finanzinnovationen im Privatvermögen, S. 103 ff.
[240] Jedoch kommt *Remmel* inkonsequenterweise zu dem Ergebnis, dass die Einlösung eines DAX-Zertifikats nicht nach § 20 Abs. 1 Nr. 7 S. 1 EStG steuerpflichtig ist. *Remmel*, Besteuerung von Finanzinnovationen im Privatvermögen, S. 113.
[241] *Larenz*, Methodenlehre, S. 320; *Tipke/Lang*, Steuerrecht, § 5 Fussnote 2 und 10 mit dem Hinweis, dass die Methodenlehre von *Karl Larenz* alle Senate des BFH aufgenommen haben und mit dem weiteren Hinweis auf die Ausführungen zur ganz h. M. zur Funktion des Wortlauts als Grenze der Normkonkretiesierung *Müller/Christensen*, Juristische Methodik, S. 244 ff.
[242] *Tipke/Lang*, Steuerrecht, § 5 Rn 47.
[243] BT-Drucks. 12/6078, S. 122 und 12/6856, S. 25.

Die Mindermeinung[244] argumentiert, dass aufgrund der Unwahrscheinlichkeit des Totalverlusts systematisch auf die Gewährung der Kapitalrückzahlung zu schließen sei.[245] Dem steht Folgendes entgegen: Der vollständige Rechtssatz setzt sich aus einem abstrakt formulierten Obersatz (Tatbestand) und der Rechtsfolgeanordnung zusammen.[246] Die tatbestandlichen Voraussetzungen des § 20 Abs. 1 Nr. 7 S. 1 EStG sind die Gewährung oder die Zusage der Kapitalrückzahlung oder eines Entgelts. Hingegen ist der „Ausschluss eines Totalverlusts" die Rechtsfolge, sofern man von der Insolvenz des Emittenten absieht. Schließt man von der Unwahrscheinlichkeit des Totalverlusts auf die Gewährung der (teilweisen) Kapitalrückzahlung, so wird die Rechtsfolge zur Tatbestandsvoraussetzung.[247] Dieses widerspricht der Methodik der verbalen Gesetzesauslegung, zumal das Ergebnis der Subsumtion des Sachverhaltes unter die Tatbestandsmerkmale der Eintritt der Rechtsfolge ist.[248]

Zudem steht das Merkmal „Ausschluss eines Totalverlusts" nicht mit dem Grundsatz der **Gesetzesmäßigkeit der Besteuerung** im Einklang. Die Gesetzesmäßigkeit der Besteuerung bedeutet zweierlei:[249]

- Zum einen, dass die Auferlegung von Steuerlasten dem Gesetz vorbehalten ist; sie ist nur zulässig, sofern und soweit sie durch Gesetz angeordnet ist (sog. Vorbehalt des Gesetzes). Die Festsetzung einer Steuer setzt voraus, dass ein gesetzlicher Tatbestand erfüllt ist, an den das Gesetz als Rechtsfolge eine Steuer knüpft (Tatbestandsmäßigkeit der Besteuerung). Aber auch die Rechtsfolge muss sich aus dem Gesetz ergeben.
- Zum anderen dürfen Rechtsverordnungen und Verwaltungsakte nicht gegen das Gesetz verstoßen (sog. Vorrang des Gesetzes).

Das Merkmal „Ausschluss eines Totalverlusts" ist gesetzlich nicht als Tatbestandsmerkmal in § 20 Abs. 1 Nr. 7 EStG gegeben, damit nicht gesetzlich angeordnet und somit nicht mit dem **Grundsatz des Vorbehalts des Gesetzes** in Einklang.

Schließlich entspricht es auch nicht dem **Grundsatz der Tatbestandsmäßigkeit der Besteuerung**, da fraglich ist, wann ein „Ausschluss eines Totalverlusts" einer Kapitalanlage gegeben ist. Die Mindermeinung kommt durch eine subjektive Markteinschätzung, letztendlich eine

---

[244] *Remmel*, Besteuerung von Finanzinnovationen im Privatvermögen, S. 103 ff.
[245] *Remmel*, Besteuerung von Finanzinnovationen im Privatvermögen, S. 103 ff.
[246] *Tipke/Lang*, Steuerrecht, § 5 Rn 45.
[247] *Bödecker/Geitzenauer*, FR 2003, 1209, 1214.
[248] *Tipke/Lang*, Steuerrecht, § 5 Rz 45.
[249] *Tipke/Lang*, Steuerrecht § 4 Rz 150.

Wahrscheinlichkeitsprognose, zu der Bejahung des „Ausschlusses eines Totalverlusts" und damit des Tatbestandsmerkmals der „Gewährung einer Kapitalrückzahlung". Man findet jedoch keine konkreten Ausführungen, bei welcher Markteinschätzung bzw. Prognose der „Ausschluss eines Totalausfalls" gegeben sein soll. Es stellt sich ferner die Frage, ob eine subjektive Markteinschätzung bzw. allgemein eine Wahrscheinlichkeitsprognose bei der Subsumtion einer Kapitalanlage unter § 20 Abs. 1 Nr. 7 EStG herangezogen werden kann. Die Antwort findet sich in den Grundsätzen der Methode der Rechtsanwendung und der teleologischen Gesetzesinterpretation; die subjektiv-teleologischen[250] und objektiv-teleologischen Kriterien[251] zum Rechtsverständnis.

Subjektiv-teleologische Kriterien sind die Regelungsabsicht und die Normvorstellung des historischen Gesetzgebers. Dabei ist nach dem Willen, den Wertentscheidungen und dem Zweck des Gesetzgebers zu fragen und die Anwendung des Gesetzes hat zunächst subjektiv teleologisch zu sein. Wie bereits wiederholt dargestellt, ist es nach der Gesetzesbegründung zum StMBG[252] der Wille des Gesetzgebers, rein spekulative Kapitalforderungen nicht von § 20 Abs. 1 Nr. 7 EStG erfassen zu lassen. Ob spekulative Einkünfte vorliegen, hängt wiederum davon ab, ob keine Einkünfte nach § 20 Abs. 1 Nr. 7 EStG vorliegen, d. h. keine Einkünfte, bei denen ein Entgelt oder eine Kapitalrückzahlung zugesagt oder gewährt wird. Diese Entscheidung kann aber nicht allein von subjektiven Markteinschätzungen oder Prognosen abhängig gemacht werden.

Die „objektiven Zwecke" des Gesetzes werden hauptsächlich aus den Prinzipien gewonnen, die dem anzuwendenden Gesetz zugrunde liegen und die das „innere System" des Rechts bilden.[253] Bei der Norm des § 20 EStG handelt es sich um eine Fiskalzwecknorm, deren Primärfunktion ist, den notwendigen Finanzbedarf der öffentlichen Haushalte zu decken. Die Fiskalzwecknormen sollen sich überwiegend an dem Leistungsfähigkeitsprinzip orientieren.[254] Die Konkretisierung des Leistungsfähigkeitprinzips[255] im Vielsteuersystem erfolgt durch die Besteuerung von Einkommen, Vermögen und Konsum, die grundsätzlich die Leistungsfähigkeitsindikatoren darstellen.[256] Das dem geltenden Steuerrecht zugrunde gelegte Verständnis von Steuergerechtigkeit ist kapitalorientiert: Dem Konzept der kapitalorientierten Besteuerung entsprechen

---

[250] *Larenz*, Methodenlehre, S. 328 ff.
[251] *Larenz*, Methodenlehre, S. 333 ff., 334.
[252] BT-Drucks. 12/6078, S. 122 und 12/6856, S. 25.
[253] *Tipke/Lang*, § 5 Rz 42.
[254] *Tipke/Lang*, § 4 Rz 20.
[255] Übersicht zum Leistungsfähigkeitsprinzip und Hinweis auf umfassende weiterführende Literatur in *Tipke/Lang*, § 4 Rz 80.
[256] *Tipke/Lang*, § 4 Rz 81 ff.

die Steuern auf den Vermögensbestand (sog. Substanzsteuern) und die nach der Reinvermögenszugangstheorie ausgestaltete Einkommensteuer (sog. Kapitaleinkommensteuer)[257]. Nach der Quellentheorie werden Veräußerungseinkünfte prinzipiell entsprechend dem Dualismus der Einkunftsarten nicht erfasst. Unter Beachtung des Prinzips des Dualismus der Einkunftsarten und der Quellentheorie als ein „inneres System" des Rechts ist zwischen der nicht steuerbaren Vermögenssphäre und der steuerbaren Frucht zu unterscheiden. Das Abstellen auf eine subjektive Markteinschätzung oder auf eine Wahrscheinlichkeitsprognose hinsichtlich der Einordnung, ob „kein Totalausfall der Kapitalanlage" bzw. eine Kapitalgarantie vorliegt, widerspricht der Differenzierung in der Systematik des Gesetzes nach der nicht steuerbaren Vermögenssphäre und der steuerbaren Ertragsphäre. Die Gesetzessystematik orientiert sich dabei grundsätzlich an einer formalrechtlichen Unterscheidung zwischen Substanz und Frucht. Der Steuerpflichtige soll im Voraus objektiv erkennen, ob eine Kapitalanlage zur Besteuerung nach § 20 Abs. 1 Nr. 7 EStG führt. Das Abstellen auf Prognosen würde dem Steuerpflichtigen diese Erkenntnis verwehren und somit dem Grundsatz der Tatbestandsmäßigkeit der Besteuerung und letztendlich dem Legalitätsprinzip widersprechen.

Der Grundsatz der Gesetzmäßigkeit der Besteuerung wird ergänzt durch den **Grundsatz der Gesetzesbestimmtheit der Besteuerung**.[258] Das Prinzip der Rechtssicherheit ist ein Ausfluss des Rechtstaatsprinzips und verlangt Gesetzesbestimmtheit. Das Bestimmtheitserfordernis gilt für die Tatbestands- und für die Rechtsfolgenseite. Das BVerfG hat zum Bestimmtheitsgrundsatz einerseits entschieden, dass der Grundsatz der Tatbestandsmäßigkeit als Ausdruck des Rechtsstaatsprinzips verlange, dass der steuerbegründende Tatbestand so bestimmt sein müsse, dass der Steuerpflichtige die auf ihn entfallende Steuerlast vorausberechnen könne.[259] Andererseits hat das BVerfG noch in keinem Fall eine Norm des Steuerrechts wegen zu großer Unbestimmtheit für verfassungswidrig erklärt.[260] Das Abstellen auf eine Prognose bzw. Erfahrungswerte der zukünftigen Marktentwicklung bei der Einordnung der Besteuerung einer Kapitalanlage würde es dem Steuerpflichtigen unmöglich machen, zum Zeitpunkt der Investition in die Kapitalanlage zu erkennen, ob er sicher eine Kapitalrückzahlung oder den Kapitalertrag erhält oder das Risiko eines Totalverlusts trägt; dies würde dem Prinzip der Rechtssicherheit durch Gesetzesbestimmtheit widersprechen.

Als Zwischenergebnis ist damit festzuhalten, dass bei nur theoretischer Möglichkeit des Totalverlusts keine „Gewährung einer Kapitalrückzahlung"

[257] *Tipke/Lang*, § 4 Rz 99.
[258] *Tipke/Lang*, § 4 Rz 167.
[259] BVerfG 19, 253, 267; BVerfG 34, 348, 356; BVerfG 49, 343, 362.
[260] BVerfG 3, 225, 243 f.; BVerfG 11, 126, 130; BVerfG 21, 209, 215; 31 BVerfG 31, 255, 264.

gegeben ist.

(2) Gewährung einer Kapitalrückzahlung bei „faktischer bzw. wirtschaftlicher Kapitalgarantie“

Bei auch nur theoretischer Möglichkeit eines Totalverlusts ist zwar keine Gewährung einer Kapitalrückzahlung anzunehmen, dennoch ist zu prüfen, ob nicht eine faktische bzw. wirtschaftliche Kapitalgarantie vorliegt. Nach verbaler Auslegung ist ein gewisses garantierendes Element erforderlich, was jedoch auch eine faktische Garantie sein kann. Insbesondere nach dem Willen des Gesetzgebers soll § 20 Abs. 1 Nr. 7 S. 1 EStG nicht rein spekulative Kapitalforderungen erfassen, sodass es letztendlich um die Abgrenzung geht, wann eine Kapitalanlage nicht mehr als „spekulativ“ genug eingestuft werden kann. Dass diese Abgrenzung einen nebulösen Graubereich darstellt, liegt in der Natur der Sache und kann nur durch bestimmte Abgrenzungskriterien konkretisiert werden.

In der Praxis behilft man sich u. a. mit dem sog. „*backtesting*“, indem man auf der Grundlage von historischen Daten darstellt, dass in der Vergangenheit zumindest einmal in einer vergleichbaren Periode ein tatsächlicher Verlust (auf der Ebene des Kapitalertrags) aus dem Investment resultiert und damit keine faktische bzw. wirtschaftliche Kapitalgarantie gegeben ist.

Gegen diese Vorgehensweise könnte man einwenden, dass unter dem Aspekt des Bestimmtheitsgrundsatzes Erfahrungswerte generell keine geeignete Basis für die maßgebende Ex-ante-Qualifikation einer Kapitalanlage darstellen, da der Nichteintritt eines Ereignisses in der Vergangenheit keine Gewähr dafür bietet, dass ein solches oder ähnliches Ereignis nicht in der Zukunft eintreten wird.[261] Das BVerfG hat in der Vergangenheit noch keine Norm aufgrund eines Verstoßes gegen den Grundsatz der Gesetzesbestimmtheit der Besteuerung als verfassungswidrig erklärt, zumal eine Norm die Gesetzesbestimmtheit durch deren Auslegung mittels der verschiedenen Auslegungsmethoden und durch das Abstellen auf den Willen des Gesetzgebers oftmals erlangt. Wird beispielsweise durch ein sog. „*backtesting*“ nachgewiesen, dass in der Vergangenheit ein Zertifikat auf einem bestimmten *underlying* oder ein vergleichbares *underlying* derselben Anlageklasse schon einmal ausgefallen ist, so wird man dem auf diesem *underlying* basierenden Zertifikat die Qualifizierung als „Spekulationsgeschäft“ nicht absprechen können.[262] Das „*backtesting*“ ist damit ein starkes Indiz für die Qualifizierung, ob eine faktische bzw. wirtschaftliche Garantie gegeben ist.

---

[261] *Haisch/Danz*, DStR 2005, 2108, 2111; *Bödecker/Geizenauer*, FR 2003, 1209, 1214; A.A. *Schumacher*, DStR 1996, 1505, 1512.

[262] So auch *Haisch/Danz*, DStR 2005, 2108, 2111, die jedoch grundsätzlich das *backtesting* wegen Verstoßes gegen den Bestimmtheitsgrundsatzes ablehnen.

Darüber hinaus könnte in dem durch den Emittent bei Nicht-Delta-Eins-Zertifikaten zugrunde gelegten *„pricing"* ein Indiz für ein Vorhandensein bzw. Nichtvorhandensein einer faktischen bzw. wirtschaftlichen Garantie liegen. In einem *„pricing"* sind Marktparameter wie z. B. Volatilität, zukünftige Dividenden, Zinsen etc. berücksichtigt. Gehen die Emittenten von bestimmten Marktparametern aus, so wird sich das im *„pricing"* entsprechend widerspiegeln. Das *„pricing"* könnte somit ein weiteres Indiz dafür sein, ob eine Kapitalgarantie im Sinne einer faktischen bzw. wirtschaftlichen Garantie gegeben ist.

Die konkreten Beispiele unter Ziffer C.III.5 in diesem Abschnitt machen auch deutlich, dass die Prüfung der faktischen bzw. wirtschaftlichen Kapitalgarantie notwendig ist, um zu Ergebnissen im Sinne des Normzwecks zu gelangen, da hierbei letztendlich überprüft wird, worin das Investment tatsächlich besteht.

Als Zwischenergebnis ist daher festzuhalten, dass für die Voraussetzung der Gewährung der (teilweisen) Kapitalgarantie nicht die theoretische Möglichkeit eines Totalverlusts ausreichend ist, sondern vielmehr eine faktische bzw. wirtschaftliche Kapitalgarantie gegeben sein muss, welche in der Praxis üblicherweise durch ein sog. *„backtesting"* geprüft wird.

e. Irrelevanz der Bezeichnung und zivilrechtlichen Ausgestaltung der Kapitalanlage gemäß § 20 Abs. 1 Nr. 7 S. 2 EStG und § 42 AO

Für die steuerliche Erfassung von Einnahmen nach § 20 Abs. 1 Nr. 7 S.1 EStG kommt es nach Satz 2 EStG nicht auf die von den Beteiligten gewählte Bezeichnung für die Kapitalanlage und ihre zivilrechtliche Ausgestaltung an. Ausschlaggebend ist allein, dass bei wirtschaftlicher Betrachtung ein Entgelt für die Überlassung von Kapital gezahlt wird. Dieser Grundsatz galt nach überwiegender Auffassung bereits vor der Änderung durch das StMBG[263], sodass Satz 2 insoweit nur eine Klarstellung enthält.[264]

Wie obige Ausführungen zeigen, ist ein zivilrechtlicher Anspruch auf die gesamte Kapitalüberlassung nicht Begriffsmerkmal einer Kapitalforderung im steuerrechtlichen Sinne nach § 20 Abs. 1 Nr. 7 S. 1 EStG. In § 20 Abs. 1 Nr. 7 S. 2 EStG heißt es: *„Dies gilt unabhängig von der Bezeichnung und der zivilrechtlichen Ausgestaltung der Kapitalanlage."* Satz 2 verwendet den Begriff der „Kapitalanlage", dennoch bezieht sich Satz 2 der Vorschrift eindeutig auf Satz 1. Die Vorschrift des § 20 Abs. 1 Nr. 7 Satz 2 EStG lässt sich weiterhin als eine Fortführung der eigenständigen steuerlichen Begriffsbildung,

[263] BFH v. 22.10.87 IV R 17/84 = BStBl II 1988, 62; BMF v. 30.4.1993 = BStBl I, 343; *Harenberg* in *Herrmann/Heuer/Raupach*, §20 Anm 830.
[264] Vgl. ausführlich zu dieser Problematik: *Schumacher*, DStR 1996, 1505 ff.

die der Gesetzgeber im Satz 1 vorgenommen hat, in dem er einen gesamten Rückzahlungsanspruch als entscheidendes Element der Kapitalforderung aufgegeben hat, begreifen.[265]

§ 20 Abs. 1 Nr. 7 Satz 2 EStG ist eine spezielle Mißbrauchsvorschrift und ihr Tatbestand ist nicht „deckungsgleich" mit dem § 42 AO, sondern geht aufgrund der fehlenden Möglichkeit zur Rechtfertigung einer Gestaltung durch außersteuerliche Gründe (insbesondere das Tatbestandsmerkmal der „Unangemessenheit" i. S. d. § 42 AO ist nicht enthalten) teilweise weiter.[266] Das Verhältnis von speziellen Mißbrauchsvorschriften zu § 42 AO ist umstritten.[267] Es wird in der Literatur zum Teil die subsidiäre Anwendbarkeit des § 42 AO befürwortet[268], während eine andere Ansicht die Anwendbarkeit von § 42 AO bei Bestehen einer Spezialvorschrift generell ablehnt[269]. Die Rechtsprechung des BFH ist nicht einheitlich.[270] Zuzustimmen ist *Schumacher*, dass zumindest in den Fällen, in denen die spezielle Mißbrauchsnorm nicht greift, die Anwendbarkeit des § 42 AO möglich ist, soweit der Gesetzgeber nicht ausnahmsweise eine abschließende Regelung treffen wollte. § 20 Abs. 1 Nr. 7 S. 2 EStG setzt die wirtschaftliche Existenz einer Kapitalforderung i.S.d. § 20 Abs. 1 Nr. 7 S. 1 EStG voraus, so dass die Vorschrift beispielsweise nicht die Aufteilung der Gestaltungselemente auf mehrere Personen erfasst. Dadurch kann die Besteuerung der Erträge aus Kapitalforderung weiterhin umgangen werden und die Anwendung des § 42 AO ist im Einzelfall weiterhin zu prüfen.

Die Vermeidung bzw. Umgehung des Steuertatbestandes des § 20 Abs. 1 Nr. 7 S. 1 EStG soll sowohl durch die spezielle als auch die allgemeine Missbrauchsbekämpfungsnorm des § 42 AO verhindert werden. Dabei sind diese Vorschriften in der Praxis insbesondere bei Fällen von sog. Kombinationsgeschäften wie Optionskombinationen (z. B. *capped call* und *capped put*) oder allgemein bei Gestaltungen von derivativen Finanzinstrumenten bzw. Absicherungsgeschäften in einem Wertpapierportefeuille, die wirtschaftlich zu dem Ergebnis einer teilweisen oder gesamten Kapitalüberlassung führen, zu diskutieren.[271] Jedoch sind die Mißbrauchsvorschriften auch bei Fällen wie z. B. bei einer nur theoretischen Möglichkeit des Totalverlusts und bei Hedgefonds-Zertifikaten zu prüfen. Insbesondere die letzten beiden Fälle sind im Kontext der steuerlichen Behandlung von Zertifikaten näher zu betrachten: Besteht nur eine theoretische Möglichkeit des Totalverlusts, könnte man infrage stellen, ob man diese

[265] Vgl. *Schumacher*, DStR 1996, 1506.
[266] *Harenberg/Irmer*, Besteuerung privater Kapitaleinkünfte, Rz 809.
[267] Vgl. im Detail *Schumacher*, DStR 1996, S. 1505ff.
[268] *Schumacher*, DStR 1996, S. 1510 m.H.a. *Kruse* in *Tipke/Kruse*, AO/FGO, § 42 Tz. 8, 15.
[269] *Schumacher*, DStR 1996, S. 1510 m.H.a. Felix, KÖSDI 1980, 3624.
[270] BFH, BStBl. II 1989, 628; BFH, BStBl. II 1985, 693, 694 und BFH BStBl. II 1990, 474, 477.
[271] Vgl. hierzu ausführlich *Schumacher*, DStR 1996, 1505 ff..

Investitionsart als eine Art der rechtlichen Gestaltung gewählt hat, um eine vorteilhafte steuerrechtliche Folge eintreten zu lassen, dies aber durch wirtschaftliche und außersteuerrechtliche Gründe nicht gerechtfertigt ist (§ 42 Abs. 1 AO). Eine Gestaltung ist jedoch nicht allein deshalb unangemessen, weil sie einzig aus steuerlichen Beweggründen gewählt worden ist[272], sie muss vielmehr einen vernünftigen wirtschaftlichen Zweck haben.[273] Die Antwort findet sich im Vergleich mit anderen Kapitalanlagen, die zu denselben wirtschaftlichen Ergebnissen führen und in die der Anleger hätte alternativ investieren können. Bei der Anlage in ein Zertifikat investiert der Steuerpflichtige in einen Basiswert als *underlying*, ohne dieses unmittelbar erwerben zu müssen. Bei Index-Zertifikaten, beispielsweise auf den DAX, ist es dem Investor kaum möglich, ein derartiges Portfolio nachzubilden. Oftmals wird mit Zertifikaten auch eine bestimmte Investmentidee oder -strategie verfolgt, die von dem Privatanleger wegen Zeitmangels oder fachlichen *Know-hows* nicht selbst entwickelt werden kann.[274] Die Struktur von Discount-Zertifikaten mit dem Verkauf einer Kaufoption (Call) an der EUREX würde für viele Privatanleger sehr schwierig nachzubilden sein; noch diffiziler gestaltet sich dies bei Bonus-Zertifikaten. Zudem erhält der Anleger beim Zertifikatsinvestment keine Stimmrechte und auch keine Dividendenansprüche. Diese werden zumeist im *pricing* des Zertifikats mitberücksichtigt, also oftmals von dem jeweiligen Kreditinstitut vereinnahmt, und haben somit Gebühren senkende Wirkung. Auch die Transaktionskosten beim An- und Verkauf von Zertifikaten liegen insbesondere bei Zertifikaten auf Fonds als Basiswert unter denen für das entsprechende *underlying*. Durch eine Zertifikatsinvestition mit einem *underlying*, das in einer ausländischen Währung denominiert, kann der Privatanleger zudem die Wechselrisiken des Direktinvestments vermeiden.[275]

Insofern wird deutlich, dass bei einem „einfachen“ DAX-Zertifikat, jedoch auch bei den Discount- oder Bonus-Zertifikaten etc., dem Privatanleger eine Investition ermöglicht wird, die er selbst am freien Handel als Nichtfinanz-marktexperte schwer nachvollziehen kann, sodass für den Erwerb von Zertifikaten grundsätzlich wirtschaftliche und außersteuerliche Gründe bestehen.

f. Zwischenergebnis

Investitionen in Zertifikate sind grundsätzlich anderen Einkunftsarten nach § 20 Abs. 1 Nr. 1 - 6 und 8 EStG und gegenüber einem Fondsinvestment abzugrenzen. Zertifikate stellen eine „sonstige Forderung jeder Art“ im Sinne einer „Typenbeschreibung“ nach § 20 Abs. 1 Nr. 7 S. 1 EStG dar, wenn eine

---

272 BFH BStBl II 1993, 253.

273 BFH BStBl II 1991, 607, 610.

274 So auch *Haisch/Danz* DStR 2005, 2111.

275 *Harenberg*, NWB, Fach 21, S. 1382 f.

Entgeltzahlung oder eine (teilweise) Kapitalgarantie zugesagt (i. S. v. zivilrechtlicher Zusage in dem Emissionsprospekt) oder gewährt ist. Dabei ist die Gewährung einer (teilweisen) Kapitalrückzahlung nicht gegeben, wenn nur eine theoretische Möglichkeit des Totalverlusts des eingesetzten Kapitals vorliegt. Eine faktische bzw. wirtschaftliche Kapitalgarantie ist für § 20 Abs. 1 Nr. 7 S. 1 EStG hingegen ausreichend. Ein Indiz für das Bestehen einer faktischen oder wirtschaftlichen Kapitalgarantie könnte ein sog. „*backtesting*" oder der bei Nicht-Delta-Eins-Zertifikaten eine Analyse des „*pricings*" ergeben. Ferner stellt die Investition in ein Zertifikat grundsätzlich keinen Fall des § 20 Abs. 1 Nr. 7 S. 2 EStG bzw. keine rechtsmissbräuchliche Gestaltung nach § 42 AO dar.

3. Finanzinnovation i. S. d. § 20 Abs. 1 Nr. 7 S. 1 i. V. m § 20 Abs. 2 S. 1 Nr. 4 lit. c Alt. 2 EStG

a. Begriff „Finanzinnovation"

Der Begriff „Finanzinnovation" ist kein steuerrechtlicher Begriff und insofern auch in keinem Steuergesetz definiert. Allgemein lässt sich feststellen, dass von einer Finanzinnovation immer dann gesprochen werden kann und steuerrechtlich gesprochen wird, wenn die Emissionsbedingungen des Produkts (regelmäßig Schuldverschreibung jedweder Art) in einem oder mehreren Ausstattungsmerkmalen von einem Standardprodukt (Schuldverschreibung) abweichen.[276] Sind herkömmlich Emittent, Nennwert, Laufzeit, Währung, Verzinsung und Rückzahlung die bestimmenden Modalitäten einer Schuldverschreibung, so liegt eine Finanzinnovation vor, wenn an einem oder mehreren Bestimmungsfaktoren eine Standardabweichung feststellbar ist. Das Produkt gerät dadurch zumeist in den Anwendungsbereich des § 20 Abs. 2 S. 1 Nr. 4 a) bis d) EStG. Zertifikate erfüllen, sofern die Voraussetzungen des § 20 Abs. 1 Nr. 7 S. 1 EStG gegeben sind, stets die Merkmale des § 20 Abs. 2 S. 1 Nr. 4 c) Alt. 2 EStG, da die Zahlung eines Zertifikats von der Wertentwicklung eines Basiswertes im Zeitpunkt der Fälligkeit abhängt und somit stets eine Kapitalforderung vorliegt, bei der die Höhe der Erträge von einem ungewissen Ereignis abhängen.[277]

b. Anwendungsbereich

Die Regelung des § 20 Abs. 2 S. 1 Nr. 4 S. 4 EStG wurde durch das StÄndG 2001 derart geändert, dass nach dem aktuellen Wortlaut auch der Ersterwerber und der Durchhalter[278] mit den Kapitalerträgen im Fall der Einlösung nach

---

[276] *Harenberg*, NWB Fach 3, S. 12151; *Harenberg* FR 2002, S. 819 ff.

[277] Z. B. *Beckerath* in *Kirchhof*, EStG, § 20 Rz 404, 322; *Heinicke* in *Schmidt*, EStG, § 20 Rz 322; ESt Kartei der OFD München/Nürnberg zu § 20 Karte 15.1.

[278] Der „Ersterwerber" eines Zertifikats ist der Erwerber, der das Zertifikat bei dessen Emission erwirbt. „Durchhalter" bezeichnet den Erwerber, der das Zertifikat bis zur Einlösung nach den Emissionsbedingungen

dieser Norm zu besteuern sind, denn der Fall der Einlösung eines Wertpapiers oder einer Kapitalforderung wird dem der Zwischenveräußerung gleichgestellt, unabhängig davon, ob es sich beim Steuerpflichtigen um einen Erst-, Zweit- oder weiteren Erwerber handelt.[279] Es stellt sich damit für den Ersterwerber die Frage nach dem Verhältnis von § 20 Abs. 1 Nr. 7 S. 1 EStG, der vor dem StÄndG 2001 die Rechtsgrundlage für die steuerliche Erfassung des Kapitalertrags beim Ersterwerber und Durchhalter im Einlösungsfall umfasst, und des § 20 Abs. 2 S. 1 Nr. 4 S. 4 EStG, der unterschiedslos den Kapitalertrag sowohl des Erst- als auch des Zweiterwerbers oder jedes weiteren Erwerbers vereinigt.[280] Aus pragmatischer Sicht mag sich diese Diskussion zunächst als akademisches Problem darstellen, zumal der Kapitalertrag bei der Einlösung eines Zertifikats durch den Ersterwerber in jedem Fall der Besteuerung unterliegt. Die Thematik gewinnt an Bedeutung für die steuerrechtliche Behandlung eines Einlösungsverlusts des Ersterwerbers und Durchhalters. In den Fällen, in denen der Emittent die teilweise Rückzahlung des eingesetzten Kapitals garantiert und der Ersterwerber nach den Zertifikatsbedingungen die teilweise Rückzahlung des eingesetzten Kapitals bei Einlösung erhält, entsteht beim Steuerpflichtigen nach der Auffassung der Finanzverwaltung ein Einlösungsverlust als „negative Marktrendite“ (negative Einnahmen aus Kapitalvermögen), der mit anderen Einkünften verrechnet werden kann.[281] § 20 Abs. 2 S. 1 Nr. 4 S. 4 EStG werde in diesem Fall zur „lex specialis“ gegenüber § 20 Abs. 1 Nr. 7 S. 1 EStG. Der gesamte Einlösungsvorgang wäre damit der Vorschrift des § 20 Abs. 2 S. 1 Nr. 4 EStG zuzuordnen, der in Satz 4 die Zwischenveräußerung der Einlösung durch den Ersterwerber gleichstellt. Die Ansicht begründet ihr Vorgehen, dass durch das StÄndG 2001 in § 20 Abs. 2 Satz 1 Nr. 4 S. 3 EStG die Worte „durch den zweiten und jeden weiteren Erwerber“ gestrichen wurden und der Gesetzgeber durch die Streichung beabsichtige klarzustellen, dass § 20 Abs. 2 S. 1 Nr. 4 S. 1-3 EStG auch im Fall der Einlösung durch den Durchhalter Anwendung finde.[282] Nach *Harenberg*[283] ist steuersystematisch diese Ansicht sehr zweifelhaft. Mit § 20 Abs. 2 S. 1 Nr. 4 EStG sollen Einnahmen aus der „Veräußerung“ als Kapitalertrag erfasst werden, wenn in diesen Veräußerungseinnahmen Kapitalertrag quasi „versteckt“ enthalten ist.[284] Dem entspricht nicht die Situation des Ersterwerbers und Durchhalters im Falle der Einlösung, da diese keine Veräußerung i. S. d. § 20 Abs. 2 S. 1 Nr. 4 S. 4 EStG darstellt.[285] Der Fall der Einlösung des

---

hält. Der „Zweiterwerber“ eines Zertifikats ist ein Erwerber, der dieses auf dem Sekundärmarkt erwirbt; jedoch nicht bereits bei dessen Emission.

[279] *Harenberg*, NWB Fach 3 S. 12153.

[280] *Harenberg*, NWB Fach 3 S. 12153.

[281] *Beckerath* in *Kirchhof*, EStG, § 20 Rn 383; *Schlotter* in *Littmann/Bitz/Pust*, EStG, § 20 Rn 609; so auch FG Köln v. 15.7.2004, 13 K 6946/01, EFG 2005, 1599; BFH offengelassen 1.7.2006, DStR 2007, 106.

[282] BT-Drucksache 14/7341, S. 24; *Haisch*, DStR 2002, 247, 249.

[283] *Harenberg*, NWB Fach 3 S. 12154.

[284] *Harenberg*, NWB Fach 3 S. 12154.

[285] *Harenberg*, NWB Fach 3 S. 12154.

Ersterwerbers sei bei Vorliegen der Voraussetzungen nach § 20 Abs. 1 Nr. 7 S. 1 EStG steuerpflichtig. Die steuermindernde Berücksichtigung eines teilweisen Kapitalverlusts ist in § 20 Abs. 1 Nr. 7 S. 1 EStG nicht vorgesehen und systemfremd, da die ertragsteuerlich irrelevante Vermögensebene betroffen sei. Der Finanzverwaltung läge eine rendite-, nicht ertragsbezogene Vorgehensweise zugrunde, indem der Abzug eines Einlösungsverlustes zugelassen wird, der jedoch verfassungsrechtlich bedenklich erscheinen würde.[286]

Harenberg ist in der Sache zuzustimmen. Er begründet seine Ansicht mit dem Argument, dass es systemwidrig wäre, da die Systematik der Trennung der nicht steuerbaren Vermögens- und der steuerbaren Ertragsphäre durchbrochen wird, jedoch auch damit, weil der Fall der Einlösung in keiner Weise mit dem Fall der Veräußerung gleichzustellen ist. Die Einlösung eines Zertifikats geschieht gegenüber dem Emittenten nach den von vornherein vereinbarten Emissionsbedingungen, während die Veräußerung von der Marktlage im Sekundärhandel abhängig ist; eine Einlösung kann nicht mit einer Veräußerung gleichgestellt werden. Die Durchbrechung der Systematik des Dualismus der Einkunftsarten und der Verstoß gegen das Gebot der Ausrichtung der Steuerlast am Prinzip der finanziellen Leistungsfähigkeit und dem Gebot der Folgerichtigkeit (Art. 3 Abs. 1 GG) könnte im Rahmen der Gestaltungsfreiheit des Steuergesetzgebers und der im folgenden Abschnitt dargestellten aktuellen Rechtsprechung des BFH gerechtfertigt sein. Dennoch ist an dieser Stelle festzuhalten, dass auch hier eine gesetzgeberische Erweiterung der Besteuerung von Erträgen auf der Vermögenssphäre vorgenommen wird.

c. Umfang und Ermittlung der steuerpflichtigen Einnahmen

Während § 20 Abs. 1 Nr. 7 S. 1, Abs. 2 S. 1 Nr. 4 a) bis d) EStG den Tatbestand der steuerbaren Finanzinnovation im Sinne einer „Typenbeschreibung" darlegt, enthält § 20 Abs. 2 Satz 1 Nr. 4 S. 2 HS 1 EStG die Vorgaben für die Berechnung der steuerbaren Einkünfte i.S.e. Bemessungsgrundlage; beide Merkmale zusammen bilden den maßgeblichen Steuertatbestand.[287]

aa. Emissions- und Marktrendite vor der aktuellen BFH-Rechtsprechung

Wie vorausgehende Abhandlungen zeigen, ist die Besteuerung von Einkünften aus Kapitalvermögen geprägt von der Differenzierung zwischen dem Kapitalvermögen als solchem und dem Ertrag als Frucht des Kapitals, sodass Wertveränderungen der Kapitalanlage als solche von der Besteuerung der erzielten Erträge im Rahmen des § 20 EStG grundsätzlich nicht erfasst

---

[286] *Harenberg*, NWB Fach 3 S. 12154.
[287] Vgl. insbesondere BFH v. 13.12.2006 – VIII R 79/03 Ziffer I.1.b.

werden.[288] Dem systematischen Unterschied zwischen Kapitalnutzungsentgelt und Realisierung einer Wertentwicklung des jeweiligen Wertpapiers entspricht der Ansatz der Emissionsrendite (d. h. bei Emission als Mindestrendite zugesagt). Mit der Emissionsrendite werden Wertentwicklungen des Stammrechts wie beispielsweise Kursgewinne von der Besteuerung ausgenommen. Bei der Ermittlung nach der Marktrendite (Unterschied zwischen Entgelt für Erwerb und Einnahmen aus Veräußerung/Einlösung) werden Wertentwicklungen des Stammrechts hingegen als Kapitalertrag angesetzt.

Für alle Veräußerungs- oder Abtretungsfälle (§ 20 Abs. 2 S. 1 Nr. 4 S. 1 EStG) sowie für Fälle der Einlösung (§ 20 Abs. 2 S. 1 Nr. 4 S. 4 EStG) gilt nach § 20 Abs. 2 S. 1 Nr. 4 S. 1 letzter Halbsatz EStG, dass nur der Kapitalertrag der rechnerisch auf die Besitzzeit des Veräußerers entfallenden Emissionsrendite (sog. Steuerkurs) steuerpflichtig ist. Emissionsrendite ist die vom Emittenten bei der Begebung einer Anlage, d. h. von vornherein, zugesagte Rendite, die bis zur Einlösung des Papiers bzw. Endfälligkeit einer Kapitalforderung mit Sicherheit, d. h. mindestens, erzielt werden kann.[289] Dabei ist eine Mindestrendite keine Emissionsrendite i.S.d. § 20 Abs. 2 S. 1 Nr. 4 S. 2 EStG, da eine Grundverzinsung bei Eintritt bestimmter Ereignisse im Emissionszeitpunkt nach oben oder unten angepasst werden.[290] Soweit im BMF-Schreiben v. 30.4.1993[291] auf die mit „Sicherheit“ zu erzielende Rendite abgestellt wird, muss diese Formulierung im Zusammenhang der Einlösung des Wertpapiers gesehen werden.[292] Das bedeutet, dass nur wenn nach den Emissionsbedingungen während der Laufzeit keinerlei Zinsanpassungen vorgesehen sind und auch über den Betrag der Kapitalrückzahlung hinaus kein weiterer Ertrag erzielt wird, eine bei der Emission des Wertpapiers feststellbare bis zur Einlösung mit Sicherheit erzielbare Emissionsrendite i.S.d. § 20 Abs. 2 S. 1 Nr. 4 EStG vorliegt.[293] Bei der Beurteilung bzw. Bestimmung der maßgeblichen Emissionsrendite ist, wie dargestellt, auf die Verhältnisse zum Zeitpunkt der erstmaligen Ausgabe, d. h. der Emission, abzustellen.[294]

Diese Regelung des § 20 Abs. 2 S. 1 Nr. 4 S. 2 EStG wurde i. d. F. des StMBG 1993 dahingehend ergänzt, dass dann, wenn der Steuerpflichtige die Emissionsrendite nicht nachweist, der Unterschied zwischen dem Entgelt für

[288] BFH v. 24.10.2000 VIII R 28/99, BFHE 193, S. 374, BStBl II 2001, S. 97 unter II.3. a) m. w. N.
[289] Vgl. BFH v. 24.10.2000 VIII R 28/99, BFHE 193, 374, BStBl II 2001, 97, unter 2.a. m. w. N.
[290] BFH v. 11.7.2006 und VIII R 5/05, v. 10.7.2001, *Harenberg/Irmer*, Besteuerung privater Kapitaleinkünfte, 4. Auflage, Rn 1065; a.A. *Haisch*, DStR 2002, 250, der diese Auffassung in *Haisch/Danz/Jetter*, DStZ 2007, S. 453 Fn 31 aufgibt.
[291] BMF-Schreiben v. 30.4.1994, BStBl I 1993, 343.
[292] *Harenberg/Irmer*, Besteuerung privater Einkünfte, 4. Auflage, Rn 1065
[293] Harenberg/Irmer, Besteuerung privater Einkünfte, 4. Auflage, Rn 1065.
[294] BFH v. 13.12.2006 VIII R 79/03 unter II.b. m. H. a. *Wagner* DStZ 2005, S. 624.

den Erwerb und den Einnahmen aus der Veräußerung, Abtretung oder Einlösung der Wertpapiere und Kapitalforderungen als Kapitalertrag gilt (Besteuerung nach der sog. Marktrendite).

Der VIII. Senat des BFH hat mit dem Urteil vom 24.10.2000[295] (sog. „altes" *Floater*-Urteil) entschieden, dass § 20 Abs. 2 S. 1 Nr. 4 S. 2 EStG i. d. F. des StMBG 1993 dahingehend zu interpretieren sei, dass die Besteuerung nach der sog. Marktrendite eine von vornherein berechenbare Emissionsrendite voraussetzt. D. h. der BFH hat die Ermittlung des Kapitalertrags nach der Marktrendite für Wertpapiere, die keine Emissionsrendite berechnen lassen, untersagt. Der BFH sah in der alternativen Bemessungsgrundlage lediglich eine Beweislastregel, sodass die Differenzmethode nach der Marktrendite nur dann zur Anwendung komme, wenn das Wertpapier eine Emissionsrendite errechnen lasse.[296] Nur in diesen Fällen sollte es dem Steuerpflichtigen freigestellt sein, die besitzzeitanteilige Emissionsrendite oder die Marktrendite als Kapitalertrag erklären zu dürfen.[297] Nach dieser Rechtsprechung des BFH wären alle Wertpapiere, die nach ihrer Ausgestaltung eine Berechnung der Emissionsrendite nicht zulassen, aus dem Anwendungsbereich des § 20 Abs. 2 S. 1 Nr. 4 EStG herausgefallen. Insofern hat der Gesetzgeber in dem Gesetz zur Änderung steuerlicher Vorschriften vom 20.12.2001 (StÄndG 2001)[298] § 20 Abs. 2 Nr. 4 S. 2 EStG als Reaktion auf diese Rechtsprechung wie folgt erweitert:

> *„Haben die Wertpapiere und Kapitalforderungen keine Emissionsrendite oder weist der Steuerpflichtig sie nicht nach, so gilt der Unterschied zwischen dem Entgelt für den Erwerb und den Einnahmen aus der Veräußerung, Abtretung und Einlösung als Kapitalertrag; bei Wertpapieren und Kapitalforderungen in einer ausländischen Währung ist der Unterschied in dieser Währung zu ermitteln."*

Der Gesetzgeber wollte durch diese Änderung deutlich machen, dass die Marktrendite auch dann anwendbar ist, wenn Gewinne aus der Veräußerung von Wertpapieren ohne Emissionsrendite erzielt werden[299] und den Bedenken des BFH insbesondere auch gegen die Einbeziehung von Wechselkursgewinnen und -verlusten in die Besteuerung der Einkünfte aus Kapitalvermögen begegnen[300].

---

[295] BFH v. 24.10.2000 – VIII R 28/99, BStBl II 2001, 97 = BFHE 193, 374.
[296] BFH v. 24.10.2000 – VIII R 28/99, BStBl II 2001, 97 = BFHE 193, 374.
[297] *Harenberg/Irmer*, Besteuerung privater Kapitaleinkünfte, Rz 952
[298] BGBl I 2001, 3794; BStBl I 2002, 4; Vgl. zu den Auswirkungen auf dei Besteuerung von Finanzinnovationen nach dem StÄndG insbesondere: *Delp*, INF 2002, S. 170 ff.; *Haisch*, DStR 2002, S. 247 ff.
[299] BT-Drucks. 14/6877, S. 25.
[300] BT-Drucks. 14/7341, S. 11.

Der BFH hat nun in mehreren aktuellen Entscheidungen[301] in Fortsetzung der „alten" *Floater*-Rechtsprechung die Besteuerung von Finanzinnovationen dargelegt und den Gesetzestatbestand des § 20 Abs. 2 Satz 1 Nr. 4 S. 2 EStG insbesondere in Bezug auf die Rechtfertigung der Systemabweichung vom Dualismus der Einkunftsarten durch Anwendung der Marktrendite konkretisiert.

bb. Emissions- und Marktrendite nach der aktuellen BFH-Rechtsprechung

(1) Gerechtfertigte Systemabweichung durch Anwendung der Marktrendite?

Der BFH hat in den genannten aktuellen Urteilen[302] dargelegt, dass die Ermittlung des Kapitalertrags nach der sog. Marktrendite gemäß § 20 Abs. 2 S. 1 Nr. 4 S. 2 EStG das System der Besteuerung der Einkünfte aus Kapitalvermögen (§ 20 EStG) durchbreche. Bei der Marktrendite handelt es sich um den Unterschied zwischen Anschaffungskosten (Kurswert einschließlich Anschaffungsnebenkosten) und den Einnahmen aus der Veräußerung oder Einlösung. Somit sind marktbedingte Kursschwankungen während der Laufzeit in dem Veräußerungspreis enthalten. Der BFH bestätigt damit, dass der Gesetzgeber mit den Änderungen einer Besteuerung nach der Marktrendite durch das StMBG 1993 und StÄndG 2001 von dem traditionellen Zinsbegriff hin zu einem erweiterten wirtschaftlichen Zinsbegriff und nunmehr einer Besteuerung der nicht steuerbaren Vermögensphäre abweicht. Der BFH weist dabei auch auf ältere Urteile[303] hin, in welchen bereits zum Ausdruck gebracht wurde, dass die Erfassung von Wertveränderungen, die lediglich den Vermögensstamm betreffen und auch bei wirtschaftlicher Betrachtung nicht mehr als Frucht des Geldkapitals oder Entgelt für die Kapitalnutzung zu beurteilen sind, eine Systemabweichung darstelle, die vom Gesetzgeber klar und eindeutig festzulegen sei und einer sachlichen Rechtfertigung bedürfe.

Nach ständiger Rechtsprechung des BVerfG besteht eine maßgebliche Begrenzung der Gestaltungsfreiheit des Steuergesetzgebers durch Art. 3 Abs. 1 GG am Gebot der Ausrichtung der Steuerlast am Prinzip der finanziellen

---

[301] BFH 11.7.2006 – VIII R 67/04 (vorzeitige Einlösung von Gleitzins-Schuldverschreibungen), DStR 2007, 106; BFH v. 13.12.2006 – VIII R 79/03 (Einlösung von DAX-Zertifikaten bei Fälligkeit), DStR 2007, 283; BFH v. 20.11.2006 – VIII R 97/02 (Verkauf von Reverse-Floatern), DStRE 2007, 601; BFH v. 13.12.2006 – VIII R 62/04 (Veräußerung von Argentinien-Anleihen), DStR 2007, 338; BFH v. 13.12.2006 – VIII R 6/05 (Veräußerung einer Down-Rating-Anleihe), DStR 2007, 709. Ferner hat *Jachmann* in mehreren Vorträgen und Aufsätzen die Position des BFH verdeutlicht: vgl. *Jachmann* BB 2007 S. 1137 ff. (Teil I) und 1198 ff. (Teil II); *Jachmann*, DStR 2007, S. 877 ff.

[302] Vgl. dazu BFH v. 11.7.2006 VIII R 67/04, DStR 2007, 106 ; BFH v. 20.11.2006 VIII R 97/02, DStRE 2007, 601; BFH 13.12.2006 VIII R 79/03, DStR 2007, 286; BFH 13.12.2006 VIII R 97/02; BFH v. 13.12.3006 VIII R 62/04, DStR 2007, 709; BFH v. 20.11.2006 VIII R 43/05, DStR 2007, 290.

[303] BFHE 193, 374, BStBl II 2001, 97 und BFH, NV 2001, 1555.

Leistungsfähigkeit und dem Gebot der Folgerichtigkeit.[304] Der BFH konkretisiert diese Rechtsprechung des BVerfG u. a. in dem DAX-Zertifikate-Urteil[305] vom 13.12.2006 und kommt zu dem Ergebnis, dass die steuerliche Erfassung von Einnahmen aus der Veräußerung bzw. Abtretung von sonstigen Kapitalforderungen, bei denen die Höhe der Erträge von einem ungewissen Ereignis abhängt (§ 20 Abs. 2 S. 1 Nr. 4 S. 2 1. HS Art. 1 EStG) nicht gegen das aus Art. 3 Abs. 1 GG abzuleitende Gebot der gesetzlichen Folgerichtigkeit verstoße.[306] Nach dem BFH bestehe die grundsätzliche Systematik, dass § 20 EStG das Entgelt für die Überlassung von Kapital zur Nutzung erfasse, die Nutzung des Kapitals aber von der sog. Quelle abzugrenzen sei, also Wertveränderungen der Quelle nicht steuerbar sind.[307] Jedoch seien die §§ 17 und 23 EStG dazu eine Ausnahme, sodass der ausnahmsweise sehr wohl Wertsteigerungen der Kapitalanlage, falls in ihnen Nutzungsvergütungen enthalten sind, erfasst werden.[308] In dem aktuellen *Reverse-Floater*-Urteil[309] und auch in dem DAX-Zertifikate-Urteil[310] sieht der BFH die Rechtfertigung der Abweichung der Marktrendite gemäß § 20 Abs. 2 S. 1 Nr. 4 S. 2 EStG von der Systematik des § 20 EStG in einer sachlich gerechtfertigten Anpassung des Binnensystems an geänderte wirtschaftliche Lebenssachverhalte, die der grundsätzlichen, im System des EStG hinsichtlich der Überschusseinkünfte (§ 2 Abs. 1 S. 1 Nr. 3 bis 7 EStG) angelegten Differenzierung zwischen sog. Quellenausnutzung und Quellenverwertung sowie deren unterschiedlicher – wenngleich z. T. angenäherter (vgl. §§ 17, 23 EStG) – Erfassung Rechnung trage. Der BFH führt weiter aus, dass die systematische Differenzierung zwischen Kapitalnutzung und -verwertung bzw. Ertrags- und Vermögenssphäre an Grenzen der Praktikabilität stoße, soweit wirtschaftliche Lebenssachverhalte der Besteuerung unterworfen werden sollen, bei denen die an sich gebotene Abschöpfung nur des Kapitalnutzungsentgeltes nicht gewährleistet werden kann, weil dieses nach der typischen Ausgestaltung des Wertpapiers nicht im herkömmlichen Sinn von dessen Wertentwicklung abgrenzbar und der Höhe

---

[304] BVerfG-Beschluss v. 2. Senat v. 4.12.2002 2 BvR 300/98, 1735/00, BVerfGE 107, 27, BStBl II 2003, 534 m. w. N. Das BVerfG verlangt unter dem Aspekt der gesetzlichen Folgerichtigkeit für den Sachbereich des Steuerrechts Gestaltungsgleichheit. Der Gesetzgeber habe bei der Auswahl des Steuergegenstandes und bei der Bestimmung des Steuersatzes zwar einen weitreichenden Entscheidungsspielraum, er habe aber die einmal getroffene Belastungsentscheidung folgerichtig umzusetzen (BVerfG-Beschluss in BVerfG 107, 27, 47, BStBl II 2003, 534, 540). Ziel einer solchen systemkonsequent an der individuellen Leistungsfähigkeit orientierten Steuergesetzgebung ist ein gleicher Belastungserfolg (BVerfG-Beschluss v. 22.7.1995 2 BvL 37/91; BVerfGE 93, 121, 134, BStBl II 1995, 655, 660). Eine Systemabweichung kann jedoch als Ausnahmeregelung sachlich zu rechtfertigen sein. Dabei ist der Gleichheitssatz umso strikter, je mehr er den Einzelnen als Person betrifft und umso mehr für gesetzgeberische Gestaltungen offen, als allgemeine für rechtliche Gestaltungen zugängliche Lebenssachverhalte geregelt werden (BVerfG-Beschluss v. 30.09.1998 2 BvR 1818/91).

[305] BFH v. 13.12.2006 VIII R 79/03, DStR 2007, 286.

[306] Vgl. insbesondere BFH v. 13.12.2006 VIII R 79/03, DStR 2007, 286.

[307] Vgl. insbesondere BFH v. 13.12.2006 VIII R 79/03, DStR 2007, 286.

[308] Vgl. insbesondere BFH v. 13.12.2006 VIII R 79/03, DStR 2007, 286 m. H. a. BFH v. 02.03.1993 VIII R 13/91, BFHE 171, 48, BStBl II 1993, 602 m. w. N.; BFHE 133, 35, BStBl II 1981, 456.

[309] BFH v. 20.11.2006 VIII R 97/02, DStRE 2007, 601; BFH v. 13.12.2006 VIII R 79/03, DStR 2007, 286.

[310] BFH v. 13.12.2006 VIII R 79/03, DStR 2007, 286.

nach konkret bestimmbar sei.[311]

Der VIII. Senat sieht die Rechtfertigung u. a. auch in der Begründung des Gesetzgebers zur Neuregelung des § 20 Abs. 2 S. 1 Nr. 4 S. 2 EStG durch das Gesetz zur Bekämpfung des Missbrauchs und zur Bereinigung des Steuerrechts[312]. Werden steuerpflichtige Zinserträge als steuerfreier Wertzuwachs konstruiert[313] und damit der Umstand der Unterscheidung zwischen steuerfreier Vermögensphäre und steuerpflichtigem Kapitalertrag zunutze gemacht, indem eigentlich steuerpflichtige Zinsen in die steuerfreie Vermögensphäre verschoben werden, so sollen diese künftig durch die Neuregelung so umfassend wie möglich in die Besteuerung miteinbezogen werden.[314] Mit anderen Worten sei konstruktiver Bestandteil einer solchen Finanzinnovation die Einbindung von Kursgewinnen in das Entgelt für die Kapitalüberlassung.[315] Dieser Zweck sollte durch die Erstreckung der Besteuerung von Kapitalerträgen nach § 20 Abs. 2 S. 1 Nr. 4 S. 1 Buchst c) EStG auf sog. Kursdifferenzpapiere ohne eine von vornherein bezifferbare Emissionsrendite erreicht werden.

(2) Kein faktisches Wahlrecht zwischen Emissions- und Marktrendite

Somit ist nach dem BFH grundsätzlich der Umfang der Besteuerung nach der Emissionsrendite zu bestimmen und nur wenn diese nicht nachgewiesen oder bestimmbar ist, kommt die Marktrendite zur Anwendung. Damit kommt der BFH zu der Schlussfolgerung, dass der Steuerpflichtige kein Wahlrecht habe, ob die Emissions- oder Marktrendite zur Bestimmung des Umfangs der Besteuerung zur Anwendung komme,[316] sondern die Emissionsrendite Vorrang vor Anwendung der Marktrendite habe. Dabei trägt grundsätzlich die Finanzverwaltung die Feststellungslast (objektive Beweislast) für die steuerbegründenden und steuererhöhenden Tatsachen; der Steuerpflichtige für die steuerentlastenden und steuermindernden Tatsachen.[317] Abweichend von

---

[311] BFH v. 20.11.2006 VIII R 97/02, DStRE 2007, 601 m. H. a. BFH v. 20.11.2006 VIII R 79/03.

[312] Gesetz zur Bekämpfung des Missbrauchs und zur Bereinigung des Steuerrechts vom 21.12.1993, BGBl I 1993, 2310, 2313, BStBl I 1994, 50, 43.

[313] BT-Drucks 12/5630, S. 59.

[314] BT-Drucks 12/5630, S. 116.

[315] *Jachmann*, DStR 2007, S. 879.

[316] In dem DAX-Zertifikate-Urteil vom 13.12.2006 VII R 79/03, DStR 2007, 286 stellt der BFH klar, dass in der Fassung des § 20 Abs. 2 S. 1 Nr. 4 S. 2 EStG der gesetzgeberische Wille insoweit nicht eindeutig zum Ausdruck gebracht wurde, dass in der Vergangenheit die Maßgeblichkeit an den fehlenden Nachweis der Emissionsrendite angeknüpft war. Der Senat habe bereits in dem Urteil (sog. *Floater*-Urteil zur Besteuerung von *Floating Rate Notes*) in BFHE 193, 374, BStBl II 2001, 97 eine bloße Beweislastregel angenommen mit der Folge, dass Veräußerungsgewinne aus Wertpapieren und Kapitalforderungen ohne Emissionsrendite unversteuert blieben, obwohl sie in § 20 Abs. 2 S. 1 Nr. 4 S. 1 Buchst c) EStG ausdrücklich genannt werden. Der Gesetzgeber hat daraufhin eine weitere Änderung bzw. Ergänzung im StÄndG 2001 vorgenommen und damit zum Ausdruck gebracht, dass die Marktrendite gerade für Wertpapiere und Kapitalforderungen zur Anwendung komme, die keine Emissionsrendite haben.

[317] Vgl. *Jachmann*, DStR 2007, S. 881 m.w.H. auf die ständige Rechtsprechung des BFH v. 4.10.2005 XIB 111/04, BFH NV 2006, 320 m.w.N.: v. 24.6.1976 IV R 101/75; BFHE 119, 164; BStBl II 1976, 562.

dieser sog. Beweislastgrundregel erlegt § 20 Abs. 2 S. 1 Nr. 4 S. 2 EStG den Nachweis der Emissionsrendite dem Steuerpflichtigen auf und bewirkt damit eine Umkehr der Feststellungslast, da die renditebegründenden Tatsachen aus der Sphäre des Steuerpflichtigen kommen und somit der Finanzverwaltung schwer zugänglich sind.[318] Der Finanzverwaltung sind dabei jedoch eigene Ermittlungen nicht versagt. Erbringt der Steuerpflichtige allerdings (abweichend von § 88 Abs. 1 S. 1 AO) alle maßgeblichen Tatsachen für den Ansatz der Emissionsrendite, dann hat die Finanzverwaltung den steuerpflichtigen Ertrag nach der Emissionsrendite und nicht nach der Marktrendite zu bestimmen.[319]

Zertifikate weisen keine von vornherein bezifferbare Emissionsrendite auf, d.h. eine von vornherein zugesagte Rendite, die bis zur Einlösung des Papiers bzw. der Endfälligkeit einer Kapitalforderung mit Sicherheit, i. S. v. mindestens, erzielt werden kann.[320] Bei Erträgen aus der Veräußerung oder Einlösung von Zertifikaten ist eine Emissionsrendite nicht gegeben, da nach der Art ihrer Gestaltung eine rechnerische Differenzierung zwischen einem vereinbarten Kapitalnutzungsentgelt und einer realisierten Wertentwicklung des Papiers nicht vorgenommen wird. Der Ansatz der Marktrendite (§ 20 Abs. 2 S. 1 Nr. 4 S. 2 EStG) ist somit sachlich gerechtfertigt.[321]

Nach dem BFH ist außerdem nicht von einer unverhältnismäßigen Benachteiligung von Anlagen in derartige Finanzinnovationen gegenüber anderen Kapitalanlagen ohne Emissionsrendite auszugehen, bei denen ein vereinbartes Nutzungsentgelt von der realisierten Wertentwicklung des Papiers klar abgrenzbar sei.[322] So weisen insbesondere Index-Garantie-Zertifikate nach der Art ihrer Gestaltung die Besonderheit auf, dass das Kapitalnutzungsentgelt und die realisierte Wertentwicklung des jeweiligen Papiers rechnerisch nicht abgrenzbar sind, während bei *Floatern bzw. Reverse Floatern*[323] das Nutzungsentgelt für die Kapitalüberlassung unschwer von einer realisierten Wertentwicklung unterschieden werden kann.[324]

Der BFH kommt damit bei der Besteuerung von Zertifikaten zu einer Rechtfertigung des „Systembruchs" des Ansatzes der Marktrendite.

---

318 *Jachmann*, DStR 2007, S. 881.
319 Vgl. im Detail *Jachmann*, DStR 2007, s. 881.
320 Vgl. *Harenberg/Irmer*, Besteuerung privater Kapitaleinkünfte, Rz. 951; BFH v. 13.12.2006 VIII R 79/03 m. H. a. BFH v. 24.10.2000 VIII R 28, 99, BFHE 193, 374, BStBl II 2001, 97.
321 *Jachmann*, DStR 2007, S. 881.
322 BFH v. 13.12.2006 VIII R 79/03, DStR 2007, 286.
323 BFH v. 20.11.2006 VIII R 97/02, DStRE 2007, 601.
324 Vgl. *Jachmann*, BB 2007 (Teil I), S. 1141.

(3) Würdigung der aktuellen BFH Rechtsprechung[325]

Der BFH folgt in seinen jüngsten Urteilen konsequent der Besteuerung von Kapitaleinkünften nach der Quellentheorie. Er gibt der Anwendung der systemkonformen Emissionsrendite Vorrang vor der nicht systemimmanenten Marktrendite, deren Anwendungsbereich er im Sinne einer teleologischen Reduktion bzw. verfassungskonformen Auslegung der Norm einschränkt.

Haisch/Danz/Jetter[326] kommen zu einer sog. Drei-Stufen-Prüfung des BFH zur Besteuerung der Einkünfte von Finanzinnovationen: Dabei habe auf der ersten Stufe quasi eine Differenzierung zwischen „echter" und „unechter" Finanzinnovation zu erfolgen. Auf der zweiten Stufe versuche der BFH Kapitalnutzungsentgelte und Wertveränderungen dadurch zu trennen, indem er das faktische Wahlrecht zwischen Emissions- und Marktrendite versage und die Marktrendite im Sinne einer Beweislastregelung vielmehr nur dann zur Anwendung komme, wenn trotz der gebotenen Mitwirkung des Privatanlegers und der Ermittlungen des Finanzamtes eine Berechnung nach der Emissionsrendite nicht möglich sei. Auf der dritten Stufe versuche der BFH Kapitalnutzungsentgelte und Wertveränderungen dadurch zu trennen, indem er bei der Veräußerung oder Einlösung echter Finanzinnovationen ohne bzw. ohne ermittelbare Emissionsrendite im Einzelfall prüfe, ob sich Veräußerungs-/Einlösungsverluste oder –gewinne als (positive/negative) Kapitalnutzungsentgelte darstellen.

Ob der VIII. Senat letztendlich eine Drei-Stufen-Prüfung vornimmt, ist dahingestellt. Der BFH geht von einer Priorität der Emissionsrendite aus, d.h. soweit eine Emissionsrendite berechenbar ist – auch wenn diese vom Steuerpflichtigen nicht mitgeteilt wird – kann es nicht zur Anwendung der Marktrendite als Bemessungsgrundlage für die Besteuerung kommen. Der BFH hat damit den Anwendungsbereich der Marktrendite im Sinne einer teleologischen (verfassungsrechtlich gebotenen) Reduktion eingeschränkt, sodass diese nur dann zur Anwendung kommt, wenn eine Differenzierung zwischen Ertrags- und Vermögensphäre auf strukturelle Grenzen stößt. Der BFH verwendet dabei nicht die Terminologie von „echter" oder „unechter" Finanzinnovation, sondern stellt auf das Vorhandensein einer von vornherein bezifferbaren Emissionsrendite ab, d. h. eine von vornherein zugesagte Rendite, die bis zur Einlösung des Papiers bzw. Endfälligkeit einer Kapitalforderung mit Sicherheit, d.h. mindestens, erzielt werden kann.[327] Der BFH hat leider nicht konkretisiert, wann eine solche untrennbare Vermischung von Vermögens- und

---

[325] Vgl. insbesondere *Jachmann*, DStR 2007, S. 877 ff.; *Jachmann*, BB 2007, S. 1137 ff. und 1198 ff.; *Geurts*, DStZ 2007, S. 394 ff; *Moritz*, NWB, Fach 3, S. 14421 ff.; *Haisch/Danz/Jetter*, DStZ 2007, S. 450 ff.; *Mühle*, BB 2007, S. 480.

[326] *Haisch/Danz/Jetter* DStZ 2007, S. 455 – 456.

[327] BFH v. 13.12.2006 VIII R 79/03 Zi. I.1.b., DStR 2007, 286.

Kapitalnutzungsebene gegeben sein soll. Diese von *Haisch/Danz/Jetter* genannte dritte Stufe der Abgrenzung zwischen Kapitalnutzungsengelte und Wertsteigerungen ist eine Einzelfallprüfung. In dem Urteil zu den *Down-Rating-Notes*[328] macht der BFH deutlich, dass eine solche Vermischung **nicht** vorliegen soll, wenn die Wertveränderung auf die Bonität des Emittenten, Währungskursschwankungen einer in Fremdwährung notierten Anleihe oder umlaufbedingten Marktzinsschwankungen zurückzuführen ist. Diese Anknüpfung ist absolut systemimmanent mit der Quellentheorie, welche gerade die Entwicklung der Vermögenstammes bei der Besteuerung außen vor lässt. Der BFH nimmt somit eine Negativ-Abgrenzung vor, problematisch wird die konkrete Abgrenzung im Einzelfall sein.

Auch wenn die Argumente des BFH überzeugen, so ist diese Auffassung nicht unumstritten. So rät *Harenberg*[329] – allerdings vor der Veröffentlichung der aktuellen BFH Urteile – zu praktischen Folgerungen aus der verfehlten Änderung und unter Berufung auf die „alte" Rechtsprechung des BFH[330], insbesondere auf das „alte" *Floater*-Urteil, die Finanzgerichte anzurufen und generell im Bereich der Finanzinnovationsbesteuerung die Trennung von Vermögens- und Ertragsebene wieder durchzusetzen. Dem ist der BFH in seinen aktuellen Entscheidungen hinsichtlich eindeutig abgrenzbaren Wertveränderungen/Vermögenszuwachs wie z. B. bei *Down Rating* Anleihen[331], *Reverse-Floatern*[332] und Argentinien-Anleihen[333], also bei Fällen, in denen Kapitalnutzungsentgelt und Wertentwicklung des Kapitals rechnerisch eindeutig abgrenzbar und bestimmbar sind, auch nachgekommen. Die Besteuerung von kapitalgarantierten Zertifikaten, deren Höhe der Erträge von einem ungewissen Ereignis abhängt (§ 20 Abs. 1 Nr. 7 S. 1, Abs. 2 S. 1 Nr. 4 c) EStG) erachtet der BFH nach der Marktrendite als gerechtfertigt, da eine Abgrenzung zwischen der traditionell steuerbaren Kapitalnutzung und der Ausnutzung der Wertentwicklung im herkömmlichen Sinn nicht möglich ist.

Die entscheidende Frage in diesem Kontext ist die weitergehende, von *Söhn* aufgeworfene, ob und inwieweit der seit Jahrzehnten akzeptierte, geltende Dualismus der Einkunftsarten, dem Anküpfen an die Quellen- und Reinvermögenszugagnstheorie (worauf der BFH den Vorrang der

---

[328] BFH v. 13.12.2006 VIII R 6/05, DStR 2007, 709.
[329] *Harenberg*, Die Besteuerung privater Kapitaleinkünfte, Rz 954.
[330] BFH v. 24.10.2000, BStBl II 2001, 97.
[331] BFH v. 13.12.2006 VIII R 6/05, DStR 2007, 709 vgl. auch zu *Down-Rating-Notes* insbesondere: *Delp*, INF 1997, S. 174 ff.; *Delp*, 2002, S. 417 ff.
[332] BFH v. 20.11.2006 VIII R 97/02, DStRE 2007, 601; vgl. auch zu *Reverse-Floatern* zu dem aktuellen Urteil: *Mühle*, BB 2007, S. 480; vor dem aktuellen BFH-Urteil insbesondere *Schäfer/Zimmermann*, DB 1994, S. 2207; *Wellmann*, DStZ 1996, S. 329 ff.
[333] BFH v. 13.12.2006 VIII R 62/04, DStR 2007, 338; vgl. auch zu Argentinienanleihe insbesondere: *Haisch*, DB 23.8.2002, S. 1736 ff.; *Engelsberger*, FR 2002, S. 1280; *Schmitt/Krause*, DStR 2004, S. 2042 ff.; *Haisch*, DStZ 2005, S. 291 ff.; *Wellmann*, DStZ 2002, S. 179 f.

Emissionsrendite basiert und die Marktrendite im Rahmen einer telelogischen Reduktion systemimmanent einschränkt), den verfassungsrechtlich und/oder steuersystematischen Anforderungen entspricht bzw. ob und inwieweit Reformbedarf besteht.[334]

cc. Zur Relevanz der Kapitalrückzahlung im Rahmen des Umfangs und der Ermittlung der steuerpflichtigen Einnahmen

Zur „Typenbeschreibung" einer Finanzinnovation nach §§ 20 Abs. 1 Nr. 7 S. 1 i. V. m. Abs. 2 S. 1 Nr. 4 c) EStG reicht eine teilweise Kapitalrückzahlung aus. Auf der Ebene des Umfangs der Ermittlung der steuerpflichtigen Kapitaleinkünfte nach § 20 Abs. 2 Nr. 4 S. 2 EStG stellt sich nun die Frage, ob eine teilweise Kapitalrückzahlungsgarantie[335] Auswirkungen auf den Umfang der Besteuerung hat, ob eine Geringfügigkeitsgrenze zu beachten ist, obwohl diese aus dem Gesetzeswortlaut nicht hervorgeht, oder ob und wie eine Aufteilung, gemessen an dem Umfang der Kapitalgarantie, vorzunehmen ist.[336]

Das FG München lehnt in dem Urteil vom 4.5.2004, in welchem bei einem Indexzertifikat das Kapital teilweise in Höhe von 10,26% garantiert wurde die Aufspaltung in eine Kapitalforderung von 10,26%, deren Rückzahlung in voller Höhe zugesichert ist und eine Forderung von 89,74% bezüglich derer keine Rückzahlung zugesichert ist, ab. Dagegen spricht nach dem FG München, dass das Zertifikat als Inhaberpapier ausgestaltet ist, das den Inhaber zur Forderung des gesamten Rückzahlungsbetrags berechtige.[337]

Gegen dieses Urteil wurde Revision zum BFH eingelegt. Der BFH hat mit Urteil vom 4.12.2007 VIII R 53/05[338] entschieden. Die vor dem Urteil veröffentlichten Beiträge von *Jachmann*[339] zu teilkapitalgarantierten Zertifikaten und das Urteil selbst werden nachfolgend dargestellt und kritisch gewürdigt.

Nach *Jachmann*[340] ist bei z. T. garantierter Kapitalrückzahlung nur der Anteil

---

[334] *Söhn*, DStJG, Bd. 30 (2007), S. 13ff.

[335] So *Danz/Haisch*, DStR 2003, 2108; *Geurts* in *Boredewin/Brandt*, § 20 EStG Rz 244; v. *Beckerath* in *Kirchhof*, EStG § 20 Rn 302; *Delp*, INF 1998, 577, die bereits das Vorliegen einer Finanzinnovation verneinen; a. A. BMF v. 16.03.1999 – IV C 1 - S 2252 – 87/99, BStBl I 1999, 433; OFD Kiel v. 3.7.2003, S 2252 A – St 231: eine teilweise Kapitalgarantie reicht aus mit der Folge, dass eine Finanzinnovation vorliegt und der Einlösungsbetrag bzw. Veräußerungserlös vollumfänglich zu versteuern ist.

[336] Nach Auffasung des FG München v. 4.5.2005, 2K2385/03, EFG 2005, S. 1868 ff. ist eine Aufteilung in einen kapital- und einen nicht kapitalgarantierten Teil abzulehen. Dem Urteil liegt ein DAX-Zertifikat zugrunde, dessen nicht kapitalgarantierter Teil ein Delta-Eins-Zertifikate und keine Option ist.

[337] FG München v. 4.5.2005, 2K2385/03, EFG 2005, S. 1868 ff.

[338] BFH v. 4.12.2007, VIII R 53/05, DStR 2008, 342.

[339] *Jachmann*, BB 2007 (Teil I), S. 1137 ff., BB 2007 (Teil II), S. 1198 ff.

[340] *Jachmann*, BB 2007 (Teil I), S. 1142. Dabei geht *Jachmann* davon aus, dass der nicht kapitalgarantierte Teil ein Delta-Eins-Zertifikat ist.

des Veräußerungs- bzw. Einlösungserlöses steuerbar, der quotal in der Relation Mindestrückzahlung und Risikobereich entsteht. Bei einer nur geringen Mindestrückzahlung sei nicht abgrenzbar, welcher positive/negative Betrag des Veräußerungsentgelts Kapitalrückzahlung bzw. Verlust aus der Vermögensebene sein solle.[341] Unzweifelhaft sei nach ihr, dass eine negative Differenz zwischen Kapitalhingabe und (garantierter) Kapitalrückzahlung die grundsätzlich im Rahmen von § 20 EStG nicht steuerbare Vermögensebene beträfe. Ein solcher Veräußerungserlös sei aber nicht etwa insgesamt nicht steuerbar, sondern es sei lediglich im Rahmen von § 20 EStG das eindeutig bezifferbare Risiko eines Kapitalausfalls dem im Rahmen von § 20 EStG nicht steuerbaren Bereich zuzuordnen. Konsequenterweise sei deshalb ein etwaiger positiver Veräußerungserlös zwar in der Höhe der Differenz von vollem Kapital und Mindestrückzahlung nicht steuerbar, jenseits dessen aber grundsätzlich schon.[342]

dd. Zusammenfassende Würdigung

Zur zusammenfassenden Würdigung der Aussage von *Jachmann*[343] zu Zertifikaten mit teilgarantierter Kapitalrückzahlung und unter Einbeziehung der jüngsten BFH-Rechtsprechung[344] soll der zu entscheidende Fall verkürzt dargestellt werden:

> *Die Klägerin erwarb am 28.5.1998 10 Stück sog. Euro-Zertifikate (Wertpapierkennnummer: 231 315) im Nominalwert von 1.000 US-Dollar für 975 US-Dollar. Das Emissionsdatum des Wertpapiers war der 15.6.1998. Der Verfallstag war der 17.6.2002. Zu diesem Zeitpunkt hatte der Inhaber des Zertifikats einen unbesicherten nicht bevorrechtigten Anspruch gegen die Emittentin auf den Rückzahlungsbetrag, der sich nach dem Verhältnis des Endniveaus des Referenzindex zum Anfangsniveau des Referenzindices berechnet. Zudem war eine Mindestrückzahlungsgarantie von 100 US-Dollar zugesichert.*[345] *Die Indexzertifikate wurden an der Luxemburger Börse notiert und konnten frei gehandelt werden.*

[341] *Jachmann*, BB 2007 (Teil I), S. 1142.
[342] *Jachmann*, BB 2007 (Teil I), S. 1142.
[343] *Jachmann*, BB 2007 (Teil I), S. 1137 ff., BB 2007 (Teil II), S. 1198 ff.
[344] BFH v. 4.12.2007, VIII R 53/05, DStR 2008, 342.
[345] Der genaue Wortlaut in den Zertifikatsbedingungen zu den „Payments Under the Euro-Certificate" lautet: „Upon exercise Holders of Euro-Certificate will be entitled to receive a payment determined by the percentage increase or decrease in the value of the Index from the Initial Reference Index Level (as this and other capitalised terms used below are defined in the Terms) to the Final Reference Index Level, i.e. the Euro-Certificate Statement Amount. The Euro-Certificate Settlement Amount will be calculated by the multiplying (A) USD 1,000 by (B) the quotient of (x) the Final Reference Level and (y) the Initial Reference Index Level. If the Euro-Certificate Amount is less than USD 100 the Holder of the Euro-Certificate will be entitled to receive the Minimum Return Amount, which under the Terms is USD 100. Other than the Euro-Certificate Amount or the Minimum Return Amount, Holders of Euro-Certificates will not be entitled to receive other payments in respect of the Euro-Certificates.

Die Klägerin verkaufte am 13.11.2000 die Zertifikate und erzielte nach den Sachverhaltsangaben des Urteils einen unstreitigen Überschuss i.H.v. 101.401 DM. Der DM - US-$-Kurs durchschnittliche Tageskurs am 13.11.2000 war laut Bloomberg 2,2701US-$ (insgesamt somit 44.668,08 US-$).

Nach dem aktuellen BFH Urteil und *Jachmann* sind aufgrund der 10,26%igen Kapitalgarantie (100 US-$) pro Zertifikat steuerbar (10,26% von pro Stück DM 10.140,10 also DM 1.040,37 bzw. 458,29 US-$), während die weiteren 89,74 % dem im Rahmen von § 20 EStG nicht steuerbaren Bereich zuzuordnen sind. Eine Besteuerung nach § 23 Abs. 1 Nr. 4 S. 2 EStG ist wegen der abgelaufenen Jahresfrist nicht gegeben. *Jachmann* und der BFH nehmen eine quotale Aufteilung des Ertrages vor, verfolgen jedoch keinen Zerlegungsansatz. Denn unberücksichtigt ist bei diesem Ansatz die „finanztechnische" Funktionsweise eines Zertifikats mit Kapitalgarantie. Eine Kapitalgarantie wird bei einem kapitalgarantierten Index-Zertifikat dadurch erreicht, dass für den garantierten Rückzahlungsbetrag durch den Emittenten ein „sicheres" Wertpapier erworben wird, während der übrige Teil des Entgelts für den Basiswert, einen Delta-Eins-*Hedge* auf den Basiswert oder eine Option aufgewendet wird. Im vorliegendem Fall liegt nach den Emissionsbedingungen eine Option mit dem *Strike* bei 100 US-$ vor, da der Anspruch auf die garantierten 100 US-$ bestehen bleibt, auch wenn sich der zugrundeliegende Index auf weniger als die 100 US-$ entwickelt. Beträgt nun die Kapitalgarantie wie im vorliegenden Beispiel 10,26 % des Kaufpreises, so wird das Kreditinstitut eine Nullcoupon-Anleihe erwerben, die am Ende der Laufzeit einen Wert von 10,26 % des Kaufpreises aufweist, sodass dieser Betrag gesichert ist. Der kapitalgarantierte Betrag wird dem Investor zum Ende der Laufzeit zugesichert, sodass der Betrag auf den Barwert am Beginn der Laufzeit bzw. zum Kaufzeitpunkt zu diskontieren ist. Der Barwert, auch Gegenwartswert genannt, ist ein Begriff aus der Finanzmathematik und entspricht dem Wert, den eine zukünftige Zahlung in der Gegenwart hat.

Die Formel zur Berechnung des Barwerts (*Present Value* = PV) lautet:

$$PV(Z_T) = \frac{Z_T}{(1 + r_T)^T}$$

Z_T = Höhe der in Zukunft fließenden Zahlung
T = Anzahl der Periode, über welche die Zahlung abgezinst werden soll
r = Zinssatz, mit dem die Zahlung abgezinst wird[346]

[346] Der zugrundegelegte Zinssatz bei Emission vom Emittenten zu erfragen. Aufgrund nicht vorhandener

$$PV(Z_T) = \frac{100\$}{(1+0{,}0582)^4} = 79{,}75\$$$

Diese Berechnung ist im Grunde die Berechnung des Kapitalertrags des Zero-Bonds nach dem **Zero-Bond-Erlass** der Finanzverwaltung vom 24.1.1985.[347]

Danach bestimmt sich die Emissionsrendite R nach folgender Formel:

$$(1+\frac{R}{100})^n = \frac{K_n}{K_o} \quad \text{d.h.}\ R = \left[\left(\frac{K_n}{K_o}\right)^{\frac{1}{n}} - 1\right] x100 \quad R = \left[\left(\frac{100}{79{,}75}\right)^{\frac{1}{4}} - 1\right] x100 = 5{,}82$$

KO = Emissionswert des Wertpapiers
Kn = Rücknahmewert des Wertpapiers nach Beendigung der Gesamtlaufzeit
N = Gesamtlaufzeit des Wertpapiers

Der Aufzinsungsfaktor F zu Beginn der Laufzeit wird nach dem Zero-Bond-Erlass nach folgender Formel ermittelt:

$$F = q^n x(\frac{RxT}{360x100} + 1)$$

q^n = Aufzinsungsfaktor für volle Jahre $(1+\frac{R}{100})^n$
R = Emissionsrendite
T = Jahresbruchteile in Tagen (Monate und Tage)

Für den vorliegenden Fall bedeutet das:
Emissionsdatum des Wertpapiers: 15.6.1998
Emissionskurs: 79,75 US-$

Information wird auf die US-$ Swap Rate v. 15.6.1998 bei 4-jähriger Laufzeit zurückgegriffen, die 5,82 v.H. beträgt (Quelle:Bloomberg)..
[347] BMF-Schreiben v. 24.1.1985 IV B 4 – S 2252 – 4/85, BStBl I 1985, 77.

- *Die Ermittlung der Laufzeiten vom Emissionsdatum zum Kauf oder Verkauf:*

Bis Kauf **Bis Verkauf**

Jahre	Monat	Tage	Jahre	Monat	Tage
0	0	13	2	4	28

- *Aufzinsungsfaktor q^n für volle Jahre zur Ermittlung des Aufzinsungsfaktors F und Jahresbruchteile in Tagen (T)*

Bis Kauf **Bis Verkauf**

Jahre	Monat	Tage	Jahre	Monat	Tage
0	0	13	0	0	808

- *Ermittlung des Aufzinsungsfaktors F (vgl. Formel oben).*

Bis Kauf **Bis Verkauf**

$$\frac{5{,}82x13}{360x100}+1=1{,}002102 \qquad \frac{5{,}82x808}{360x100}+1=1{,}130627$$

- *Ermittlung der rechnerischen Anschaffungs- und Veräußerungskosten durch Aufzinsung des Emissionskurses mit dem Aufzinsungsfaktor F sowie des einkommensteuerpflichtigen Ertrags*

Bis Kauf **Bis Verkauf**

79,91 US-$ 90,16 US-$

- *Währungsertrag in US-$/Steuerpflichtiger Ertrag in US-$:*

  Es ergibt sich ein Betrag von US-$ 10,25 also DM 23,27 (bei durchschnittlichem Umrechnungskurs am 13.11.2000 von 2,2701; Quelle: Bloomberg) pro Stück d.h. insgesamt 232,70 DM. Während bei dem Ansatz der quotalen Aufteilung von *Jachmann* sich ein Betrag von 458,29 US-$ bzw. 1.040,37 DM errechnet.

Das Auszahlungsprofil bei Zerlegung in die einzelnen Elemente Zero-Bond und

Option würde folgendermaßen aussehen:

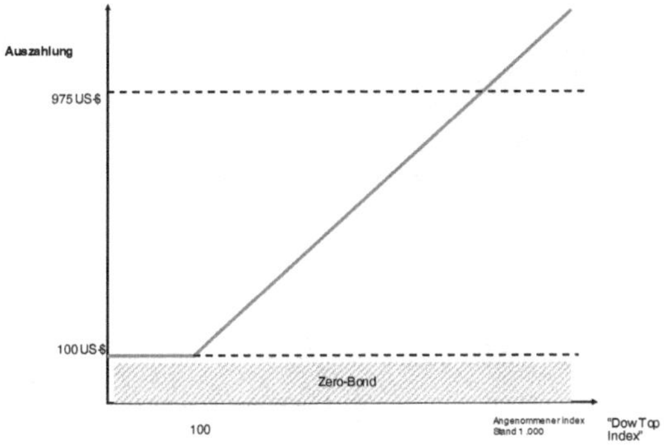

Abbildung 4: Auszahlungsprofil bei Zerlegungsansatz

Die Wertsteigerungen aus dem Zertifikat mit teilweiser oder ebenso mit vollständiger Kapitalgarantie bei einem Zerlegungsansatz in die einzelnen Komponenten bestünde damit partiell aus Einkünften aus dem Zero-Bond und z. T. aus Einkünften aus dem *underlying* bzw. seinen Derivaten.

Würde man den Ansatz von *Jachmann* und dem BFH, die quotale Aufteilung der Erträge je nach dem Verhältnis der Mindestrückzahlung und des Risikobereichs im Rahmen eines finanztechnischen Auszahlungsprofils, grafisch darstellen, so würde man die garantierten 100 US-$ als Zero-Coupon-Bond und eine im Verhältnis zum Kaufkurs (10,26%) gekaufte Option mit einem *Strike* 100 bei einem angenommenen Indexstand von 1000 darstellen (sog. Komponente A, Abbildung 5). Ferner würde man im Verhältnis 89,74% zum Kaufkurs eine Option mit einem Strike 100 darstellen (sog. Komponente B, Abbildung 6).

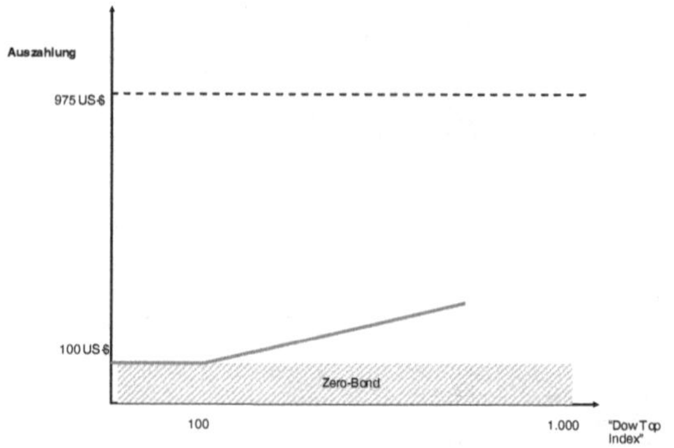

Abbildung 5: Auszahlungsprofil bei quotaler Aufteilung des Ertrags, Komponente A

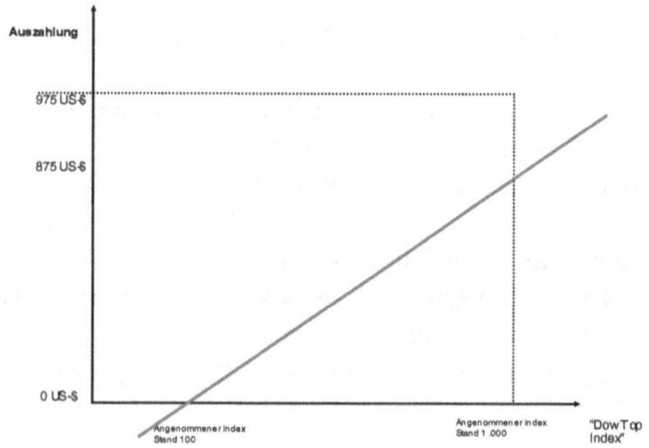

Abbildung 6: Auszahlungsprofil bei quotaler Aufteilung des Ertrags, Komponente B

Als Vergleich das Auszahlungsprofil eines Finanzprodukts mit einer 100% Kapitalgarantie mit denselben Parametern würde folgendermaßen aussehen:

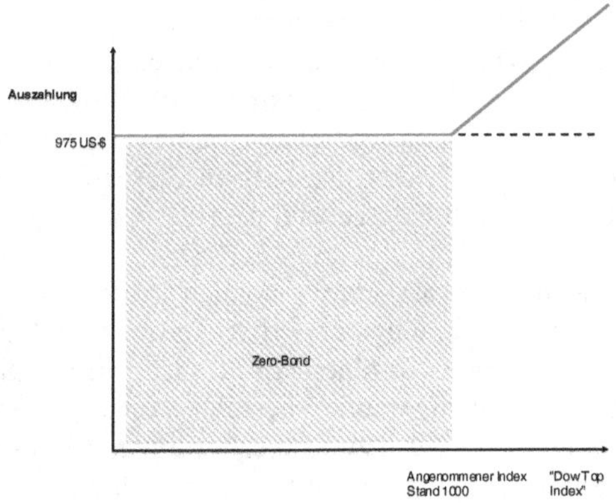

Abbildung 7: Auszahlungsprofil eines Zertifikats mit 100% Kapitalgarantie

Auch ein Zertifikat mit einer vollständigen Kapitalgarantie hinsichtlich der beispielsweise investierten 975 US-$ (sog. Garantiezertifikat) stellt bei einem Zerlegungsansatz letztendlich eine Investition in einen Zero-Bond und in eine Option, deren Strike bei 975 US-$ liegt, dar. Die Auszahlungsprofile der teilweisen (Abbildung 4) und vollständigen Kapitalgarantie (Abbildung 7) bei Anwendung eines Zerlegungsansatz und der Komponente A bei einem Ansatz der quotalen Aufteilung des Ertrags (Abbildung 5) erinnern wirtschaftlich an die Auszahlungsprofile einer Optionsanleihe (cum, d.h. Anleihe und Optionsschein), Wandel- und Umtauschanleihe. Im Abschnitt F wird nach einer Begriffsbestimmung, grafischen Darstellung des Auszahlungsprofils, die Besteuerung dieser Finanzprodukte dargestellt. An dieser Stelle sei vorweggenommen: obwohl dieselben finanztechnischen Komponenten zugrundeliegen, die derzeitige Besteuerung aufgrund einer vom Zivilrecht geprägten einheitlichen Betrachtungsweise (vs. Zerlegungsansatz), zu unterschiedlichen Ergebnissen kommt.

Zusammenfassend stellt allein die quotale Aufteilung der Erträge bei teilweise kapitalgarantierten Produkten keine sachgerechte Qualifizierung der Einkünfte sicher, sondern erst der Durchgriff auf die dahinter stehenden Finanzgeschäfte der Emittenten gewährleistet eine im Sinne einer wirtschaftlichen

Betrachtungsweise sachgerechte Einordnung. Nimmt man eine Aufteilung zwischen kapital- und nicht kapitalgarantierten Teil vor, so hat das Finanzinstrument in die dahinterstehenden einzelnen Elemente zerlegt werden.[348] Hinsichtlich der kapitalgarantierten Komponente wird das Kreditinstitut stets in ein sicheres Wertpapier, wie beispielsweise eine Nullcoupon-Anleihe investieren bei dem (beim Ersterwerber) die Bestimmung der Emissionsrendite stets möglich ist. Die Information zu den notwendigen Daten wie Emissionsdatum, -kurs, -zins etc. können im Einzelfall von dem Kreditinstitut erfragt werden. Die Frage, **ob** diese „transparente Sichtweise" im Sinne einer Zerlegung in die Einzelkomponenten ein zielführender Lösungsansatz der Besteuerung von Zertifikaten ist, soll an dieser Stelle nur aufgeworfen werden und wird im Abschnitt F eingehend geprüft.

Außerdem ist anzumerken, dass der Ansatz einer quotalen Aufteilung des Ertrags hinsichtlich kapital- und nicht kapitalgarantierten Teils bei lediglich wirtschaftlicher oder De-facto-Garantie problematisch ist. Bei einer wirtschaftlichen bzw. faktischen Kapitalgarantie besteht keine konkrete Bezifferung der Kapitalgarantie und eine Schätzung diesbezüglich ist schwer möglich. Eine sachgerechte Besteuerung könnte durch das Abstellen auf das Überwiegen der Einkünfte erreicht werden. Überwiegen die Kapitaleinkünfte, so wäre es sachgerecht, die gesamte Wertsteigerung des Zertifikats dieser Einkunftsart zuzuordnen. Bei einer gegebenen De-facto- bzw. wirtschaftlichen Garantie wird man regelmäßig eine mehr als 50%ige bis nahezu vollständige Kapitalgarantie am Ende der Laufzeit des Zertifikats annehmen können. Dieses wird insbesondere an dem unten dargelegten Beispiel der REX-P-Zertifikate[349] deutlich.

4. Private Veräußerungsgeschäfte i. S. d. §§ 22 Nr. 2, 23 EStG

Sofern die Zertifikate nicht als Finanzinnovation, d. h. die Voraussetzungen des § 20 Abs. 1 Nr. 7 S. 1 i.V.m. § 20 Abs. 2 S. 1 Nr. 4 lit. c Alt. 2 EStG zu qualifizieren sind, ist allenfalls eine Besteuerung nach den Vorschriften über Spekulationsgeschäfte möglich. Es kommt eine Besteuerung als Veräußerungsgeschäft nach § 23 Abs. 1 Satz 1 Nr. 2 EStG oder eine Besteuerung als Termingeschäft gemäß § 23 Abs. 1 Satz 1 Nr. 4 EStG in Betracht.

a. Besteuerung als Veräußerungsgeschäft gemäß § 23 Abs. 1 S. 1 Nr. 2 EStG

Die Veräußerung eines Zertifikats ist nach § 23 Abs. 1 S. 1 Nr. 2 EStG steuerbar, wenn der Zeitraum zwischen der Anschaffung des Zertifikats und

---

[348] Vgl. *Haisch/Oberhofer* DStR 2008, S. 1179; dazu auch *Geurts*, DStZ 2008, 177 ff.
[349] Siehe Abschnitt C.IV.2.

seiner Veräußerung nicht mehr als ein Jahr beträgt. Fraglich ist, ob die Einlösung eines Zertifikats eine Veräußerung i. S. d. § 23 Abs. 1 Satz 1 Nr. 2 EStG darstellt. Der BFH versteht unter dem Begriff der Veräußerung jede Verfügung über ein Wirtschaftsgut, das Ergebnis eines schuldrechtlichen Geschäfts ist.[350] Der BFH sieht nach den EUREX-Optionen-Urteilen die Übertragung des Wirtschaftsguts auf einen Dritten nicht mehr als konstitutives Merkmal einer Veräußerung an.[351] Dabei hat der BFH in den Urteilen zu EUREX-Optionen insbesondere hervorgehoben, dass die Glattstellung bei EUREX-Optionen die einzige Verwertungsmöglichkeit und daher einer Veräußerung i. S. d. § 23 Abs. 1 Nr. 2 EStG gleichzustellen sei.[352] Gegen eine Einstufung einer „Einlösung" als „Veräußerung" spricht, dass die „Einlösung" nicht neben der „Veräußerung" in § 23 Abs. 1 S. 1 Nr. 2 EStG genannt ist. In § 20 Abs. 2 Satz 1 Nr. 4 Satz 4 EStG ist das hingegen der Fall. Hieraus lässt sich erkennen, dass der Gesetzgeber sehr wohl zwischen dem Fall der Einlösung und Veräußerung unterscheidet.[353] Die Struktur des § 23 Abs. 1 EStG macht die Unterscheidung zwischen Veräußerungs- und Beendigungs-, (Einlösungs-) geschäften deutlich.[354] Ferner geht aus der Begründung zum StEntG 1999/2000/2002 hervor, dass die Einlösung von Zertifikaten, die Aktien vertreten, nicht gemäß § 23 Abs. 1 Satz 1 Nr. 2 EStG, sondern nach § 23 Abs. 1 Satz 1 Nr. 4 Satz 2 zu besteuern ist.[355] Die Einlösung von Zertifikaten ist demnach kein Fall der Veräußerung nach § 23 Abs. 1 Satz 1 Nr. 2 EStG.[356]

b. Die Besteuerung als Termingeschäft i. S. d. § 23 Abs. 1 Nr. 4 EStG

Bei der Besteuerung von Termingeschäften ist zwischen § 23 Abs. 1 Nr. 4 Satz 1 EStG und § 23 Abs. 1 Satz 1 Nr. 4 Satz 2 EStG zu unterscheiden.

aa. Zertifikate als Termingeschäfte nach § 23 Abs. 1 S. 1 Nr. 4 Satz 1 EStG

Nach § 23 Abs. 1 S. 1 Nr. 4 S. 1 EStG sind Termingeschäfte zu besteuern, wenn der Privatanleger einen Differenzausgleich oder einen durch den Wert einer veränderlichen Bezugsgröße bestimmten Geldbetrag oder Vorteil erlangt, sofern der Zeitraum zwischen Erwerb und Beendigung des Rechts auf einen

---

[350] BFH v. 29.6.2004 IX R 26/03, DStRE 2004, 1068; BFH v. 24.6.2003, IX R 2/02, BStBl II 2003, 752, DStR 2003, 1523 m. w. N.

[351] BFH v. 29.6.2004 IX R 26/03, DStRE 2004, 1068; BFH v. 24.6.2003, IX R 2/02, BStBl II 2003, 752, DStR 2003, 1523 m. w. N.

[352] BFH v. 29.6.2004 IX R 26/03, DStRE 2004, 1068; FG Münster v. 5.4.2005, 8 K 4710/01 E, DStRE 2005, 1077 m. w. N.

[353] So auch FG Hamburg v. 20.1.2004, III, 362/01, DStRE 2004, 1071, 1073 ff.

[354] *Harenberg* in *Herrmann/Heuer/Raupach*, § 23 Anm. 188, *Weber-Grellet* in *Schmidt*, EStG-Kommentar, § 23 Rn. 29.

[355] BT-Drs. 14/443, S. 29 f.

[356] *Harenberg/Irmer*, Die Besteuerung privater Kapitaleinkünfte, Rn 1057; Haisch/Danz DStR 2005, S. 2112. *Hamacher*, WM 2000, 1721, 1723; *Oho/Remmel*, DB 2002, 1449, 1456; Die Finanzverwaltung teilt diese Ansicht für den vergleichbaren Fall der Rückzahlung von Darlehen, BMF v. 25.10.2004 IV C3 – S 2256 – 238/04, BStBl I 2004, 1034.

Differenzausgleich, Geldbetrag oder Vorteil weniger als ein Jahr beträgt. Eine Definition des Begriffes Termingeschäft findet sich nicht im Gesetz. Jedoch wird in der Gesetzesbegründung[357] auf § 2 Abs. 2 WpHG und § 1 Abs. 11 Satz 4 KWG Bezug genommen, wobei jedoch auch diese Normen keine Legaldefinition enthalten, sondern den Begriff des Termingeschäfts im Rahmen der Definition der Derivate als Oberbegriff zugrunde legen.[358] Nach Verwaltungsauffassung[359] umfasst der Begriff des Termingeschäfts alle als Options- und Festgeschäft ausgestalteten Finanzinstrumente, deren Preis unmittelbar oder mittelbar von den Börsen- oder Marktpreisen von Wertpapieren, Geldmarktinstrumenten, Waren oder Edelmetallen, dem Kurs von Devisen oder Rechnungseinheiten oder von Zinssätzen oder anderen Erträgen abhängt. Diese Definition knüpft an den Begriff der Derivate in § 2 Abs. 2 Nr. 1 WpHG an, deren Zielsetzung insbesondere der Anlegerschutz ist. Der Sinn und Zweck der Norm des § 23 Abs. 1 EStG ist hingegen die Besteuerung der innerhalb der einjährigen Haltefrist realisierten Werterhöhungen im Privatvermögen. Es besteht daher die überwiegende Auffassung, dass der Begriff der Derivate nach dem WpHG nicht für die Definition des Termingeschäfts in § 23 Abs. 1 S. 1 Nr. 4 Satz 1 EStG herangezogen werden kann, da die Umschreibung des BMF auch nicht mit der zivil- und bankrechtlichen Terminologie übereinstimmt.[360] Optionsgeschäfte sind gerade keine Termin-, sondern Kassageschäfte, da bei ihnen Verpflichtungs- und Erfüllungsgeschäft nicht auseinander fallen. Auch der Gesetzgeber folgt augenscheinlich dieser Auffassung, da durch das StEntG 1999/2000/2002 in § 23 Abs. 1 S. 1 Nr. 4 c S. 2 EStG eine Normierung für Optionsscheine, also in Wertpapieren verbriefte Optionsgeschäfte und Zertifikate, als eigener Besteuerungstatbestand aufgenommen wurde.[361] Das Termingeschäft, das nicht von § 23 Abs. 1 S. 1 Nr. 4 Satz 1 EStG erfasst wird, ist vom Kassageschäft (§§ 29, 50 BörsG) abzugrenzen; dabei ist das Unterscheidungsmerkmal der vereinbarte Erfüllungszeitpunkt. Während beim Termingeschäft Verpflichtungs- und Erfüllungsgeschäft begriffsnotwendig zeitlich auseinander fallen, fehlt beim Kassageschäft diese zeitversetzte Erfüllung des schuldrechtlichen Verpflichtungsgeschäfts.[362]

Somit sind Zertifikate grundsätzlich keine Termingeschäfte, weil sie nach den Kassagrundsätzen gehandelt werden.[363]

---

[357] BT-Drs. 14/443, S. 28 f.

[358] *Sorgenfrei*, DStR 1999, 1928, 1939.

[359] BMF-Schreiben vom 27.11.2001, BStBl I 896 Tz. 1.

[360] *Harenberg* in *Herrmann/Heuer/Raupach*, EStG, § 23 Anm 182; *Geurts* in *Bordewin/Brandt*, EStG, § 20 Rn 612 f.; *Hamacher*, WM 2000, 1721, 1722.

[361] *Harenberg* in *Herrmann/Heuer/Raupach*, EStG, § 23 Anm. 182 und 187.

[362] *Harenberg* in *Herrmann/Heuer/Raupach*, EStG, § 23 Anm. 187.

[363] So auch *Harenberg* in *Herrmann/Heuer/Raupach*, EStG, § 23 Anm. 187, *Haisch/Danz*, DStR 2005, 2108, 2113; *Geurts* in *Bordewin/Brandt*, EStG, § 20 Rn. 613; *Hamacher*, WM 2000, 1721.

bb. Zertifikate als mögliche Termingeschäfte i. S. d. § 23 Abs. 1 S. 1 Nr. 4 S. 2 EStG

Nach § 23 Abs. 1 Nr. 4 S. 2 EStG gelten Zertifikate, die Aktien vertreten, als Termingeschäfte. Das Gesetz enthält keine Legaldefinition des Begriffs der „Zertifikate, die Aktien vertreten". Trotz der ausführlichen Verwaltungsanweisung im BMF-Schreiben vom 27.11.2001[364] ist unklar, welche Produkte unter dem Begriff „Zertifikate, die Aktien vertreten" zu subsumieren sind. Partizipationsschein und Discount-Zertifikate, die explizit vom BMF-Schreiben vom 27.11.2001 als Beispiele genannt sind, vertreten gerade keine Aktien.[365] Der Anleger in derartige Produkte hat keinerlei gesellschaftsrechtliche Beteiligung an den Unternehmen, dessen Aktien das „*underlying*" darstellen. Der Inhaber eines Zertifikats nimmt nicht an der Gewinnausschüttung des Unternehmens teil und hat kein Recht zur Teilnahme an den Hauptversammlungen. Nach dem Gesetzeswortlaut lässt sich daher vertreten, dass Zertifikate nicht der Besteuerung aus § 23 Abs. 1 S. 1 Nr. 4 S. 2 EStG unterliegen. Nach der Gesetzesbegründung und nach dem Sinn und Zweck der Norm war es der subjektive Wille des Gesetzgebers, gerade Index-Zertifikate in den Anwendungsbereich des § 23 Abs. 1 Nr. 4 EStG einzubeziehen.[366] Dennoch könnte argumentiert werden, dass der subjektive Wille des Gesetzgebers im Gesetzeswortlaut nicht hinreichend Niederschlag gefunden hat und den Anlegern und steuerlichen Beratern daher geraten sei, innerhalb der Jahresfrist erzielte Gewinne aus der Einlösung (Beendigung) von Index-Zertifikaten (und Discount-Zertifikaten) zu erklären, aber die Steuerbescheide der gerichtlichen Klärung zugänglich zu machen.[367] Nach der Ansicht des BMF[368] sollen Zertifikate, die sich auf Aktien, Aktienkörbe oder Aktienindizes beziehen, von § 23 Abs. 1 Nr. 4 S. 2 EStG erfasst werden, sodass Zertifikate, die sich mit anderen Basiswerten, wie z. B. Währungen oder *commodities,* in Verbindung bringen, insoweit eindeutig nach dem Wortlaut nicht unter § 23 Abs. 1 Nr. 4 S. 2 EStG subsumiert werden können.[369]

---

[364] BMF-Schreiben vom 27.11.2001, BStBl I 986.

[365] Die Terminologie „Zertifikate, die Aktien vertreten" kommt wohl aus § 2 Abs. 1 Nr. 1 WpHG, der jedoch eine andere Bedeutung hat. Nach dem WpHG sind nur dann Wertpapiere umfasst, die Aktien vertreten, wenn sie zumindest mittelbar Beteiligungsrechte an einer börsennotierten Aktiengesellschaft vermitteln. Dies sind z. B. *american depositary receipt* (ADR). Das sind Zertifikate, die von US-Kreditinstituten über die bei ihnen hinterlegten ausländischen Aktien ausgestellt werden. Anstelle der ausländischen Aktien werden diese ADR an den Börsen gehandelt, wodurch zumindest mittelbar der Handel von ausländischen Aktien zulässig wird, die nicht an den amerikanischen Börsen zum Handel zugelassen sind, weil z. B. die Unternehmen keine Zulassung beantragt haben. Der Erwerber dieser Aktienzertifikate ist einem direkten Aktionär vergleichbar, da er u. a. an den Gewinnausschüttungen des ausländischen Unternehmens beteilgt ist. Vgl. dazu näher *Harenberg* in *Herrmann/Heuer/Raupach*, § 23 Anm. 201.

[366] Vgl. BT-Drs. 14/443, S. 60.

[367] So auch *Harenberg*, Besteuerung privater Kapitaleinkünfte, S. 361.

[368] BMF vom 27.11.2001 IV B 3 – S 1301 VAE – 12/01, BStBl I 2001, 986, Tz. 45 ff.

[369] So auch *Hamacher*, WM 2000, 1721, 1724, *Oho/Remmel*, BB 2002, 1455; *Haisch/Danz*, DStR 2005, 2113; *Geurts* in *Bordewin/Brandt*, EStG, § 20 Rn 613; *Delp*, INF 1999, 584, 586.

c. Zusammenfassung

Zusammenfassend kann daher festgehalten werden, dass der Gewinn aus der Veräußerung von Zertifikaten nach § 23 Abs. 1 S.1 Nr. 2 EStG und der Gewinn aus der Einlösung von Zertifikaten, die sich auf Aktien, Aktienkörbe oder Aktienindizes beziehen, innerhalb der einjährigen Haltefrist nach § 23 Abs. 1 S. 1 Nr. 4 S. 2 EStG steuerpflichtig sind.

5. Konkrete Beispiele und deren Würdigung

Die Würdigung der Problematik der deutschen Besteuerung von Zertifikaten soll an den konkreten Beispielen der Analyse der Besteuerung von DAX- und REX-P-Zertifikaten erfolgen.

a. DAX-Zertifikat

DAX-Zertifikate sind Aktienperformance-Index-Zertifikate, bei der die Wertentwicklung eines dem Index zugrunde liegenden Portefeuilles wiedergegeben werden soll. Die historische Zeitreihe des DAX reicht bis zum Jahr 1959 zurück. Als Basis wurde er allerdings am 30.12.1987 auf 1.000 Punkte festgesetzt. Es wird dabei ein Bild ausgewählter Papiere des deutschen Aktienmarktes widergespiegelt und er bildet die Branchenstruktur der deutschen Volkswirtschaft weitgehend nach.[370] Mit 30 ausgesuchten Werten repräsentiert der DAX über 60 % des gesamten Grundkapitals inländischer börsennotierter Aktiengesellschaften; das sind mehr als 75 % des im Streubesitz befindlichen Kapitals und über 80 % des Börsenumsatzes des deutschen Aktienhandels.[371] Die Erträge aus Dividendenzahlungen und Bezugsrechtsgewährungen werden im Index-Portfolio angelegt, somit reinvestiert (sog. Reinvestitionsmechanismus).[372] Am deutschen Aktienmarkt findet grundsätzlich eine jährliche Dividendenzahlung inländischer Unternehmen statt, die oftmals in den Monaten April bis Juli liegt.

---

[370] *Deutsche Börse*, Leitfaden zu den Aktienindizes der Deutschen Börse, S. 7 ff.
[371] *Deutsche Börse*, Leitfaden zu den Aktienindizes der Deutschen Börse, S. 7 ff.
[372] *Deutsche Börse*, Leitfaden zu den Aktienindizes der Deutschen Börse, S. 7 ff.

Folgende Grafik zeigt den DAX-Verlauf der letzten zehn Jahre bis heute:

Abbildung 8: DAX-Index 1997 - 2007 – Quelle: Bloomberg

Betrachtet man den gesamten Zeitraum, so zeigt sich ein insgesamt steigender Verlauf, betrachtet man konkrete kürzere Zeitabschnitte, so wird deutlich, dass der DAX extremen Schwankungen unterliegt. Die Laufzeit von Index-Zertifikaten ist zumeist *open end.*

Aufgrund dieser Volatilität kann eine (teilweise) Gewährung der Kapitalrückzahlung im Sinne einer wirtschaftlichen Gewährung nicht angenommen werden. Das Eintreten eines „Totalverlusts“ ist zwar theoretisch möglich, praktisch aber kaum denkbar (die nur theoretische Möglichkeit des Totalverlusts führt nach h.M. nicht zu einer Gewährung einer Kapitalgarantie). Ein Absinken des DAX auf 0 würde den Zusammenbruch der deutschen Wirtschaft voraussetzen und damit den Börsenwert aller 30 DAX-Unternehmen auf null zur Folge haben. Es besteht beim DAX-Zertifikat weitgehend Einigkeit darüber, dass die Gewährung einer (teilweisen) Kapitalrückzahlung nicht gegeben ist, da aufgrund der bestehenden Volatilität ein Verlust des eingesetzten Kapitals stets vorkommen kann, sodass keine wirtschaftliche bzw. faktische Garantie gegeben ist.

Die Finanzverwaltung hat in dem BMF-Schreiben vom 14.1.1998[373] noch die Auffassung vertreten, dass DAX-Zertifikate die Zusage eines Entgelts enthalten, jedoch bereits in dem Schreiben vom 21.7.1998[374] diese Auffassung

[373] BMF-Schreiben v. 14.1.1998, StEK EStG § 20 Nr. 228; DB 1998, S. 497.
[374] BMF-Schreiben v. 21.7.1998,IV B 4 – S 2252 – 116/98; StEK EStG § 20 Nr. 237.

aufgegeben. Die Finanzverwaltung könnte im BMF-Schreiben vom 14.1.1998 die unausgesprochene Annahme zugrundegelegt haben, dass der Anleger wegen des Reinvestitionsmechanismus mittelbar Erträge erzielt.[375] Jedoch stellen nach zutreffender Ansicht die reinvestierten Dividenden, Bezugsrechte und Freianteil kein zugesagtes oder gewährtes Entgelt für eine Kapitalüberlassung dar, weil sie der Höhe und dem Grunde nach ungewiss sind (abhängig vom Hauptversammlungsbeschluss nach §§ 174 Abs. 1, 182 Abs. 1, 207 Abs. 1 AktG bereits beim direkten Empfänger)[376]. Entscheidender ist jedoch, dass diese Erträge nicht dem Zertifikatsinhaber zugerechnet werden können. Diesem liegt lediglich die Schuldverschreibung, dessen Entwicklung von der Kursentwicklung des DAX abhängt, vor. Das DAX-Zertifikat „vertritt jedoch die Aktien" gerade nicht[377], und der Zertifikatinhaber hat keine Dividendenbezugs- und Stimmrechte.

Die Veräußerung von DAX-Zertifikaten ist damit nur innerhalb der Jahresfrist nach § 23 Abs. 1 S. 1 Nr. 2 EStG zu versteuern. Der Gewinn aus der Einlösung von DAX-Zertifikaten ist nach der Auffassung der Finanzverwaltung innerhalb der Jahresfrist gemäß § 23 Abs. 1 S. 1 Nr. 4 S. 2 EStG zu versteuern. Außerhalb der Jahresfrist sind Einlösungs- und Veräußerungsgewinne steuerfrei und Verluste steuerlich nicht abzugsfähig.

b. REX-P-Zertifikat

Bei dem REX-P-Zertifikat investiert der Anleger in einen Partizipationsschein, durch den er nahezu vollständig an der Entwicklung des zugrunde liegenden Basiswertes, dem Deutschen Rentenindex (sog. REX), partizipiert. Der REX basiert auf 30 synthetischen Anleihen und gibt als objektiver Maßstab die tägliche Markttendenz am deutschen Rentenmarkt wieder. Der REX ist beschränkt auf Bundesschatzanweisungen, Treuhandobligationen, Bundesobligationen, Treuhandanleihen und Bundesanleihen und es werden lediglich Papiere mit einer festen Verzinsung und einer Restlaufzeit von 0,5-10,5 Jahren einbezogen.[378] Durch die Beschränkung auf Staatspapiere ist zum einen sichergestellt, dass alle Papiere eine einheitliche, gute Bonität haben und zum anderen ist durch die tägliche Kurspflege des emittierenden Kreditinstituts garantiert, dass marktgerechte Kurse zur Verfügung stehen.

Durch den REX-Performance-Index (REX-P) wird die Wertentwicklung des deutschen Rentenmarkts aufgezeigt, die aus dem REX abgeleitet ist. Als Basis wurde der Index zum 30.12.1987 auf 100 gesetzt. In den Index sind zwei

---

[375] Vgl. *Haisch/Danz*, FB 2005, S. 820 .
[376] *Haisch/Danz*, FB 2005, S. 820; *Lohr/Kanzler*, DB 1998, S. 2340.
[377] *Harenberg* in *Herrmann/Heuer/Raupach*, § 23 Anm. 201.
[378] Vgl. *Ronig*, Berater Brief -Vermögen 2005, S. 22.

Ertragskomponenten einbezogen[379]:

- Kursveränderungen, die auf Renditeschwankungen und kürzere Laufzeiten zurückzuführen sind sowie
- Zinserträge, die durch fällige Zinsen und deren Wiederanlage entstehen.

Die nachfolgende Grafik zeigt, dass sich der REX-P insbesondere durch die Ansammlung und Wiederanlage der Zinsen seit seinem Bestehen kontinuierlich nach oben entwickelt.

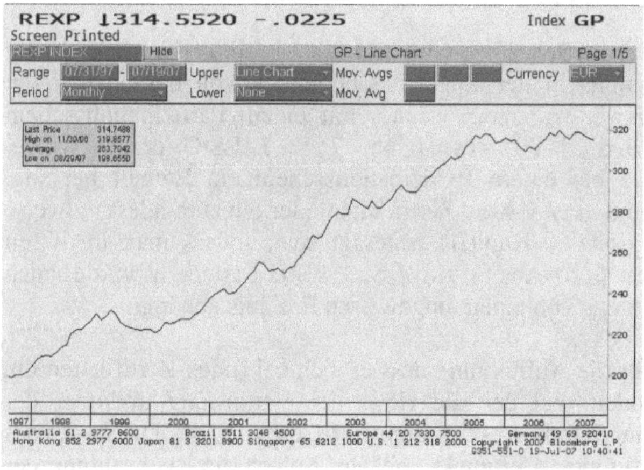

Abbildung 9: REX-P- Index 1997 - 2007 – Quelle: Bloomberg

Wie bei den meisten Zertifikaten fließen dem Anleger keine laufenden Einnahmen wie z. B. Zinsen zu, sondern er partizipiert an der Entwicklung des Index und erhält bei der Einlösung oder Veräußerung des Zertifikats den entsprechenden Index-Wert ausbezahlt. Eine ausdrückliche Rückzahlungsgarantie ist in den Zertifikaten nicht vorgesehen.

Fraglich ist, ob die Rückzahlung des Kapitalvermögens bei einem Investment in ein REX-P-Index-Zertifikat zugesagt oder gewährt ist. Man könnte die Auffassung vertreten, dass aufgrund der besonderen Ausstattung des REX-P-Zertifikats (Staatsanleihen mit Wiederanlage der Zinsen) eine Rückzahlung des Kapitals sicher ist und damit die Gewährung i. S. v. § 20 Abs. 1 Nr. 7 S. 1 EStG erfüllt wäre. Die Argumentation könnte sein, dass der REX aufgrund von Anleihen ermittelt wird, die grundsätzlich zurückbezahlt werden sollen und

---

[379] *Ronig*, Berater Brief -Vermögen 2005, S. 22.

somit faktisch eine Kapitalgarantie vermittelt wird. Für diese Auslegung könnte auch die historische Entwicklung des REX-P sprechen, der sich seit seinem Bestehen kontinuierlich nach oben entwickelt hat. Insofern legt man m.E. das das Merkmal „Kapitalrückzahlung“ wirtschaftlich aus, da keine formalrechtliche Garantie des Emittenten vorliegt, sondern die Rückzahlungsgarantie vielmehr dadurch angenommen wird, dass ökonomisch eine negative Entwicklung des REX-P auf einen Kapitalverlust hin kaum denkbar erscheint, theoretisch aber möglich ist (was nach h.M. nicht zu der Gewährung einer Kapitalrückzahlung führt). Nach meiner Ansicht führen sämtliche Zertifikate auf Rentenindizes zu Einnahmen nach § 20 Abs. 1 Nr. 7 S.1 EStG.

Die Aussage des BMF[380] im Schreiben vom 27.1.2001 ist, dass die Rückzahlung des hingegebenen Kapitals in der Regel ausschließlich von der ungewissen Entwicklung der Basiswerte abhängt, sodass mit einem Partizipationsschein kein Kapitalertrag i. S. d. § 20 Abs. 1 Nr. 7 S. 1 EStG erzielt werde. Ausnahmsweise könnte bei einem Partizipationsschein ein Entgelt bei sog. Garantie-Zertifikaten und *money-back*-Zertifikaten oder die zumindest teilweise Rückzahlung des eingesetzten Kapitals zugesagt sein, sodass man in diesen Fällen die Erträge nach § 20 Abs. 1 Nr. 7 S. 1 EStG besteuern würde, auch wenn die Höhe des Entgelts von einem ungewissen Ereignis abhängt.

Die OFD Kiel[381] vertritt die Auffassung, dass es sich bei Index-Zertifikaten um eine Anleiheform handelt, bei der die Höhe der Verzinsung und/oder der Kapitalrückzahlung vom Stand eines bestimmten Index, z. B. des DAX oder des REX[382], zu einem bestimmten Zeitpunkt abhängt. Sofern die Rückzahlung des Kapitals ganz oder teilweise garantiert und/oder ein Kapitalertrag sicher ist, liegen Kapitaleinkünfte vor. Somit wird der Rentenindex gleichzeitig mit dem Aktienindex genannt und entsprechend beurteilt.

In den Verfügungen der OFD Düsseldorf[383] und OFD Münster[384] wird auf ertraglose Kapitalanlagen Bezug genommen: Hierbei handelt es sich um Kapitalanlagen, mit denen keine Erträge nach § 20 EStG, sondern ausschließlich Wertsteigerungen im Vermögensstamm erzielt werden sollen. Die hiermit zusammenhängenden Aufwendungen stellen keine Werbungskosten aus Kapitalvermögen dar, ggf. findet § 23 EStG Anwendung. Ertraglose Kapitalanlagen sind insbesondere: Zertifikate aller Art (Index-, Aktien-, Renten-

[380] BMF-Schreiben vom 27.1.2001, BStBl I 2001, S. 986 Stichwort Partizipationsscheine.
[381] Verfügung der OFD Kiel vom 3.7.2003 – S 2252 A – St 231, Stichwort Index-Zertifikate.
[382] Der REX-P-Index wird von der OFD Kiel Verfügung vom 3.7.2003 – S 2252 A – St, Stichwort Index-Zertifikat nicht namentlich genannt, sollte aber konsequenterweise nach Auffassung der OFD-Kiel auch darunter fallen.
[383] OFD Düsseldorf, Verfügung vom 28.10.2004 – S 2210 A – St 212 [D], S 2210 – 10 – St 222 [K].
[384] OFD Münster, Verfügung vom 28.10.2004 – S 2128 – 30 – St 22–33.

Discount-Zertifikate) sofern diese nicht ausnahmsweise die Rückzahlung des Kapitals (teilweise) garantieren.[385] Diese Auffassung vertritt auch ein Teil des Schrifttums[386] u.a. mit den Argumenten, dass auch bei dem REX-P-Zertifikaten ein Totalverlust durch das Absinken des REX-P auf Null nur theoretisch möglich ist (mit der Folge, dass keine Gewährung bzw. Zusage einer Kapitalrückzahlungsgarantie gegeben ist) und insbesondere die Erfahrung mit den massiven Kursverlusten von Argentinienbonds aufgrund der argentinischen Wirtschafts- und Finanzkrise beispielhaft belegen, dass es bei sämtlichen Renten eines bestimmten Staates zu ganz erheblichen Kursverfällen mit entsprechenden Auswirkungen auf den Staatsanleihen-Index kommen kann.[387]

Vergleicht man nun das REX-P-Index-Zertifikat mit anderen Produkten, wie dem oben dargestellten DAX-Zertifikat, so besteht der wesentliche Unterschied darin, dass beispielsweise beim DAX-Zertifikat, wenn man den Verlauf der DAX-Werte der letzten Jahre zugrunde legt, eine größere Volatilität im Vergleich zum REX-P-Index gegeben ist. Dass der DAX – wie auch der REX-P – auf null absinkt, ist wirtschaftlich gesehen kaum denkbar, theoretisch aber möglich. Letztendlich besteht der wesentliche Unterschied des DAX-Zertifikats zum REX-P-Zertifikat auf den fiktiven 10-Jahres-Zeitraum hin betrachtet darin, dass der DAX im Kurs schwankt, jedoch ebenso eine Aufwärtsbewegung zu erkennen ist, während der REX-P sich (bisher) kontinuierlich nach oben entwickelt hat. Auf den REX-P hätte hingegen eine wesentliche Auswirkung, wenn der Staat in wirtschaftliche Schwierigkeiten geraten würde und seine Schulden nicht mehr zurückbezahlen könnte. Die entscheidende Frage ist aber, ob allein aufgrund der historischen Entwicklung des Rentenmarktes eine andere Besteuerungsregelung eintreten kann als bei Aktienindex-Zertifikaten.

c. Würdigung

Das alleinige Abstellen auf eine formalrechtliche Garantie bei der Gewährung einer (teilweisen) Kapitalrückzahlung führt zu widersprüchlichen wirtschaftlichen Ergebnissen, auch wenn diese Ansicht u. U. innerhalb des bestehenden rechtlichen Rahmens zu rechtfertigen sein mag. Unstreitig ist ein Zertifikat auf den DAX-Index nicht als Finanzinnovation, sondern als spekulative Investition zu sehen (vgl. oben C.III.5.a.) mit der Folge, dass Ertragssteigerungen außerhalb der Jahresfrist nach § 23 EStG der nicht steuerbaren Vermögenssphäre zuzuordnen sind. Eine Investition in ein REX-P-Zertifikat aber steuerlich als spekulative Einkunftsart zu behandeln, da auch der REX-P eine gewisse Volatilität hat, widerspricht einer wirtschaftlichen

385 Garantiezertifikate = Einkünfte aus Kapitalvermögen nach § 20 Abs. 2 Satz 1 Nr. 4 EStG, Hinweis auf Rdn. 48 des BMF-Schreibens vom 27.11.2001, BStBl I 2001 S. 986 = DB 2001, 116.

386 *Ronig*, Berater-Brief-Vermögen, S. 22 ff.; *Haisch/Danz*, FB 2005, S. 821.

387 *Haisch/Danz*, FB 2005, S. 821. Zur steuerlichen Behandlung von Argentinienbonds: *Haisch*, DB 2002, S. 1736 ff.; *Haisch*, DStZ 2005, S. 102ff.

Betrachtungsweise. Vielmehr muss man bei der Einordnung im Rahmen der teleologischen Auslegung des Gesetzes[388] wirtschaftlich würdigen, worin das Investment besteht. Die Besteuerung der Erträge aus sonstigen Kapitalforderungen ist nach § 20 Abs. 1 Nr. 7 S. 2 EStG unabhängig davon, wie die Kapitalanlage bezeichnet wird und in welches zivilrechtliche Kleid sie verpackt wird.[389] Ob steuerpflichtige Erträge vorliegen bestimmt sich ausschließlich nach wirtschaftlichen Gesichtspunkten und die Bezeichnung einer Kapitalanlage als Option, Zertifikat etc. sagt nichts darüber aus, ob der erzielte Ertrag zu versteuern ist. Beim REX-P-Zertifikat investiert der Anleger letztendlich in verschiedene Anleihen, die zu einem synthetischen Index zusammengefasst sind. Würde der Steuerpflichtige unmittelbar in die einzelnen Anleihen investieren, so bestünde kein Zweifel, dass die Erträge als Zinseinkünfte zu besteuern sind. Dass allein das „Verpacken der Frucht" in ein Zertifikat, das vollständig die Entwicklung des REX-P nachvollzieht, und die Einlösung bzw. Veräußerung des Zertifikats zur Verneinung eines Kapitalertrags nach §§ 20 Abs. 1 Nr. 7 S. 1, 20 Abs. 2 S. 1 Nr. 4 c) EStG führt, ist eine Differenzierung, deren sachliche Rechtfertigung schwer möglich ist. Bei den bestehenden Besteuerungsnormen und der nur formalrechtlichen Auslegung durch die Finanzverwaltung mangelt es an der Prüfung des wirtschaftlichen Gehalts der Bestandteile einer Investition bzw. der teleologischen Auslegung der Norm im Sinne einer wirtschaftlichen Betrachtungsweise.[390] Ob steuerpflichtige Erträge vorliegen bestimmt sich ausschließlich nach wirtschaftlichen Gesichtspunkten[391]. Die Verwendung eines Index, der die einzelnen Finanzinstrumente lediglich bündelt, soll zu keiner anderen Besteuerung als die isolierte Investition in die einzelnen Finanzprodukte führen.

Die Argumentation und der Vergleich mit dem Ausfallrisiko bei Argentinienbonds verkennt, dass Wertveränderungen aufgrund der Bonität des Emittenten (bei Emission durch argentinisches Kreditinstitut) und Wechselkursveränderungen bei einer Fremdwährungsanleihe (bei Emission durch beispielsweise inländischen Emittenten mit Denominierung in argentinischer Währung) nicht Teil des Nutzungsentgeltes sind, sondern die nicht steuerbare Vermögensphäre betreffen. Dieses hat der BFH in seinen aktuellen Entscheidungen in den Urteilen zur Argentinien-Anleihe[392] und zur

---

[388] *Tipke/Lang*, Steuerrecht, § 1 Rz. 20; insbesondere *Gassner*, Interpretation und Anwendung der Steuergesetze.
[389] *Harenberg/Irmer*, Besteuerung privater Kapitaleinkünfte, Rn 809.
[390] Vgl. ebenso *Herzig*, IStR, 2000, 482. Seine Aussage ist allerdings zu kombinierten Finanzprodukten, der Gedanke sollte jedoch übertragbar sein auf vorliegenden Fall: *„Der Dekompositionsansatz geht davon aus, dass auch zivilrechtlich einheitliche Instrumente für Besteuerungszwecke entsprechend ihrem wirtschaftlichen Gehalt in ihre Bestandteile zu zerlegen sind. Dieser auf den wirtschaftlichen Gehalt abstellende Ansatz findet seine Grundlage in dem berechtigten Anspruch der Steuerneutralität der Finanzierung: Die Verwendung einer Kombination von Finanzinstrumenten soll keine andere Besteuerung erfahren, als die isolierte Verwendung der Instrumente."*.
[391] Vgl. insbesondere zur wirtschaftlichen Betrachtungsweise BVerfG v. 27.12.1991,BStBl II 1991, S. 212 ff.
[392] BFH v. 13.12.2006 – VIII R62/04

Down-Rating-Notes[393] bestätigt.

Nochmals zur Verdeutlichung: Investiert man in ein Zertifikat auf den REX-P, vereinnahmt man nach der dargestellten Auffassung der Finanzverwaltung nach einer einjährigen Haltefrist bei Einlösung oder Veräußerung steuerfreie Einkünfte auf der Vermögenssphäre, bildet der Anleger aber den REX-P durch eine Investition in die gleichen 30 Anleihen mit derselben Gewichtung nach, so stellen die bezogenen Zinscoupons voll steuerpflichtige Zinseinkünfte dar.

Eine aktuelle Verfügung der OFD Rheinland[394] hat diese widersprüchliche Interpretation aufgegriffen und vertritt die Auffassung (der zuzustimmen ist), dass aufgrund der Ausgestaltung der REX-P-Zertifikate sicher ist, dass der Anleger sein Kapital zurückerhält. Dem stehe nach Auffassung der OFD Rheinland auch nicht entgegen, dass REX-P-Zertifikate keine ausdrückliche Kapitalgarantie beinhalten und dass die Finanzverwaltung bei Aktienzertifikaten und Aktien-Index-Zertifikaten ohne Kapitalgarantie den Tatbestand des § 20 EStG als nicht erfüllt ansieht, da Aktien-(Index)-Zertifikate und das REX-P-Zertifikat insofern nicht vergleichbar seien.[395] Die OFD Rheinland wendet damit auf der Tatbestandsebene eine wirtschaftliche Betrachtungsweise bzw. das Prüfungskriterium der „De-facto"-Garantie bzw. der wirtschaftlichen Kapitalgarantie an.

Kurz erwähnt werden soll, dass diese Analyse bei einem Zertifikat, das beispielsweise die Entwicklung eines „Emerging-Market-Bond-Index"[396] widerspiegelt, keine (teilweise) Kapitalgarantie und keine Couponzahlungen enthält, diffizil erscheint. Das Ausfallrisiko der die Anleihen emittierenden Staaten ist wesentlich größer. In diesen Fällen können ein „*backtesting*" oder die Analyse des „*pricings*" des Zertifikats Indizien für die Beantwortung der Frage sein, ob eine wirtschaftliche bzw. De-facto-Garantie vorliegt. Doch auch wenn das „*backtesting*" oder die Analyse des „*pricings*" zu dem Ergebnis kommt, dass keine De-facto Garantie vorliegt, so kann man im Wege einer wirtschaftlichen Betrachtungsweise und einer systemgerechten Auslegung zu der Schlussfolgerung kommen, dass es sich letztendlich auch hierbei um steuerrechtlich nicht beachtliche Wertveränderungen aufgrund der Bonität des Emittenten bzw. Wechselkursveränderungen bei einem in Fremdwährung

---

[393] BFH v. 13.12.2006 – VIII R6/05

[394] OFD Rheinland, Kurzinformation Einkommensteuer Nr. 019/2007 vom 05.03.2007; so im Ergebnis auch *Harenberg/Lüth*, NWB, Fach 3, S. 14829 und 14830 mit Hinweis auf OFD Rheinland. *Harenberg/Lüth* begründen ihre Ansicht lediglich damit, dass das REX-P-Zertifikat wegen der Besonderheit seiner Ausstattung kein spekulatives Produkt sei, das unter § 23 Abs. 1 S. 1 Nr. 4 S. 2 EStG als Termingeschäft einzuordnen ist, denn es vertritt" keine Aktien".

[395] OFD Rheinland, Kurzinformation Einkommensteuer Nr. 019/2007 vom 05.03.2007.

[396] Beispielsweise der J. P. Morgan Emerging Markets Bond Index Global (EMBI Global): "The J. P Morgan Emerging Market Bond Index Global (EMBI Global), which currently covers 27 emerging market countries (…) ". Weitere Details siehe: http://faculty.darden.virginia.edu/liw/emf/embi.pdf.

denominierten Zertifikat handelt. Konsequenterweise führen daher Erträge aus sog. Emerging-Market-Zertifikaten entsprechend der Besteuerung einer Argentinien-Anleihe zu steuerbaren Einkünften nach § 20 Abs. 1 Nr. 7 S. 1 EStG, obwohl der Anleger ein erhöhtes wirtschaftliches Ausfallrisiko trägt.

Hierin wird die Schwachstelle der Besteuerung nach der Quellentheorie besonders deutlich. Diese verkennt aufgrund der Unbeachtlichkeit der Wertveränderungen aufgrund der Bonität des Emittenten oder von Wechselkursveränderungen bei einer Fremdwährungsanleihe wesentliche wirtschaftliche Risiken der heutigen Finanzwelt, so dass die Vereinbarkeit und Verfassungsmäßigkeit der Quellentheorie mit dem Prinzip der Besteuerung nach der Leistungsfähigkeit fraglich ist.

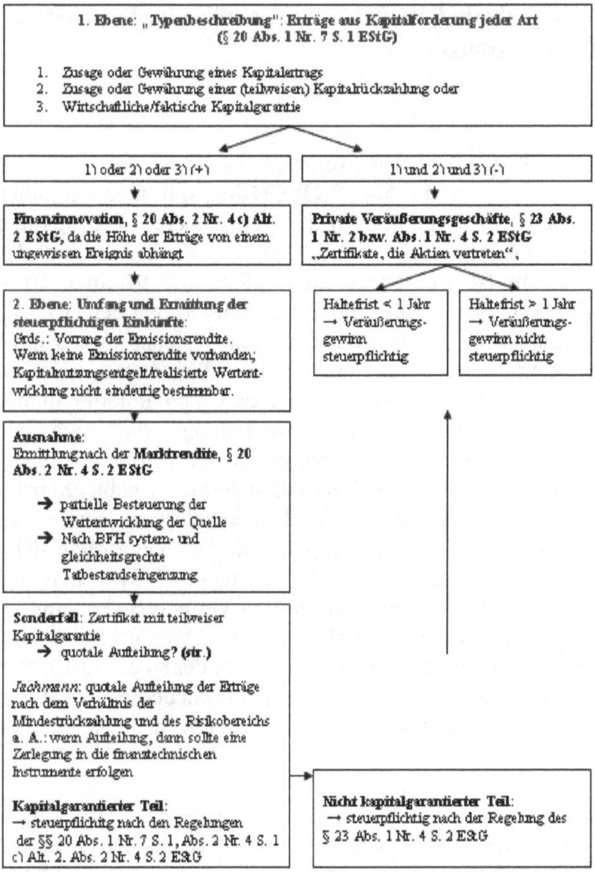

Abbildung 10: Zusammenfassende Skizze der Besteuerung von Zertifikaten

D. Analyse des Zinsbegriffs im OECD-MA hinsichtlich der Besteuerung von Zertifikaten im Privatvermögen

I. Problemstellung

Nach Art. 11 Abs. 1 OECD-MA wird dem Vertragsstaat der Ansässigkeit des Empfängers von Zinsen i. S. d. Art. 11 Abs. 3 OECD-MA ein unbeschränktes Besteuerungsrecht gewährt, soweit die Zinsen aus dem anderen Vertragsstaat (dem Quellenstaat) stammen. Gemäß Art. 11 Abs. 2 OECD-MA hat der Quellenstaat ein beschränktes Besteuerungsrecht in Höhe von maximal 10 % des Bruttobetrages der Zinsen. Somit führt die Schrankenwirkung der DBA zu einer Steuerteilung zwischen dem Wohnsitzstaat, dessen Besteuerungsbefugnis uneingeschränkt aufrechterhalten wird, und dem Quellenstaat, dessen Besteuerung der Höhe nach begrenzt wird. Es handelt sich um die in der internationalen Abkommenspraxis übliche Steuerteilung, die sich als Kompromiss zwischen den gegensätzlichen Interessen der Kapitalgläubiger- und Kapitalschuldnerländer versteht.[397] Das internationale Steuerrecht versucht, die gesamtwirtschaftlich schädliche steuerliche Doppelbelastung durch das Regelungsgefüge der DBA zu eliminieren oder zumindest zu begrenzen; denn internationales Steuerrecht ist weitgehend Verteilungsrecht.[398] Zwischen den Industriestaaten kommt diesem Interessengegensatz nur geringe Bedeutung zu, sodass in deren Doppelbesteuerungsabkommen regelmäßig eine Quellensteuerbefreiung vorgesehen ist.[399] In den Fällen, in denen das DBA eine Quellensteuerbefugnis einräumt, wird die Doppelbesteuerung dadurch vermieden, dass der Wohnsitzstaat des Zinsempfängers die Steuer des Quellenstaates anrechnet.[400]

Die Abkommensübersicht[401] zu Art. 11 Abs. 3 OECD-MA im DBA-Kommentar *Vogel* macht deutlich, dass viele deutsche DBA die Zinsdefinition des OECD-MA unverändert übernommen haben und einige ergänzend auf das nationale Steuerrecht des Quellenstaates verweisen. Insofern ist die Auslegung einer Vielzahl von deutschen DBA an dem Zinsbegriff des OECD-MA und des OECD-MA-Kommentars orientiert.

Bei Erträgen aus Zertifikaten stellt sich die Frage der abkommensrechtlichen Einordnung dieser Erträge. Dabei kommt grundsätzlich eine Subsumtion unter Einkünfte aus Zinsen (Art. 11 Abs. 3 OECD-MA), Dividenden (Art. 13 Abs. 4

---

[397] *Vogel* in *Vogel/Lehner*, DBA-Kommentar, Vor Art. 10-12 Rz 2; *Debatin* in *Debatin/Wassermeyer*, DBA-Kommentar; Systematik IV, Rz 210; *Riegler/Salomon* DB 1990, 2250 ff.

[398] *Birk* in FS für *Ruppe*, S. 54.

[399] *Pöllath* in *Vogel/Lehner*, DBA-Kommentar, Art. 11 Rz 6; *Riegler/Salomon* DB 1990, 2550, 2550; vgl. auch Abkommensübersicht in *Vogel/Lehner*, DBA, Art. 11 Rz 22.

[400] *Pöllath* in *Vogel/Lehner*, DBA-Kommentar, Art. 11 Rz 30.

[401] *Pöllath/Lohbeck* in *Vogel/Lehner*, DBA Kommentar Art. 11. Rz 81.

OECD-MA) oder Veräußerungsgewinnen (Art. 13 Abs. 4 OECD-MA) infrage. Aus der Einordnung resultiert eine entsprechende Zuordnung des Besteuerungsrechts.

II. Definition des Zinsbegriffs im Allgemeinen

1. Definition des Art. 11 Abs. 3 OECD-MA 1963

Art. 11 OECD-MA ist mit dem Begriff „Zinsen“ überschrieben; Abs. 3 lautet:[402]

> *„Der in diesem Artikel verwendete Ausdruck ‚Zinsen’ bedeutet Einkünfte aus öffentlichen Anleihen, aus Schuldverschreibungen, auch wenn sie durch Pfandrechte an Grundstücken gesichert oder mit einer Gewinnbeteiligung ausgestattet sind, und aus Forderungen jeder Art sowie alle anderen Einkünfte, die nach dem Steuerrecht des Staates, aus dem sie stammen, den Einkünften aus Darlehen gleichgestellt sind.“*

Art. 11 Abs. 3 OECD-MA enthält damit keine eigenständige Definition des Begriffs Zinsen, sondern lediglich eine beispielhafte Aufzählung von verschiedenen Arten von Zinseinnahmen sowie einen Verweis auf *„Einkünfte, die nach dem Steuerrecht des Staates, aus dem sie stammen, den Einkünften aus Darlehen gleichgestellt sind.“* Man war der Ansicht, dass eine autonome Definition nicht im Einklang mit dem Recht der verschiedenen Staaten stehe, die den Begriff „Zinsen“ unterschiedlich auslegen.[403] Bei der Bearbeitung des OECD-MA 1977 gelangte man zu der Auffassung, dass „Zinsen“ unter Hinzufügung von beispielhafter Aufzählung generell als „Einkünfte aus Forderung jeder Art“ bezeichnet werden sollten, da durch eine derartige Definition praktisch alle Einkunftsarten erfasst sind, die nach dem innerstaatlichen Recht der verschiedenen Staaten als Zinsen gelten.[404]

2. Definition des Art. 11 Abs. 3 OECD-MA 1977

Art. 11 OECD-MA trägt die Überschrift „Zinsen“ und definiert den Begriff „Zinsen“ in Art. 11 Abs. 3 OECD-MA folgendermaßen:

---

[402] Die englische Fassung des Art. 11 Abs. 3 OECD-MA 1963 lautete:
„The term 'interest' as used in this Article means income from Government securities, bonds or debentures whether or not secured by mortgage and whether or not carrying a right to participate in profits, and debt claims of every kind as well as all other income assimilated to income from money lent by the taxation law of the State in which the income arises."
Die französiche Fassung des Art. 11 Abs. 3 OECD-MA 1963 lautete:
„Le terme 'interests' employé dans le present article désigne les revenues des fonds publics, des obligations d'emprunts, assorties ou non de garanties hypothécaires ou d'une clause de participation aux benefices, et des créances de toute nature, ainsi que tous autres produits assimilés aux revenues de sommes prétées par la legislation fiscale de E'tat d'ou proviennent les revenues."

[403] Kommentar OECD-Steuerausschuss Art. 11 OECD-MA 1963 Rz 25.

[404] Kommentar OECD-Steuerausschuss Art. 11 OECD-MA 1963 Rz 19.

„Der in diesem Artikel verwendete Ausdruck ‚Zinsen' bedeutet Einkünfte aus Forderungen jeder Art, auch wenn die Forderung durch Pfandrechte an Grundstücken gesichert oder mit einer Beteiligung am Gewinn des Schuldners ausgestattet sind, und insbesondere Einkünfte aus öffentlichen Anleihen und aus Obligationen einschließlich der damit verbundenen Aufgelder und der Gewinne aus Losanleihen. Zuschläge für verspätete Zahlung gelten nicht als Zinsen im Sinne dieses Artikels."[405]

Im Kommentar des OECD-Steuerausschusses werden weitere Beispiele gegeben.[406] Damit wurden die in Art. 11 Abs. 3 OECD-MA 1963 angeführten Erträge voll in die Zinsdefinition des Art. 11 Abs. 3 OECD-MA 1977 übernommen.[407] Letztendlich sind daher auch in Art. 11 Abs. 3 OECD-MA 1963 „Einkünfte aus Forderungen jeder Art" erfasst worden, sodass der Forderungsbegriff in beiden Fassungen des OECD-MA in gleicher Weise verstanden werden kann[408] und sich damit eine Differenzierung der Zinsdefinition der jeweiligen Fassungen erübrigt.

Nach der Auffassung der MA-Kommission umfasste die Definition des Art. 11 Abs. 3 OECD-MA 1977 nun „praktisch alle Einkunftsarten, die nach dem innerstaatlichen Recht der verschiedenen Staaten als Zinsen gelten" und ist damit erschöpfend.[409]

3. Einkünfte aus Forderungen jeder Art im abkommensrechtlichen Sinn

Der entscheidende Begriff der Definition der Zinsen in Art. 11 Abs. 3 OECD-MA ist damit der Begriff der „Forderung", da der Zinsbegriff mit den Worten „Einkünfte aus Forderungen jeder Art" definiert wird. Der Begriff der „Forderung" wird aber weder im OECD-MA noch im Kommentar des OECD-Steuerausschusses zum MA definiert.[410]

---

[405] Die englische Fassung des Art. 11 Abs. 3 OECD-MA 1977 lautet:
„The term 'interest' as used in this Article means income from debt-claims of every kind, whether or not secured by mortgage and whether or not carrying a right to participate in the debtor's profits, and in particular, income from government securities and income from bonds or debentures, including premiums and prizes attaching to such securities, bonds or debentures. Penalty charges for late payment shall not be regarded as interest for the purpose of this Article."
Die französiche Fassung des Art. 11 Abs. 3 OECD-MA 1977 lautet:
„Le terme 'intèrests' employé dans le present article désigne les revenues des créances de toute nature, assorties ou non de garanties hypothécaires ou dune clause de participation aux benefices du débiteur, et notamment les revenus des fonds publics et des obligations d'emprunts, y compris les primes et lots attachés à ces titres. Les penalisations pour paiement Tardif ne sont pas considérées comme des interest au sens du present article."

[406] Kommentar OECD-Steuerausschuss 1977, Art. 11 Rz 18 ff.

[407] *Pöllath* in *Vogel/Lehner* , DBA-Kommentar, Art. 11 Rz 59.

[408] *Lang*, Hybride Finanzierungen im Internationalen Steuerrecht, Ziffer 3.4.2.

[409] Kommentar OECD-MA, Art. 11 Rz 21.

[410] *Lang*, Hybride Finanzierungen im Internationalen Steuerrecht, Ziffer 3.4.3.; *Wassermeyer* in *Debatin/Wassermeyer*, DBA-Kommentar, Art. 11 MA Rz 79.

Art. 11 Abs. 3 OECD-MA spricht von „Forderungen jeder Art“, sodass von einem weiten Begriffsverständnis einer Forderung auszugehen ist. Eine Annäherung an die Beantwortung der Frage, was unter „Forderungen jeder Art“ zu verstehen ist, stellt die Abgrenzung des Art. 11 Abs. 3 OECD-MA gegenüber anderen Einkunftsarten dar.

a. Abgrenzung gegenüber anderen Einkunftsarten

Im Gegensatz zur deutschen innerstaatlichen Rechtsvorstellung, in der „die Einkünfte aus Kapitalvermögen“ gegenüber anderen Einkunftsarten subsidiär sind[411], gilt Art. 11 OECD-MA bei abkommensrechtlicher Auslegung als eine Spezialvorschrift, die im Grundsatz Vorrang vor anderen Vorschriften des MA hat.[412] Den Schwerpunkt der vorliegenden Abhandlung bilden die Definition des Zinsbegriffs und die entsprechende Einordnung von Zertifikaten, jedoch kann die Einordnung nicht sinnvoll vorgenommen werden, ohne zumindest in Grundzügen auf die Abgrenzung zu anderen Vorschriften Stellung zu nehmen und deren Auswirkung auf die Einordnung darzustellen.

In Art. 11 Nr. 19 OECD-MK wird der Begriff der Forderung gegenüber Beteiligungen abgegrenzt, d. h. wenn der Forderungsinhaber ein Unternehmerrisiko trägt, welches nicht nur auf die Vergütung des überlassenen Kapitals beschränkt ist, so ist keine Forderung i. S. v. Art. 11 Abs. 3 OECD-MA gegeben.[413] Während durch eine Beteiligung i. S. d. **Art. 10 OECD-MA** eine Chance zur Teilhabe an der Vermögenssubstanz und an deren Wertsteigerung vermittelt wird, besteht das allgemeine Gläubigerrisiko in dem Risiko des Verlusts von hingegebenem Vermögen.[414] Als „Forderung jeder Art“ kann nur eine Forderung, die auf die Rückzahlung von überlassenem Kapital gerichtet ist, verstanden werden.[415] Im Rahmen einer nichtunternehmerischen Kapitalüberlassung ist das Merkmal der Rückzahlbarkeit des Kapitals ein Band für die fortbestehende Verfügungsmacht des Kapitalinhabers.[416] Eine Kapitalüberlassung mit dem Verständnis, dass das Kapital endgültig abgeflossen ist, stellt zu keinem Zeitpunkt eine Forderung im Sinne von Art. 11 Abs. 3 OECD-MA dar.[417] Dementsprechend sind „Zinsen“ i. S. d. Art. 11 OECD-MA aufgrund einer Kapitalüberlassung mit Rückzahlungsanspruch erzielte Entgelte.

Im Grundsatz bilden die Einkünfte aus Gesellschaftsanteilen Dividenden i. S. v. Art. 10 Abs. 3 OECD-MA und die aus Forderungen Zinsen i. S. d. Art. 11 Abs.

---

411 § 20 Abs. 3 EStG.
412 *Wassermeyer* in *Debatin/Wassermeyer*, DBA-Kommentar, Art. 11. MA Rz 9.
413 Kommentar OECD-Steuerausschuss, zum MA Art. 11. Rz 19.
414 Kommentar OECD-Steuerausschuss zum MA Art. 11 Rz 19.
415 *Lang*, Hybride Finanzierungen im Internationalen Steuerrecht, Ziffer 3.4.2.
416 *Woywode*, Derivative Finanzinstrumente im Recht der DBA, S. 93.
417 *Woywode*, Derivative Finanzinstrumente im Recht der DBA, S. 93.

3 OECD-MA[418], sodass letztendlich zu prüfen ist, ob die zwischen Gläubiger und Schuldner bestehende Rechtsbeziehung gesellschaftsrechtlicher oder schuldrechtlicher Art ist. Allerdings wird diese Unterscheidung bereits bei Einkünften aus Genussrechten verwässert, da diese den Dividenden gleichgestellt werden, wenn damit das Recht auf Beteiligung am Gewinn und am Liquidationserlös einer Kapitalgesellschaft verbunden ist; ebenso verhält es sich mit Einkünften aus einer sog. atypischen stillen Gesellschaft.[419] Hingegen werden die typische stille Gesellschaft und das partiarische Darlehen in § 20 Abs. 1 Nr. 4 EStG als Sonderformen der Erzielung von Einkünften aus Kapitalvermögen gesehen, die allerdings den Zinsen (§ 20 Abs. 1 Nr. 7 S. 1 EStG) näher als den Dividenden (§ 20 Abs. 1 Nr. 1 EStG) stehen.[420] Die Erträge aus einem partiarischen Darlehen und aus der Beteiligung als stiller Gesellschafter sind mit der Kapitalertragsteuer nach § 43 Abs.1 Nr. 3 EStG belastet, wenn der Schuldner im Inland ansässig ist.[421] Somit werden diese Einkünfte gemäß § 43 Abs. 1 Nr. 3 EStG wie Dividenden behandelt. Deshalb hat Deutschland den abkommensrechtlichen Dividendenbegriff in vielen DBA ausgedehnt und versteht darunter auch Vergütungen aus stillen Gesellschaften, aus partiarischen Darlehen, aus Gewinnobligationen und Wandelanleihen.[422] Nochmals zusammenfassend: Erträge aus partiarischen Darlehen und einer echten bzw. typischen stillen Gesellschaft fallen unter den Zinsbegriff des Art. 11 Abs. 3 OECD-MA, nicht aber Erträge aus unechten bzw. atypischen stillen Gesellschaften, bei denen dem Gläubiger die Stellung eines Mitunternehmers zukommt.

Wassermeyer[423] folgert daraus, dass es im Ergebnis nicht nur zu einer Ausweitung des abkommensrechtlichen Dividendenbegriffs bzw. zu einer Aushöhlung des entsprechenden Zinsbegriffs komme, sondern auch zu einem Vorrang des Dividendenbegriffs vor dem Zinsbegriff. Im Ergebnis ist unter dem Ausdruck „Zinsen" i. S. d. Art. 11 Abs. 3 DBA-MA nichts zu subsumieren, was nicht schon unter den Ausdruck „Dividenden" i. S. d. Art. 10 Abs. 3 DBA-MA fällt.

Hinsichtlich der unternehmerischen Kapitalüberlassung ist Art. 11 Abs. 3 OECD-MA ferner von **Art. 7 OECD-MA** abzugrenzen. Art. 7 MA-OECD ist dann einschlägig, wenn die mit einem Unternehmensrisiko behaftete Kapitalüberlassung an Einzelunternehmen oder Gesellschaften ohne Steuersubjekteigenschaft erfolgt. Hingegen sind Fälle einer

---

418 BFH v. 09.12.1981 I R 179/77 BStBl II 1982, 242.
419 *Wassermeyer* in *Debatin/Wassermeyer*, DBA-Kommentar, MA Art. 11 Rz. 10.
420 *Wassermeyer* in *Debatin/Wassermeyer*, DBA-Kommentar, MA Art. 11 Rz. 10.
421 BFH vom 25.03.1992 I R 41/91, BStBl II 1992, 889.
422 Eine Übersicht findet sich von *Riegler/Salomon* DB 1991, 2206.
423 *Wassermeyer* in *Debatin/Wassermeyer*, DBA-Kommentar, Art. 11 Rz 10 OECD-MA.

unternehmensbehafteten Kapitalüberlassung an eine Gesellschaft mit Steuersubjekteigenschaft unter Art. 10 OECD-MA zu subsumieren.[424]

Die Unterscheidung der unternehmensrisikobehafteten von der nicht unternehmensrisikobehafteten Kapitalüberlassung lässt eine Systematik und ein Zusammenspiel in dem Anwendungsbereich der Art. 7, Art. 10 und Art. 11 OECD-MA erkennen.

b. Autonome Abkommensauslegung des Zinsbegriffs oder Rückgriff auf das innerstaatliche Recht des Anwenderstaates

Die Antwort auf die Frage, ob der Forderungsbegriff des Art. 11 Abs. 3 OECD-MA rein zivilrechtlich zu verstehen ist oder eine wirtschaftliche Prägung erfährt oder ob die Bedeutung des Begriffs dem nationalen Recht der Vertragsstaaten entnommen werden sollte, ist umstritten. Eine Ansicht[425] bejaht die wirtschaftliche Prägung und autonome Auslegung des Forderungsbegriffs mit der Folge, dass der Bestand der zivilrechtlichen Forderung nur dann von Bedeutung sei, wenn die zivilrechtliche Gestaltung dem Nutzungsberechtigten jedenfalls die wirtschaftliche Verfügung über das überlassene Kapital erlaube.[426] Danach könne es auch zivilrechtliche Forderungen geben, die dem Nutzungsberechtigten der Zinsen die Verfügungsmacht über das Kapital in einem Maße entziehen, dass nicht mehr von der Existenz einer abkommensrechtlichen Forderung gesprochen werden könne.[427] Es wird letztendlich darauf abgestellt, wem das Kapital zugerechnet wird. Hat der Kapitalgeber seine Verfügungsmacht über das Kapital verloren, so sei das Kapital wohl dem Kapitalnehmer zuzurechnen und das Vorliegen einer „Forderung" müsse verneint werden.[428]

Demgegenüber wird die Ansicht[429] vertreten, dass die Frage einer zivilrechtlichen oder wirtschaftlichen Prägung des abkommensrechtlichen Forderungsbegriffs nicht aus dem Abkommenszusammenhang heraus zu beantworten sei, sondern vielmehr ein Rückgriff auf das innerstaatliche Recht des Anwenderstaates (Art. 3 Abs. 2 OECD-MA) zu erfolgen habe.

Nach Auffassung des OECD-Steuerausschusses umfasst die Definition des Zinsbegriffs „praktisch alle Einkunftsarten, die nach dem innerstaatlichen Recht

---

[424] Art. 3 Abs 1 Buchstabe b OECD-MA mit Definition von „Unternehmen".
[425] *Lang*, Hybride Finanzierungen im Internationalen Steuerrecht, Ziffer 3.4.3.; *Jacobs/Haun*, Intertax 1995, 415.
[426] *Lang*, Hybride Finanzierungen im Internationalen Steuerrecht, Ziffer 3.4.3.
[427] *Lang*, Hybride Finanzierungen im Internationalen Steuerrecht, Ziffer 3.4.3.
[428] *Lang*, Hybride Finanzierungen im Internationalen Steuerrecht, Ziffer 3.4.3. Nach *Lang* handelt es sich letztendlich um eine Frage der Zurechnung des Kapitals. Die Kriterien, nach denen sich die Zurechnung richtet, sollen nach den allgemeinen abkommensrechtlichen Zurechnungsgrundsätzen entschieden werden müssen.
[429] *Pross,* Swap, Zins und Derivat, S. 175.

der verschiedenen Staaten als Zinsen gelten“[430]. Jedoch ist der Zinsbegriff seit der Revision des OECD-MA aus dem Jahre 1977 abkommensautonom ohne Inbezugnahme innerstaatlichen Rechts definiert worden, sodass die vorgenannte Kommentarstelle, die ebenso aus der Revision des Jahres 1977 stammt, nur als eine Art Bestandsaufnahme und nicht als ein Verweis auf das innerstaatliche Recht gewertet werden kann und hieraus letztendlich keine Erkenntnis für die Auslegung des Forderungsbegriffs zu entnehmen ist.[431]

In Tz. 21.1 des OECD-MA-Kommentars findet sich die Aussage, dass die Zinsdefinition des Art. 11 Abs. 3 Satz 1 in der Regel nicht für Zahlungen gelte, die aufgrund gewisser nicht traditioneller Finanzinstrumente geleistet werden, wenn eine zugrunde liegende Schuld fehlt (z. B. Zinsswaps). Die Definition sei aber insofern erfüllt, soweit nach Regelungen, die den wirtschaftlichen Gehalt über die formale Gestaltung stellen („*Substance-over-form*“-Regelungen), dem Verbot des Missbrauchs von Gestaltungsmöglichkeiten oder ähnlichen Grundsätzen das Bestehen eines Darlehens angenommen wird.[432] Insbesondere der letzte Satz kann von beiden Ansichten zur Argumentation herangezogen werden: Zum einen kann hieraus die wirtschaftliche Prägung des abkommensrechtlichen Forderungsbegriffs wegen der *„substance-over-form“*-Ansatzes hergeleitet werden, zum anderen kann aber auch der Rückgriff auf innerstaatliches Recht verstanden werden, da eine Konkretisierung stets im innerstaatlichen Recht erfolgt.

Lang folgert aus den Formulierungen des Art. 11 Abs. 5 und Art. 11 Abs. 6 OECD-MA, dass der Forderungsbegriff nicht nur an einer zivilrechtlichen Sichtweise festzumachen wäre. Tz. 21.1 des Kommentars des OECD-Steuerausschusses zu Art. 11 OECD-MA sei damit als Klarstellung der wirtschaftlichen Prägung des abkommensrechtlichen Forderungsbegriffs zu sehen, denn das Verständnis, dass nicht nur eine rein an zivilrechtlichen Kriterien orientierte Sachverhaltswürdigung vorzunehmen sei, könne dann auch mittelbar aus dem Abkommen selbst gewonnen werden, sodass die 1995 eingefügte Kommentierung überflüssig wäre.[433] Dieses Argument allein überzeugt nicht, da Tz. 21.1. des Kommentars des OECD-Steuerausschusses zu Art. 11 OECD-MA auch eine klarstellende Bedeutung zukommen kann und dieser nicht sogleich als überflüssige Kommentierung gesehen werden muss. Weiter folgert *Lang* aus Art. 11 Abs. 5 und Art. 11 Abs. 6 OECD-MA, dass weder der Schuldner noch der Nutzungsberechtigte unbedingt Zivilrechtsfähigkeit besitzen müssen, sodass es abkommensrechtlich nicht

---

[430] Kommentar OECD-MA, Art. 11 Tz 21.
[431] So auch *Woywode*, Derivative Finanzinstrumente im Recht der Doppelbesteuerung, S. 93.
[432] Art. 11 Zi 21.1. OECD-MA-Musterkommentar, eingefügt am 21. September 1995.
[433] *Lang*, Hybride Finanzierungen im Internationalen Steuerrecht, Ziffer 3.4.3.

notwendig sei, dass eine zivilrechtliche Forderung zugrunde liege.[434] *Pross* stellt klar, dass der Auffassung *Langs* keinesfalls zwingend zu folgen sei: Er ziehe die unzulässige Folgerung, dass aufgrund der Tatsache, dass eine „ansässige Person" nicht notwendig die Zivilrechtsfähigkeit besitzen müsse, dies auch automatisch für die Person des „Schuldners" gelte.[435]

Letztendlich ist es nur praktikabel, die Bedeutung des Begriffs der Kapitalforderung nach nationalen Recht gemäß Art. 3 Abs. 2 OECD-MA festzustellen, zumal es an entsprechenden abkommensrechtlichen Regelungen für „*Debt*"-Instrumente mangelt und keine anderweitigen Lösungsansätze auf abkommensrechtlicher Ebene, die zu Rechtsklarheit und -sicherheit führen, erkennbar sind.[436] Ferner kann aus logischen Gründen erst nach der Auslegung nach nationalem Recht festgestellt werden, ob der Abkommenszusammenhang eventuell eine andere Interpretation erfordert.[437]

Eine weitere Ansicht[438] interpretiert die Formulierung des Art. 11 Abs. 1 OECD-MA dahingehend, dass Zinsen i. S. d. Art. 11 Abs. 3 OECD-MA formal i. S. v. „offen" zu zahlen sind. Dem ist nicht zuzustimmen, da es andernfalls in dem Belieben jedes Steuerpflichtigen stünde, die Anwendung des Art. 11 gezielt herbeizuführen oder abzuwenden.[439] Zudem steht diese Auffassung im Widerspruch zu der Tz. 21.1 des Kommentars des Steuerausschusses zu Art. 11 Abs. 3 OECD-MA, nach dem die formalen Gesichtspunkte im Rahmen des abkommensrechtlichen Zinsbegriffs in den Hintergrund treten. Diese Meinung findet daher weder im Abkommen noch im OECD-MA-Kommentar eine Stütze.

Übereinstimmung besteht in allen Auffassungen, dass der abkommensrechtlich vorgegebene Rahmen stets zu beachten ist, der in jedem Fall eine (rückzahlbare) Kapitalüberlassung zur Voraussetzung hat. Zins ist damit abkommensrechtlich das, was aus einer Forderung über die Erfüllung hinaus erworben wird.[440]

III. Abkommensrechtliche Behandlung von Zertifikaten

Würde der ein Zertifikat Erwerbende in den zugrunde liegenden Basiswert unmittelbar investieren, mit anderen Worten, würde man eine transparente Sicht anlegen, müsste man prüfen, ob steuerrechtlich Erträge aus Zinsen, Dividenden

---

[434] *Lang*, Hybride Finanzierungen im Internationalen Steuerrecht, Ziffer 3.4.3.
[435] Vgl. im Detail *Pross*, Swap, Zins und Derivat, S. 175.
[436] So auch *Woywode*, Derivative Finanzinstrumente im Recht der DBA, S. 95; *Vogel* in *Vogel/Lehner*, DBA, Art. 3 Rz. 70; a.A. *Lang*, Hybride Finanzierungen im Interantionalen Steuerrecht, Ziffer 3.4.3.
[437] *Vogel* in *Vogel/Lehner*, DBA, Art. 3 Rz 70.
[438] *Pöllath* in *Vogel/Lehner*, DBA Art. 11 Rz 67.
[439] So auch *Woywode*, Derivative Finanzinstrumente im Recht der DBA, S. 95.
[440] Kommentar des OECD-Steuerausschusses, Art. 11 Ziffer. 20 „*... pays over and above the amount paid by the subscriber ...*".

oder Veräußerungsgewinnen vorliegen. Die Erträge könnten je nach der Ausgestaltung der Investition grundsätzlich der Zurechnungsnorm des Art. 10 OECD-MA (Dividenden), des Art. 11 OECD-MA (Zinsen) oder des Art. 13 OECD-MA (Veräußerungsgewinne) zugeordnet werden. Im OECD-MA finden sich keine Anhaltspunkte dafür, dass eine Investition in ein Zertifikat als transparent beurteilt wird und in die synthetischen Einzelbestandteile bei der steuerlichen Beurteilung zu zerlegen ist. Vielmehr erkennt der Kommentar des OECD-Steuerausschusses in Tz. 21.1 nicht traditionelle, sog. derivative Finanzinstrumente als ein einheitliches Wirtschaftsgut an; es ergeben sich keine Anhaltspunkte für eine transparente Betrachtungsweise.

Grundsätzlich ist im Hinblick auf die Beurteilung derivativer Finanzinstrumente (Index-Anleihen, Zinsswaps, Optionen etc.) zu beachten, dass eine der Investition tatsächlich zugrunde liegende Schuld Voraussetzung für die Subsumtion unter den abkommensrechtlichen Forderungsbegriff ist. Wird eine Investition in ein nicht traditionelles Finanzinstrument getätigt und fehlt dabei eine zugrunde liegende Schuld, unterliegt diese Zahlung nicht dem Zinsbegriff.[441] Erfasst wird vielmehr nur die Nutzungsüberlassung für hingegebenes Kapital. Bei der Einlösung eines Zertifikats ist streng zwischen Zins bzw. Ertrag und Kapitalrückzahlung zu unterscheiden.

Die Behandlung von Zertifikaten auf der Abkommensebene reduziert sich im Hinblick auf vorausgehende Abhandlungen der Besteuerung von Zertifikaten auf deutscher nationaler Ebene[442] insbesondere auf folgende zwei Fragen:

- Stellt das OECD-MA auf das Vorhandensein einer (teilweisen) Kapitalgarantie bei der Einordnung von Zertifikaten in die entsprechenden Zuordnungsnormen ab?
- Entspricht das Verständnis, dass die Zusage oder Gewährung eines Entgelts für die Überlassung des Kapitalvermögens zur Nutzung unabhängig von der Rückzahlung des Kapitals gemäß § 20 Abs. 1 Nr. 7 S. 1 EStG ausreicht, dem Zinsbegriff des Art. 11 Abs. 3 OECD-MA?

Weder aus dem Musterabkommen selbst noch aus dem OECD-Kommentar ergibt sich ein unmittelbares Abstellen auf eine „Kapitalgarantie“ des hingegebenen Kapitals hinsichtlich der Einordnung als Zinsen nach Art. 11 Abs. 3 OECD-MA. Vielmehr werden die Einkünfte aus einer Beteiligung an einer echten stillen Gesellschaft grundsätzlich als Zinsen i. S. d. OECD-MA

---

441 OECD-MA-Musterkommentar Art. 11 Rz 21.1; *Pöllath* in *Vogel/Lehner*, DBA-Kommentar, Art. 11 Rz 56; *Wassermeyer* in *Debatin/Wassermeyer*, DBA-Kommentar, Art. 11 Rz 99 OECD-MA.

442 Vgl. C.III.

qualifiziert, obwohl regelmäßig nur bei einer gesonderten Vereinbarung einer Rückzahlungsgarantie diese bezüglich des eingesetzten Kapitals auch tatsächlich besteht. Jedoch stellt das Merkmal der „Rückzahlbarkeit des Kapitals" ein Band für eine fortbestehende Verfügungsmacht des Kapitalinhabers dar und muss gegeben sein, sodass von einer Forderung i. S. d. Art. 11 Abs. 3 OECD-MA gesprochen werden kann. Relevant ist nicht der Bestand einer zivilrechtlichen Forderung, vielmehr ist wesentlich, dass die zivilrechtliche Gestaltung dem Nutzungsberechtigten die wirtschaftliche Verfügung über das entgeltlich überlassene Kapital erlaubt.[443]

Die Bedeutung des Begriffs der Kapitalforderung in abkommensrechtlicher Hinsicht kann letztendlich, wie oben dargestellt, erschöpfend und praktikabel nur durch Rückgriff auf nationales Recht gemäß Art. 3 Abs. 2 OECD-MA geklärt werden. Nach deutschem nationalem Recht wird auf die „Gewährung oder Zusage der Kapitalrückzahlung oder die Gewährung oder Zusage eines Entgeltes für die Überlassung des Kapitalvermögens zur Nutzung" abgestellt. Auf diese Normierung des § 20 Abs. 1 Nr. 7 S. 1 EStG ist zurückzugreifen. Fraglich ist, ob der Abkommenszusammenhang eine andere Interpretation erfordert. Dabei kommen insbesondere die oben aufgeworfenen Fragen ins Visier: Entspricht die Zusage oder Gewährung einer **teilweisen** Kapitalrückzahlungsgarantie dem Abkommensverständnis und ist die Zusage oder Gewährung eines **Entgelts** für die Überlassung des Kapitalvermögens zur Nutzung dem abkommensrechtlichen Rahmen des Zinsbegriff des Art. 11 Abs. 3 OECD-MA entsprechend? Wie bereits dargestellt, besteht Übereinstimmung, dass der abkommensrechtlich vorgegebene Rahmen stets zu beachten sei, der in jedem Fall eine rückzahlbare Kapitalüberlassung zur Voraussetzung hat, sodass Zinseinkunft das ist, was aus einer Forderung über die Erfüllung hinaus erworben wird.[444] Die deutsche nationale Normierung, dass auch Entgelt für die Überlassung des Kapitals unabhängig von der Rückzahlung des Kapitals bzw. nur eine teilweise Kapitalrückzahlung ausreichend ist, sodass die Erträge als Kapitalerträge nach § 20 Abs. 1 Nr. 7 EStG eingeordnet werden[445], ist nach der abkommensrechtlichen Auslegung zweifelhaft, da nach allen Auffassungen übereinstimmend der vorgegebene Rahmen der (rückzahlbaren) Kapitalüberlassung erfüllt sein muss, so dass nur das Zins ist, was über die Forderung hinaus erworben wird. Die deutsche weitgehende Normierung entspricht nicht dem abkommensrechtlichen Zinsverständnis. Es ist jedoch fraglich, ob die moderne Finanzwelt diese „klassische" Trennung von Kapitalüberlassung und Kapitalnutzung überhaupt noch zulässt.

Ein entscheidender Unterschied der Regelungen des OECD-MA gegenüber der

[443] *Lang*, Hybride Finanzierungen im Internationalen Steuerrecht, Ziffer 3.4.3.
[444] Kommentar des OECD-Steuerausschuss, Art. 11 Ziffer 20.
[445] Vgl. Ziffer C.III.

Vorschrift des § 20 EStG ist: Erträge aus der Einlösung oder Veräußerung von Zertifikaten sind nach deutschem Steuerrecht, wenn die Voraussetzungen des § 20 Abs. 1 Nr. 7 S. 1 EStG erfüllt sind, als Einkünfte aus Kapitalvermögen i. S. d. § 20 Abs. 2 S. 1 Nr. 4 c) EStG zu versteuern. Nach Abkommensrecht sind diese Einkünfte nicht den Zinsen nach Art. 11 OECD-MA zuzuordnen, sondern unterliegen nach **Art. 13 OECD-MA** den Regelungen über Veräußerungsgewinne, konkret Art. 13 Abs. 4 OECD-MA. Eine abweichende Auffassung[446] ordnet hingegen auch diese Erträge den Zinseinkünften nach Art. 11 OECD-MA zu. Diese Ansicht überzeugt aufgrund des Wortlauts nicht und selbst § 20 Abs. 2 Nr. 2-4 EStG bezeichnet die Einkünfte aus Veräußerung nicht als Zinsen, sondern als „Einkünfte aus Kapitalvermögen".[447] Gewinne aus Veräußerung von verzinslichen Forderungen fallen nicht unter den Zinsbegriff nach Art. 11 Abs. 3 OECD-MA.[448]

Aufgrund der Quellentheorie versteuert hingegen der deutsche Gesetzgeber private Vermögensgewinne grundsätzlich nicht. Um jedoch Steuervermeidung in der modernen Finanzwirtschaft entgegenzuwirken, erfasst der deutsche Gesetzgeber Einkünfteverlagerungen in die steuerfreie Vermögensebene durch eine stetige Erweiterung der Definition des Zinsbegriffs bzw. des Tatbestandes der Kapitaleinkünfte insbesondere durch das Abstellen auf die Marktrendite bei der Bestimmung des Umfangs der Besteuerung.[449]

IV. Ergebnis

Der Zinsbegriff im Sinne des Art. 11 Abs. 3 OECD-MA wird verstanden als „aufgrund von Kapitalüberlassung mit Rückzahlungsanspruch erzielte Entgelte". Im Gegensatz zum deutschen innerstaatlichen Recht, in der die Einkünfte aus Kapitalvermögen gegenüber anderen Einkünften subsidiär sind[450], ist Art. 11 OECD-MA gemäß abkommensrechtlicher Auslegung eine Spezialvorschrift, die im Grundsatz Vorrang vor anderen Vorschriften des MA hat.[451] Zur voll umfassenden Auslegung des abkommensrechtlichen Zinsbegriffs bzw. Begriffs der Kapitalforderung im Sinne von Art. 3 Abs. 2 OECD-MA ist auf den nationalen Zinsbegriff zurückzugreifen, jedoch der abkommensrechtlich vorgegebene Rahmen stets zu beachten.

Der Zinsbegriff nach nationalem deutschen Recht ist weiter als der des OECD-MA, da bereits ein zugesichertes Entgelt mit dem Risiko des Kapitalverlusts

---

[446] *Wolff* in *Debatin/Wassermayer*, DBA-Kommentar, DBA-USA, Art. 11 Rz 12.
[447] *Wassermeyer* in *Debatin/Wassermeyer*, DBA-Kommentar, Art. 11 Rz 11 OECD-MA.
[448] *Vogel* in *Vogel/Lehner*, Art. 11 Rn 66.
[449] So auch *Fleißig*, Die Harmonisierung der Zinsbesteuerung in der EU, S. 233.
[450] § 20 Abs. 3 EStG.
[451] *Wassermeyer* in *Debatin/Wassermeyer*, DBA-Kommentar, Art. 11 MA Rz 9 OECD-MA.

und eine teilweise Kapitalrückzahlungsgarantie ausreicht. Zweifelhaft ist, ob dieses Verständnis noch innerhalb des abkommensrechtlich vorgegebenen Rahmens liegt. Ferner ist hervorzuheben, dass das OECD-MA Veräußerungsgewinne aus Finanzinnovationen dem Art. 13 OECD-MA (Veräußerungsgewinne) zuordnet, hingegen die deutsche Regelung des § 20 Abs. 2 S. 1 Nr. 4 c) EStG diese als Einkünfte aus Kapitalvermögen erfasst.

E. Analyse des Zinsbegriffs in der EU-Zinsrichtlinie hinsichtlich der Besteuerung von Zertifikaten mit rechtsvergleichender Berücksichtigung der Besteuerung in Österreich und der Schweiz

I. Problemstellung

Die EU-Zinsrichtlinie ermöglicht durch das System des Informationsaustausches die steuerrechtliche Erfassung von Zinseinkünften bei natürlichen Personen mit Wohnsitz in der EU. Dabei hat die EU keine Gesetzgebungskompetenz zum Erlass von Steuern, denn das Primärrecht belässt grundsätzlich die Steuer- und Finanzhoheit bei den Mitgliedstaaten, sodass es nur eine Harmonierungskompetenz für indirekte Steuern vorsieht. Die EU-Zinsrichtlinie ist ein Versuch der Kommission, auf dem Gebiet der direkten Steuern eine Rechtsangleichung zu betreiben.[452] Für einen Übergangszeitraum erheben die EU-Staaten Belgien, Luxemburg und Österreich eine Quellensteuer und nehmen nicht aktiv am Informationsaustauschsystem teil. Die Schweiz erhebt eine Quellensteuer, den sog. Steuerrückbehalt, oder liefert die Daten (Informationsübermittlungssystem), sofern der Steuerpflichtige zum Informationsaustausch optiert; jedoch empfängt die Schweiz ihrerseits keine Daten.

Eine detaillierte länderübergreifende Betrachtung hinsichtlich der allgemeinen Zinsdefinition und der Besteuerung von (Index-)Zertifikaten soll nationale Auslegungsspezifika und insbesondere das Problem aufzeigen, dass identische Produkte bei Umsetzung der EU-Zinsrichtlinie in den Mitgliedstaaten steuerlich unterschiedlich gewürdigt werden und damit die EU-Zinsrichtlinie letztendlich unterschiedlich umgesetzt wird. Diese unterschiedliche Umsetzung kann zu einer Wettbewerbssituation zwischen den einzelnen EU-Mitgliedstaaten bzw. Drittstaaten führen. Dabei wird die deutsche Umsetzung der EU-Zinsrichtlinie beispielhaft der Umsetzung der Republik Österreich und der Schweiz gegenübergestellt. Beide Staaten sind bekannte, bevorzugte Anlegerstaaten für deutsche Privatinvestoren, insbesondere aus Gründen der strikten Interpretation des Bankgeheimnisses und der Deutschsprachigkeit.

---

[452] Vgl. *Birk* in FS für *Ruppe*, S. 55 mit weiteren Hinweisen von Versuchen der Kommission zur Rechtsangleichung auf dem Gebiet der dirketen Steuern auf die Mutter-Tochter-Richtlinie (RL 90/435/EWG v. 23.7.1990, Abl. EG L 225, 1), die die steuerliche Mehrbelastung von Dividendenausschüttungen einer Tochtergesellschaft an ihre in einem anderen EG-Staat ansässige Muttergesellschaft beseitigen will, die Fusionsrichtlinie (RL 90/434/EWG v. 23.7.1990, Abl. EG L 225, 1), die eine steuerneutrale grenzüberschreitende Verschmelzung und Spaltung von Kapitalgesellschaften ermöglichen soll, die Zinsen und Lizenzgebührenrichtlinie (RL 2003/49/EG v. 3.6.2003, ABL EG L 157, 49), die steuerliche Hindernisse bei konzerninternen grenzüberschreitenden Zahlungen von Zinsen und Lizenzgebühren beseitigen will.

II. Definition des Zinsbegriffs in der EU-Zinsrichtlinie

Voraussetzung für die Anwendbarkeit der EU-Zinsrichtlinie ist das Vorliegen einer Zinszahlung an eine natürliche Person. Der Begriff der „Zinszahlung" beinhaltet einen formellen und materiellen Zinsbegriff. § 6 Abs. 1 der EU-Zinsrichtlinie regelt in Anlehnung an Art. 11 Abs. 3 OECD-MA die Definition der Zinsen[453], während der formelle Zinsbegriff auf den Zahlungsvorgang bzw. die Art der Vereinnahmung der Erträge abstellt. Im Folgenden konzentrieren sich die Abhandlungen dieser Arbeit auf den materiellen Zinsbegriff, d. h. die als Zinsen geltenden Erträge.

§ 6 Abs. 1 definiert die Kapitalerträge, die in den sachlichen Anwendungsbereich der EU-Zinsrichtlinie fallen, als

> *„Forderungen jeglicher Art ..., unabhängig davon, ob diese hypothekarisch gesichert sind und ob sie ein Recht auf Beteiligung am Gewinn des Schuldners beinhalten, insbesondere Erträge aus Staatspapieren, Anleihen und Schuldverschreibungen einschließlich der mit diesen Titeln verbundenen Prämien und Gewinne; Zuschläge für verspätete Zahlungen gelten nicht als Zinszahlung ... "*

Der Zinsbegriff der Richtlinie[454] beinhaltet insbesondere:

- auf ein Konto eingezahlte oder einem Konto gutgeschriebene Zinsen aus Forderungen jeglicher Art (insbesondere Erträge aus Staatspapieren, Anleihen und Schuldverschreibungen);
- beim Verkauf oder der Rückzahlung von Forderungen aufgelaufene oder kapitalisierte Zinsen;
- Stückzinsen auf periodische Zinsen;
- Zinszahlungen bei Ausschüttungen von Anlagefonds sowie Zinszahlungen, die beim Verkauf oder der Rückzahlung von Anteilen an Anlagefonds realisiert werden, sofern bestimmte Grenzwerte von zinstragenden Anlagen innerhalb des Anlagefonds überschritten werden.

Zinsen im Rahmen der Richtlinie sind auch Entgelte für die Überlassung von Kapital zur Nutzung und Rückzahlung. Der Zinsbegriff der EU-Zinsrichtlinie ist an dem Art. 11 Abs. 3 OECD-MA angelehnt[455], sodass die Ausführungen zum Zinsbegriff des OECD-MA entsprechend heranzuziehen sind.

---

[453] Erläuterung zu Art. 6 Abs. 1 a) Richtlinienvorschlag; vgl. auch in der Literatur beispielsweise Bell, DFI 2003, S. 201, 207.
[454] Vgl. § 6 Abs. 1 EU-Zinsrichtline.
[455] Erl. zu Art. 4 Abs. 2 Richtlinienvorschlag KOM (01) 400 endg. EU-ZinsRL , Rz. 41.

In Anlehnung an den Zinsbegriff des OECD-MA ergeben sich auch Abgrenzungsfragen zu Dividenden und Gesellschaftsverhältnissen, bei denen der Investor ein Unternehmerrisiko übernimmt.

Im EU-Recht findet der Grundsatz Anwendung, dass Begriffe grundsätzlich einheitlich auszulegen und anzuwenden sind, es sei denn, dass eine ausdrücklich oder stillschweigende Verweisung auf das nationale Recht gegeben ist.[456] Somit stellt sich auch hier wie im Rahmen des OECD-MA wiederum die Problematik der autonomen Auslegung des Zinsbegriffs nach der EU-Zinsrichtlinie oder des Rückgriffs auf das innerstaatliche nationale Recht.

Während die DBA ihrem Charakter nach völkerrechtliche Verträge sind, die unmittelbar Rechte und Pflichten zwischen den Vertragsstaaten als Völkerrechtssubjekte begründen[457], sind Richtlinien gemäß Art. 189 Abs. 3 EGV für die Mitgliedstaaten, an die sie gerichtet sind, nur hinsichtlich des zu erreichenden Ziels verbindlich und bedürfen grundsätzlich einer Umsetzung in innerstaatliches Recht.[458] Es bleibt den Mitgliedstaaten überlassen, die Form und die Mittel auszuwählen, die sie für die Erreichung des Ziels als geeignet betrachten.[459]

III. Umsetzung der Definition des Zinsbegriffs und der Besteuerung von Zertifikaten in der Bundesrepublik Deutschland, der Republik Österreich und der Schweiz

1. Bundesrepublik Deutschland

In Deutschland wurde die EU-Zinsrichtlinie durch die Zinsinformationsverordnung[460] (ZIV) und durch das Einführungsschreiben zur ZIV[461] umgesetzt. Das BMF-Schreiben vom 13.6.2005[462] enthält Änderungen zum Einführungsschreiben zur ZIV und regelt insbesondere Übergangsbestimmungen, welche für die Zeit vor dem 1.1.2004, vor dem Inkrafttreten der ZIV gelten sollten, sodass diese Regelungen künftig keine Anwendung mehr finden. Weitere zwei BMF-Schreiben[463] enthalten im Wesentlichen

---

[456] EuGH 1.2.1972, Rs 49/71, *Hagen* Slg 1972, 23 Rz 6; EuGH 1.2.1972, Rs 50/71, *Wünsche*, Slg 1972, 53 Rz 6.

[457] *Wassermeyer* in *Debatin/Wassermeyer*, MA Vor Art. 1 Rn 9 m. w. H.

[458] *Schweitzer*, Staatsrecht III, Rn 344 und weiter in Rn 348. Nach h. L. und der Rechtsprechung des EuGH kann eine Richtlinie u. U. eine unmittelbare Wirkung entfalten, wenn die in der Richtlinie genannte Frist zur Zielverwirklichung abgelaufen ist, ohne dass der Mitgliedstaat die Richtlinie umgesetzt hat, wenn die Richtlinie den einzelnen begünstigt und wenn die Richtlinie so hinreichend genau formuliert ist, dass der einzelne daraus unmittelbar seine Rechte ableiten kann.

[459] *Schweitzer*, Staatsrecht III, Rn 344.

[460] Zinsinformationsverordnung v. 26.1.2004, BStBl I 2004, 128.

[461] Einführungsschreiben zur Zinsinformationsverordnung v. 6.1.2005, IV C 1 – S 2000 – 363/04.

[462] BMF-Schreiben v. 13.6.2005, IV C 1 – S 2402a – 23/05.

[463] BMF v. 12.10.2005, IV C 1 – S 2402a – 46/05; BMF v. 27.1.2006, IV C 1 – S 2402a – 4/06.

Datensatzbeschreibungen, somit eine Aufstellung der Informationen, die von inländischen Zahlstellen an das Bundeszentralamt für Steuern (vor dem 1.1.2006: Bundesamt für Finanzen) weiterzugeben sind.

a. Allgemein zum Zinsbegriff der ZIV und dem Einführungs-schreiben zur ZIV

In § 6 Abs. 1 der ZIV findet sich die Definition der „Zinszahlung" bzw. was im Sinne der Verordnung als „Zinszahlung" gilt:

„1. gezahlte oder einem Konto gutgeschriebene Zinsen, die mit Forderungen jeglicher Art zusammenhängen, unabhängig davon, ob diese grundpfandrechtlich gesichert sind oder nicht und ob sie ein Recht auf Beteiligung am Gewinn des Schuldners beinhalten oder nicht, insbesondere Erträge aus Staatspapieren, Anleihen, Schuldverschreibungen einschließlich der mit diesen Titeln verbundenen Prämien und Gewinne; Zuschläge für verspätete Zahlungen gelten nicht als Zinszahlung.

2. bei Abtretung, Rückzahlung oder Einlösung von Forderungen im Sinne von Nummer 1 aufgelaufenen oder kapitalisierte Zinsen;

3. direkte oder über eine Einrichtung im Sinne von § 4 Abs. 2 laufende Zinserträge, die ausgeschüttet werden von
   a. nach der Richtlinie 85/611/EGW zugelassenen OGAW,
   b. Einrichtungen, die von der Wahlmöglichkeit des § 4 Abs. 3 Gebrauch gemacht haben,
   c. außerhalb des Gebiets im Sinne von § 7 niedergelassenen Organismen für gemeinsame Anlagen;

4. Erträge, die bei Abtretung, Rückzahlung oder Einlösung von Anteilen an den nachstehend aufgeführten Organismen und Einrichtungen realisiert werden, wenn diese direkt oder indirekt über nachstehend aufgeführte andere Organismen für gemeinsame Anlagen oder Einrichtungen mehr als 40 Prozent ihres Vermögens in den unter Nummer 1 genannten Forderungen angelegt haben:
   a. nach der Richtlinie 85/611/EGW zugelassenen OGAW,
   b. Einrichtungen, die von der Wahlmöglichkeit des § 4 Abs. 3 Gebrauch gemacht haben,
   c. außerhalb des Gebiets im Sinne von § 7 niedergelassenen Organismen für gemeinsame Anlagen.

Die in Satz 1 Nr. 4 genannten Erträge sind nur insoweit in die Definition der Zinsen einzubeziehen, wie sie Erträgen entsprechen, die mittelbar oder unmittelbar aus Zinszahlungen im Sinne des Satzes 1 Nr. 1 und 2 stammen."

Nach dem Einführungsschreiben zur ZIV[464] entspricht der materielle Zinsbegriff

---

[464] Einführungsschreiben zur Zinsinformationsverordnung v. 6.1.2005, IV C 1 – S 2000 – 363/04 Ziffer 5.

der ZIV den Einkünften aus Kapitalvermögen nach § 20 Abs. 1 Nr. 4, 5 und 7 sowie Abs. 2 EStG mit Ausnahme von dessen Satz 1 Nr. 2 Buchstabe a EStG. Erträge aus Lebensversicherungen nach § 20 Abs. 1 Nr. 6 EStG sind nicht erfasst, da die EU-Zinsrichtlinie Renten und Versicherungsleistungen nicht in ihren Anwendungsbereich einbezieht.[465]

Unter 5.1 des Einführungsschreibens zur ZIV wird der materielle Zinsbegriff näher erläutert. So wird unter 5.1. Nr. 1 des Einführungsschreibens zur ZIV erklärt, dass es sich *„um mit Forderungen jeder Art zusammenhängende Zinsen"* handelt, wobei die Art der Besicherung und eine Gewinnbeteiligung keine Bedeutung haben. Es erfolgt eine beispielhafte Aufzählung, dass insbesondere Zinsen mit Prämien und Gewinnen aus von der Privatwirtschaft oder der öffentlichen Hand begebenen Anleihen erfasst werden sollen. Zinsen aus Tafelgeschäften sollen hingegen nicht unter den Begriff der Zinszahlung zu subsumieren sein, da keine Einzahlung oder Gutschrift auf dem Konto erfolgt. Jedoch hat das BMF seine Auffassung im Hinblick auf Zinsen aus Tafelgeschäften geändert und so sollen diese nach dem BMF-Schreiben vom 13.06.2005[466] künftig als Zinszahlung gelten.

In 5.1. Nr. 2 des Einführungsschreibens zur ZIV wird auf aufgelaufene oder kapitalisierte Zinsen im Falle der Abtretung, Rückzahlung oder Einlösung von Forderungen i. S. d. Nr. 1 Bezug genommen und diese werden von der Zinsdefinition erfasst. Beispielhaft genannt werden Stückzinsen, Erträge von niedrigverzinslichen Ab- oder Aufzinsungspapieren, die aus ganz oder teilweise während der Laufzeit der Anleihe rechnerisch angefallenen Zinsen und Zinseszinsen bestehen. Dabei werden insbesondere Zerobonds, Agio-Anleihen und Disagio-Anleihen genannt.

Nr. 3 und Nr. 4 der Ziffer 5.1. des Einführungsschreibens befassen sich mit Zinseinkünften, die innerhalb einer Fondsanlage erzielt werden. Investmentvermögen sind allerdings nicht Untersuchungsgegenstand dieser Arbeit und sollen daher nicht näher ausgeführt werden.

Während eines Übergangszeitraums fallen Zinsen von in- und ausländischen Anleihen sowie bestimmte umlauffähige Schuldtitel, soweit die Erstemission vor dem 1.3.2001 stattfand und ab dem 1.3.2003 keine Folgeemission erfolgte, nicht in den Anwendungsbereich der EU-Zinsrichtlinie. Diese Regelung beruht auf der Kollision der Quellensteuererhebung mit bestimmten Vertragsklauseln bei Anlageprodukten (Bestimmungen über vorzeitige Einlösungen, Bruttozinsklauseln).[467]

---

[465] Einführungsschreiben zur Zinsinformationsverordnung v. 6.1.2005, IV C 1 – S 2000 – 363/04 Ziffer 5.
[466] BMF-Schreiben v. 13.6.2005, IV C 1 – S 2402a – 23/05.
[467] Die Unterscheidung zwischen Anleihen, die von öffentlichen Einrichtungen (z. B. Regierungen) und die von

b. Umsetzung der EU-Zinsrichtlinie in Bezug auf die Besteuerung von Zertifikaten

Der Zinsbegriff der ZIV erfasst auch Einkünfte aus Kapitalvermögen nach § 20 Abs. 1 Nr. 7 S. 1 EStG. Es sind daher die Ausführungen unter Teil C entsprechend heranzuziehen. Soweit die Zertifikate eine Finanzinnovation nach § 20 Abs. 1 Nr. 7 S. 1 i. V. m. § 20 Abs. 2 Satz 1 Nr. 4 c) Alt. 2 EStG darstellen, besteht eine Mitteilungs- bzw. Informationsaustauschpflicht, da diese von dem Zinsbegriff der ZIV erfasst werden.[468] Dies gilt damit auch für die Einlösung bzw. Veräußerung eines Zertifikats nach § 20 Abs. 2 Satz Nr. 4 c) Alt. 2, Abs. 2 S. 4 EStG. Einlösungs- bzw. Veräußerungsfälle von Zertifikaten, die unter § 23 Abs. 1 S. 1 Nr. 2 EStG bzw. § 23 Abs. 1 S. Nr. 4 S. 2 EStG zu subsumieren sind, sind jedoch für die Zwecke der EU-Zinsrichtlinie ausgenommen.[469]

c. Zusammenfassende Würdigung

Durch den Verweis der Durchführungsbestimmungen auf die ZIV entspricht die Umsetzung des Zinsbegriffs der EU-Zinsrichtlinie in Deutschland dem nationalen Zinsbegriff. Damit werden grundsätzlich auch die unter Abschnitt C dargelegten Probleme übernommen. Eine Abweichung könnte sich in der Zinsbegriffsdefinition gegenüber dem deutschen nationalen Recht dahingehend ergeben, dass die EU-Zinsrichtlinie und die ZIV den Zinsbegriff im Zusammenhang mit der Zahlstelle definieren. Dahingehend wäre eine gesonderte Untersuchung vorzunehmen.

Vergleicht man den Zinsbegriff der EU-Zinsrichtlinie mit der deutschen Umsetzung der Zinsinformationsverordnung und dem Erlass zur Zinsinformationsverordnung im Hinblick auf die Erfassung von Zertifikaten, so stellt man fest, dass der Anwendungsbereich in Deutschland sehr weit gefasst ist. Es werden sämtliche Erträge (insbesondere auch die Einlösung und Veräußerung) von Zertifikaten, die als Finanzinnovation gemäß § 20 Abs. 1 Nr. 7 S. 1 i. V. m. § 20 Abs. 2 Satz 1 Nr. 4 c) Alt. 2, Abs. 2 S. 4 EStG zu qualifizieren sind, in die Mitteilungspflichten, d. h. den sog. Informationsaustausch, einbezogen.

Dies beruht wiederum auf dem umfassenden deutschen Zinsbegriff nach § 20 Abs. 1 Nr. 7 S. 1 EStG, der auch garantierte Kapitalerträge und teilweise

---

anderen Einrichtungen (z. B. Unternehmen) ausgegeben werden, ist dahingehend vorzunehmen, dass bei Folgeemissionen nach dem 1.3.2002 bei öffentlichen Anleihen die gesamte Emission in die EU-Zinsrichtlinie fällt, während bei Unternehmensemissionen nur die Forgeemission darunter fällt. Vgl. BMF v. 6.1.2005, IV C 1 – S 2000 – 363/04, Rz. 53 ff.

[468] Einführungsschreiben zur Zinsinformationsverordnung v. 6.1.2005, IV C 1 – S 2000 – 363/04, Ziffer 5.

[469] Einführungsschreiben zur Zinsinformationsverordnung v. 6.1.2005, IV C 1 – S 2000 – 363/04, Ziffer 40.

Rückzahlungsgarantien umfasst, sowie auf der Normierung des § 20 Abs. 2 Satz 1 Nr. 4 c) Alt. 2, Abs. 2 S. 4 EStG, der auch die Einlösung (oder Veräußerung) des Zertifikats einbezieht. Das Ergebnis entspricht dem unter Abschnitt D Dargestellten zum OECD-MA. Eine Abweichung der EU-Zinsrichtlinie gegenüber dem OECD-MA könnte sich jedoch aufgrund des formalen Abstellens auf eine Zahlstelle ergeben, was nicht Gegenstand der Analyse dieser Arbeit ist.

2. Republik Österreich

In Österreich wird die Umsetzung der EU-Zinsrichtlinie in dem sog. EU-Quellensteuergesetz[470] sowie in den entsprechenden Durchführungsrichtlinien[471] geregelt.

a. Allgemein zum Zinsbegriff des EU-QuStG und den Durchführungsrichtlinien

§ 6 Abs. 1 Ziffer 1 und 2 EU-QuStG orientiert sich dabei im Wesentlichen an der Richtlinie. Als Zinszahlung gelten dabei nach den österreichischen Bestimmungen:

> „*auf ein Konto eingezahlte oder einem Konto gutgeschriebene Zinsen oder bezahlte Zinsen, die mit Forderungen jeglicher Art zusammenhängen, unabhängig davon, ob diese hypothekarisch gesichert sind oder ob sie ein Recht auf Beteiligung am Gewinn des Schuldners beinhalten, insbesondere Erträge aus Staatspapieren, Anleihen und Schuldverschreibungen einschließlich der mit diesen Titeln verbundenen Prämien und Gewinne.*“[472]

Zuschläge für verspätete Zahlungen gelten nicht als Zinszahlung, ebenso Abtretung, Rückzahlung oder Einlösung von Forderungen im Sinne von Ziffer 1 aufgelaufener oder kapitalisierter Zinsen. Insoweit entspricht der österreichische Begriff der Zinszahlung dem der deutschen ZIV.

Die Definition der Zinsen in § 6 Abs. 1 Ziffer 1 EU-QuStG entspricht weitgehend dem österreichisch nationalen Zinsbegriff in § 27 Abs. 1 Ziffer 3 und 4 öEStG.[473] Die Regelungen betreffend Stückzinsen und Nullcoupon-Anleihen entsprechen weitgehend dem § 27 Abs. 2 Ziffer 2 und 5 öEStG.[474] Grundsätzlich werden auch sog. „umlauffähige Schuldtitel“ von dieser Zinsdefinition umfasst, sie werden aber nach § 12 EU-QuStG während eines

---

470 EU-QuStG öBGBl I 2004/33.
471 Richtlinie zur Durchführung des EU-Quellensteuergesetzes, öBMF-Schreiben vom 16.5.2005 Gz. BMF-010221/0370-IV/8/2005 öBBl 2004, 5665.
472 § 6 Abs. 1 EU-QuStG
473 *Mühlehner*, ÖStZ v. 15.2.2005, S. 77.
474 *Mühlehner*, ÖStZ v. 15.2.2005, S. 77.

Übergangszeitraums von dem Zinsbegriff ausgenommen, um Marktverzerrungen aufgrund sog. Bruttozinsklauseln oder Klauseln über vorzeitige Einlösung zu vermeiden.[475]

Von der EU-Quellensteuerpflicht sind Zinsen aus in- und ausländischen Anleihen ausgenommen, die erstmals vor dem 1.3.2001 begeben wurden. Allerdings ist Voraussetzung, dass ab dem 1.3.2002 keine Aufstockungen vorgenommen worden sind. Diese Ausnahmeregelung gilt bis zum 1.1.2011.

Vor der Abhandlung der Besteuerung von Index-Zertifikaten im Rahmen der Umsetzung der EU-Zinsrichtlinie in Österreich soll zuerst allgemein die Besteuerung von Zertifikaten in Österreich dargestellt werden.

b. Grundsätzliches zur systematischen Einordnung und der Besteuerung von Index-Zertifikaten in Österreich

Im Jahr 1993 wurde ein Endbesteuerungssystem für bestimmte Kapitalerträge (keine sog. Substanzgewinne im privaten Bereich) in Österreich eingeführt.[476] Als Endbesteuerung wird die Abgeltung von Einkommensteuer, Vermögenssteuer[477] und – in bestimmten Fällen – auch Erbschaftssteuer durch die Einbehaltung einer Kapitalertragsteuer verstanden.[478] Das EndbestG hatte Verfassungsrang.[479] In § 1 Abs. 4 EndbestG ist eine Bandbreite für die Höhe des Kapitalertragsteuersatzes von mindestens 20 % und höchstens die Hälfte des für das betreffende Jahr geltenden einkommensteuerrechtlichen Spitzensteuersatzes festgelegt.[480]
Mit der Steuerreform 2000[481] hat man auf die Neuregelung der Substanzgewinne im privaten Bereich abgezielt, die mit 1.10.2000 in Kraft treten sollte, jedoch im gesetzlich vorgesehenen Verordnungswege[482] auf den 1.10.2001 verschoben wurde. Man hatte in § 30 Abs. 8 öEStG eine Kapitalertragsteuer auf Spekulationsgewinne in Höhe von 25 % vorgesehen, die von dem Depot führenden Kreditinstitut zu erheben gewesen wäre. Die Besteuerung war – ähnlich wie die Endbesteuerung – eine Abgeltungssteuer[483] und hätte zu einer Durchbrechung des sog. Dualismus der Einkunftsarten

---

[475] Vgl. dazu näher, *Gläser*, taxlex 2005, S. 138 ff.
[476] öBGBl 1993/11.
[477] In Österreich wurde die Vermögenssteuer durch das SteuerreformG 1993, BGBl 818/1993 zum 1.1.1994 abgeschafft.
[478] Vgl. im Überblick dazu *Gassner*, ÖStZ 1993, 4 ff.
[479] *Kirchmayr*, Besteuerung von Beteiligungserträgen, S. 45.
[480] Einfachgesetzlich wird die Endbesteuerung im Wesentlichen durch die Kapitalertragsteuer, der Abgeltungswirkung zukommt, durchgeführt. Darüber hinaus wurde in § 97 EStG die zentrale einfachgesetzliche Umsetzungsnorm der Endbesteuerung im EStG geschaffen.
[481] öBGBl II 1999/206.
[482] öBGBl II 2000/79.
[483] *Kirchmayr*, Besteuerung von Beteiligungserträgen, S. 48.

geführt, auf dessen Methodik auch die österreichischen Steuergesetze basieren. (Im Zuge des Anschlusses Österreichs an Deutschland im Jahre 1938 wurde in Österreich das formelle und materielle Steuerrecht eingeführt[484], sodass die systematischen Wurzeln dieselben sind.[485]) Jedoch kam es nicht zur Einführung der Abgeltungssteuer auf private Veräußerungsgewinne, da der Verfassungsgerichtshof die Abführverpflichtung der sog. Spekulationsertragssteuer durch die Depot führende Stelle – vor Inkrafttreten der Neuregelung – als verfassungswidrig aufgehoben hatte.[486] Mit dem Kapitalmarktoffensivgesetz[487], das ein Maßnahmenbündel zu Verbesserung der gesetzlichen Rahmenbedingungen für den österreichischen Kapitalmarkt beinhaltet, wurde bei Einkünften aus Spekulationsgeschäften im Wesentlichen die Rechtslage vor der Steuerreform 2000 wieder hergestellt.[488] Die Spekulationsfrist für bewegliche Wirtschaftsgüter beträgt weiterhin ein Jahr.

Somit gilt der § 30 öEStG 1988, der die Einkünfte aus Spekulationsgeschäften regelt und folgenden Wortlaut hat:

> *„(1) Spekulationsgeschäfte sind:*
> *1. Veräußerungsgeschäfte, bei denen der Zeitraum zwischen Anschaffung und Veräußerung beträgt:*
> *a) Bei Grundstücken und Rechten, die den Vorschriften des bürgerlichen Rechts über Grundstücke unterliegen, nicht mehr als zehn Jahre. Für Grundstücke, bei denen innerhalb von zehn Jahren nach ihrer Anschaffung Herstellungsaufwendungen in Teilbeträgen gemäß § 28 Abs. 3 abgesetzt wurden, verlängert sich die Frist auf fünfzehn Jahre.*
> *b) Bei anderen Wirtschaftsgütern insbesondere bei Wertpapieren, nicht mehr als ein Jahr.*
> *Wurde das Wirtschaftsgut unentgeltlich erworben, so ist auf den Anschaffungszeitpunkt des Rechtsvorgängers abzustellen.*
> *2. Veräußerungsgeschäfte, bei denen die Veräußerung der Wirtschaftsgüter früher erfolgt als der Erwerb."*

Erträge aus Index-Zertifikaten sind in Österreich steuerpflichtig und fallen, anders als in Deutschland, grundsätzlich per se nicht unter den Spekulationstatbestand des § 30 (1) Nr. 1 b öEStG (d. h. Index-Zertifikate, die keine Finanzinnovation sind, können grundsätzlich nur nach den Regelungen über spekulative Einkünfte versteuert werden). Nach Rz. 6192 der österreichischen Einkommensteuerrichtlinie 2000 gilt:

---

[484] *Doralt/Ruppe*, Steuerrecht I, S. 7.
[485] Vgl. zur weiteren historischen Entwicklung insbesondere *Kirchmayr*, Besteuerung von Kapitalerträgen, S. 37 ff. m. w. H.
[486] öVfGH 15.3.2000, G 141 – 150/99, ÖStZB 2000, 364. Die Begründung des öVfGH stellte vor allem darauf ab, dass die Mitwirkungspflichten der depotführenden Stelle unverhältnismäßig seien.
[487] KMOG, öBGBl I 2001/2.
[488] Vgl. EB zur RV zu § 30 öEStG in KMOG; 358 Blg XXI. GP.

„Indexpapiere sind Forderungswertpapiere (VwGH 26.11.2002, 99/15/0159), deren Rückzahlungspreis sich nach der Wertentwicklung eines Index richtet. Die Differenz zwischen Emissions- und Einlösewert sind Zinsen gemäß § 27 Abs. 2 Z 2 EStG 1988, für die KEST gemäß §93 Abs. 4 Z 2 EStG 1988 abzuziehen ist.“

Diese Richtlinie ist auf die Verwaltungsgerichtshofentscheidung (öVwGH) vom 26.11.2002[489] zurückzuführen, in welcher der öVwGH einen Fall zu entscheiden hatte, in dem die Beschwerdeführerin in ein Index-Zertifikat mit 95%iger Kapitalgarantie investierte und die Auffassung vertrat, dass es sich um keine steuerpflichtigen Kapitalerträge handele, sondern steuerlich „unbeachtliche Vermögensveränderungen“ vorlägen. Der öVwGH führte aus, dass in dem Erwerb der Anleihe die Überlassung von Kapital zur Nutzung gegen ein entsprechendes Entgelt läge. Das Entgelt knüpfe in diesem Fall nicht an einen marktüblichen Zins, sondern an eine andere von vornherein festgelegte Bezugsgröße an. Die Differenz zwischen dem Rücklösungsbetrag, der sich nach den Anleihebedingungen bestimmt, und dem Ausgabepreis der Anleihe stelle einen Zinsertrag dar, der das Entgelt für die zeitraumbezogene Kapitalüberlassung bilde. Das Gesetz kenne weder bei der Festlegung der Einkünfte aus Kapitalvermögen in § 27 öEStG noch bei der Regelung der Kapitalertragsteuer in § 93 öEStG eine derartige Einschränkung. Der öVwGH trifft den Vergleich, dass insbesondere im Fall der stillen Gesellschaft keine verbindliche Zusage einer Rendite bestehe, dennoch aber in einem solchen Fall, wenn Gewinne zugewiesen werden, Einkünfte aus Kapitalvermögen i. S. d. § 27 Abs. 1 Zi 2 öEStG sowie Kapitalerträge i. S. d. § 93 Abs. 2 Zi 2 öEStG vorlägen. Auch ein partiarisches Darlehen sei durch eine Beteiligung am Gewinn gekennzeichnet, sodass der Darlehensgeber nicht von vornherein mit einer Rendite rechnen könne. Der öVwGH kommt zu dem Schluss, dass der Umstand, dass bei den in Rede stehenden Forderungswertpapieren das Entstehen des Entgeltanspruchs den Anleihebedingungen gemäß dem Grunde und der Höhe nach davon abhängig ist, wie sich ein Aktienindex entwickele, nicht der Annahme von Kapitalerträgen i. S. d. § 93 Abs. 3 öEStG entgegenstehe.

Bis zu dem öVwGH-Urteil vom 26.11.2002 hat die österreichische Finanzverwaltung[490] die Auffassung vertreten, dass die Möglichkeit eines Kapitalverlusts von 80 % und mehr das Vorliegen von Einkünften aus Kapitalvermögen vereitele; mit anderen Worten, wenn 20 % oder mehr Kapitalgarantie zugesichert waren, sind Einkünfte aus Kapitalvermögen zu

489 VwGH vom 26.11.2002 99/15/0159; ÖStZB 2003, 131 ff.
490 öBMF 11.03.1999, GZ 14/0602/2-IV/14/99.

bejahen gewesen. Seit dem öVwGH-Urteil vom 26.11.2002 stellt man nunmehr ausschließlich auf das Vorliegen eines sog. „Forderungswertpapiers“ ab und legt damit eine rein zivilrechtliche Betrachtungsweise zugrunde. Es werden nicht die zugrunde liegenden *„underlyings“* analysiert und/oder auf eine Kapitalgarantie oder Kapitalertragsgarantie abgestellt.

In Abkehr zu der bisherigen Verwaltungspraxis (jener nach dem einschlägigen VwGH-Urteil) sieht der sog. „Wartungserlass“ vom 8.1.2006[491] zu den Einkommensteuerrichtlinien (öEStR) eine Regelung zu sog. Turbo-Zertifikaten vor. Als Turbo-Zertifikate werden Produkte bezeichnet, in denen der Anleger im Verhältnis zum Kapitaleinsatz überproportional an der Entwicklung des Basiswertes partizipiert (*leverage effect*). Wenn der anfängliche Kapitaleinsatz im Verhältnis zum Basiswert mehr als 20 % beträgt (*leverage* von weniger als 5), sollen nach Auffassung des öBMF kapitalertragsteuerpflichtige Einkünfte aus Kapitalvermögen vorliegen. Andernfalls soll der Privatanleger Spekulationsgewinne erzielen, die nur bei einer Veräußerung innerhalb der einjährigen Haltefrist einer Besteuerung unterliegen. Aufgrund dieses Hebeleffekts handelt es sich daher nicht um Delta-Eins-Zertifikate. Die sog. „Turbo-Zertifikate“ sollen nachfolgend näher betrachtet und die damit in Verbindung stehenden systematischen Unzulänglichkeiten in der österreichischen Besteuerung von Zertifikaten aufgezeigt werden.

Folgendes vereinfachte Beispiel soll die Funktionsweise veranschaulichen:
Der Kurs einer Aktie beträgt 50 EUR und es wird ein Ausübungspreis von 25 EUR vereinbart, sodass das Zertifikat mit einem Preis von 25 EUR erworben wird (Differenz EUR 50 – EUR 25). Der *„leverage“* (Hebel) ist damit 2, da man mit 25 EUR, dem halben Kurswert, an der Wertentwicklung der Aktie voll teilhaben kann. Spekuliert der Investor auf einen steigenden Aktienkurs (*„Turbo-long“*)[492] und liegt der Aktienkurs am Laufzeitende bei z. B. 60 EUR bekommt der Investor 35 EUR ausbezahlt (Einlösungsbetrag = Schlusskurs 60 – Ausübungspreis 25). Wird hingegen ein Ausübungspreis von 40 EUR vereinbart, so kostet das Zertifikat 10 EUR, was einen *leverage* von 5 ergibt. Mit 10 EUR (1/5 von 50) nimmt man an der Wertentwicklung der Aktie voll teil. Geht man von einer Aktienentwicklung zum Laufzeitende wiederum von 60 EUR aus, erhält man 15 EUR ausbezahlt (Schlusskurs 60 – Ausübungspreis 45). Als Grundsatzregel kann man daher festhalten: Je höher der *leverage*, desto niedriger ist der Kapitaleinsatz im Verhältnis zum Wert des *underlying*.[493] In der Praxis wird diese Art der Zertifikate oftmals nach oben hin begrenzt (sog. *cap*),

[491] öEStR 2000 Rz 6197b.
[492] Setzt der Anleger auf fallende Kurse, so spricht man von „Turbo-short“.
[493] Das Beispiel ist insbesondere insofern vereinfacht, dass der höhere Leverage sich auch in den Gebühren des Zertifikats niederschlägt, da ansonsten der Anleger nicht 25 EUR aufwenden würde, wenn er denselben Effekt auch mit einem Kapitaleinsatz von 10 EUR erreichen würde.

sodass sie noch günstiger angeboten werden können. In dem vorliegenden Beispiel könnte man z. B. einen *cap* bei 80 EUR einführen, sodass der Anleger bis zu einer Wertsteigerung der Aktie auf maximal 80 EUR teilnimmt. Oftmals wird nach unten eine sog. *knock-out*-Schwelle oder sog. *stop-loss*-Marke festgelegt, bei deren Erreichen das Zertifikat vom Handel ausgesetzt und durch einen vom Emittenten ermittelten Restwert getilgt wird.

Die steuerrechtliche Behandlung in Österreich betrifft, ebenso wie in Deutschland, insbesondere die Frage der Abgrenzung von Einkünften aus Kapitalvermögen nach § 27 öEStG und Einkünften aus Spekulationsgeschäften nach § 30 öEStG. In § 27 öEStG findet sich keine allgemeine Definition der Einkünfte aus Kapitalvermögen, sondern es werden vielmehr in § 27 Abs. 1 öEStG die Einkünfte aus verschiedenen Kapitalanlagen aufgezählt. § 27 Abs. 1 Nr. 7 öEStG Ziffer 4 definiert „Zinsen und andere Erträgnisse aus Kapitalforderungen jeder Art ..." als Einkünfte aus Kapitalvermögen, was letztendlich auf das Verständnis einer „entgeltlichen Nutzungsüberlassung von Kapital"[494] zurückführt. Wertveränderungen des Kapitalstamms werden von § 27 öEStG grundsätzlich nicht erfasst, sondern gegebenenfalls unter den Spekulationstatbestand nach § 30 öEStG subsumiert. Als Spekulationsgeschäft gelten nach § 30 Abs. 1 Z 2 öEStG Termingeschäfte (einschließlich Differenzgeschäfte) und innerhalb von einem Jahr abgewickelte Optionsgeschäfte einschließlich geschriebener Optionen und Swaphandelsgeschäfte. Bei der Einordnung von Turbo-Zertifikaten ist eine entsprechende Abgrenzung vorzunehmen, jedoch sind seit dem öVwGH-Urteil vom 26.11.2002 auch deren zivilrechtliche Grundlagen zu beachten. Turbo-Zertifikate sind zivilrechtlich Inhaberschuldverschreibungen, die dem Gläubiger das Recht verbriefen, am Ende der Laufzeit den Einlösungsbetrag zu erhalten. Der öVwGH hat sich, wie oben dargestellt, von der Betrachtung auf die Bezugswerte losgelöst und an die zivilrechtliche Form der Index-Zertifikate angeknüpft sowie das „Entgelt" für die Kapitalüberlassung so dargestellt, dass sich bei einem Index-Zertifikat das Entgelt für die Überlassung von Kapital zur Nutzung nicht an einen marktüblichen Zinssatz binde, *„sondern an eine andere von vornherein festgelegte Bezugsgröße. Die Differenz zwischen dem Rücklösungsbetrag und dem Ausgabepreis der Anleihe stellt einen Zinsertrag dar, sie bildet das Entgelt für die zeitraumbezogene Kapitalüberlassung. Daran ändert nicht, dass im Falle einer negativen Wertentwicklung des Bezugsobjektes kein Entgelt für die Kapitalüberlassung anfällt."*[495] Es besteht daher nach öVwGH und Verwaltungsauffassung die Pflicht der Besteuerung der Erträge als Einkünfte aus Kapitalerträgen[496] für nach dem 1.3.2004 emittierte Zertifikate,

---

[494] *Kirchmayr* in *Doralt* § 27 Tz. 1.

[495] VwGH vom 26.11.2002, 99/15/0159, ÖStZB 2003, 131.

[496] In Österreich ist die Steuer auf Einkünfte aus Kapitalvermögen, die sog. KESt, eine endgültige Abgeltungssteuer und deshalb nicht mit der deutschen Kapitalertragsteuer gleichzustellen, die lediglich eine

während für vor dem besagten Datum begebene Zertifikate eine Übergangsregelung besteht.[497] Würde man diese Auffassung auf Turbo-Zertifikate übertragen, müssten auch diese konsequenterweise aufgrund ihrer zivilrechtlichen Form („Schuldverschreibung") als Einkünfte aus Kapitalvermögen erfasst werden. Jedoch besteht die Auffassung in der Literatur, dass dies zu weitgehend erscheint, zumal dadurch der Optionsbegriff nach § 30 Abs. 1 Ziffer 1 öEStG sehr stark ausgehöhlt würde.[498] Dieser Auffassung folgt auch der am 9.1.2006 veröffentlichte Wartungserlass zu den Einkommensteuerrichtlinien 2000, die nun, in Abkehr von der bisherigen Verwaltungsauffassung, Turbo-Zertifikate, bei denen der anfängliche Kapitaleinsatz im Verhältnis zum Basiswert mehr als 20 % (Hebel von weniger als 5) beträgt, als Einkünfte aus Kapitalvermögen betrachten. Ansonsten soll der Anleger Spekulationsgewinne erzielen, die nur bei einer Realisierung innerhalb der einjährigen Haltefrist der Steuerpflicht unterliegen.[499] Der untergeordnete Kapitaleinsatz sei nach dem BMF-Schreiben bei Turbo-Zertifikaten anhand der Wertpapierbedingungen nachzuweisen. Die Verwaltungsauffassung folgt damit Stimmen in der Literatur. *Mayr* analysiert obiges Ausgangsbeispiel folgendermaßen: Bei einem „Hebel 2" wäre rund der halbe Kurswert der Aktie, bei einem „Hebel 10" wäre nur 1/10 des Kurswertes des Aktie aufzubringen. Bei einem „Hebel 10" koste das Turbo-Zertifikat rund 5 EUR und wäre in wirtschaftlicher Betrachtungsweise einer Option vergleichbar. Bei einem „Hebel 2" kostet das Turbo-Zertifikat hingegen rund 25 EUR, sodass bei einem solchen Kapitaleinsatz die Vergleichbarkeit mit einer Option nicht mehr gegeben wäre und irgendwo dazwischen die Grenze gezogen werden müsse. Für die Einordnung von Turbo-Zertifikaten unter § 30 öEStG und unter § 27 öEStG komme es daher auf den anfänglichen Kapitaleinsatz an. Sofern dieser im Verhältnis zum zugrunde liegenden Basiswert von nur untergeordneter Bedeutung sei, können Turbo-Zertifikate nur zu Spekulationseinkünften führen. Dabei würde eine untergeordnete Bedeutung im Sinne des Steuerrechts bei höchstens 20 % liegen.[500] Diese 20-Prozent-Grenze ist eine willkürlich festgelegte Grenze, die zweifelsohne auch bei 15 % liegen könnte. Dieses ist jedoch nicht die eigentliche Schwachstelle; vielmehr ist es die Auffassung des

---

Vorauszahlung der Einkommensteuer ist.

[497] § 124 b Ziffer 85 öEStG.

[498] vgl. *Mayr*, RDW 2005, 383; *Tumpel/Widhalm*, RdW 2005, 717.

[499] Als Übergangsregelung sollen Turbo-Zertifikate, die vor dem 1.10.2005 begeben wurden und einen Leverage von weniger als 5 haben, keiner KESt unterliegen. Es besteht eine Unklarheit dahingehend, ob nicht Einkünfte aus Kapitalvermögen vorliegen, die veranlagungspflichtig sind. Es besteht die Auffassung der Finanzverwaltung (Abschnitt 29 Ziffer 7757b öEStR), dass diese Frage bejaht werden kann, da die Übergangsregelung nur für Zwecke der KESt anzuwenden ist. Bei Turbo-Zertifikaten, die einen untergeordneten Kapitaleinsatz vorsehen und vor dem 1. Oktober 2005 begeben wurden, kann eine KESt im Wege der Steuererklärung oder eines Antrages nach § 240 BAO zurückerstattet werden.

[500] *Mayr*, RDW 2005, 383 dabei verweist Mayr auf die „untergeordnete Bedeutung" bei gemischt genutzten Gebäuden (80/20-Prozent-Regel), öEStR 2000 Rz. 566, und auf die Übergangsbestimmung nach § 124b Ziffer 85 EStG; zu den Index-Produkten könnte auch auf die 20%-Grenze geschlossen werden. Jedoch könnte auch an die alte Verwaltungsauffassung, vor dem VwGH-Urteil vom 26.11.2002, angeknüpft werden.

öVwGH vom 26.11.2002, d. h. das Anknüpfen an einen zivilrechtlichen Forderungsbegriff, losgelöst von dem Bezugsobjekt des Index-Zertifikats. Das Beispiel des Turbo-Zertifikats zeigt die Grenzen dieser Rechtsprechung. So greift man bei der Einordnung der Einkünfte von Turbo-Zertifikaten wieder auf die Unterscheidung der steuerpflichtigen Früchte aus der entgeltlichen Überlassung von Kapital oder nicht steuerpflichtigen Wertänderungen auf der Vermögenssphäre zurück. Man folgt daher nicht konsequent dem systematischen Ansatz und der Argumentation des öVwGH, sondern sucht bei Turbo-Zertifikaten eine *„richtige und gleichzeitig auch praxistaugliche Lösung des generellen Problems der Abgrenzung von Erträgen aus der Substanz und den Früchten einer Kapitalanlage in Bezug auf Hebelprodukte“*[501], ohne die eigentliche Ursache, nämlich den Ansatz des zivilrechtlichen Forderungsbegriffs des öVwGH-Urteils vom 26.11.2002 infrage zu stellen. Es wird jedoch wiederum deutlich, wie diffizil die Abgrenzung von Kapitalertrag und Substanzgewinn bei den heutigen Produkten der modernen Finanzwelt ist und dass sie sich als praxisuntauglich erweist.

c. Umsetzung der EU-Zinsrichtlinie in Bezug auf die Besteuerung von Zertifikaten in Österreich

Die Umsetzung des EU-QuStG erfolgte in dem öBMF-Schreiben vom 1.8.2005[502], welches unter Ziffer 1.2 die Behandlung von Zertifikaten für Zwecke der EU-Quellensteuer regelt. Es wird unterschieden zwischen Zertifikaten mit und ohne Kapitalgarantie und nicht an den zivilrechtlichen Forderungsbegriff des öVwGH angeknüpft.

> ***„1.2.1. Zertifikate ohne Kapitalgarantie***
> *Zertifikate sind Kapitalanlagen, deren Wert direkt vom Wert einer zu Grunde liegenden Bezugsgröße (einem Basiswert) abhängt und die über keinerlei Kapitalgarantie verfügen. Zugesicherte Zinsen stellen eine Kapitalgarantie dar. Bei der Beurteilung, ob Erträge aus Zertifikaten ohne Kapitalgarantie der EU-Quellensteuer unterliegen, ist auf den dem Wertpapier zu Grunde liegenden Basiswert abzustellen.*
> ***Zertifikate auf Aktien, Aktienindices:***
> *Erträge stellen keine Zinsen i. S. d. EU-QuStG dar.*
> ***Zertifikate auf Anleiheindices:***
> *Erträge stellen dann keine Zinsen i. S. d. EU-QuStG dar, wenn sich der Index aus mindestens fünf unterschiedlichen Anleihen unterschiedlicher Emittenten zusammensetzt. Der Anteil einer einzelnen Anleihe darf nicht*

---

[501] *Tumpel/Widhalm*, Steuerrechtliche Einordnung von Turbo-Zertifikaten (Hebelprodukten), RdW 2005, 717.
[502] Information der Steuersektion zur EU-Quellensteuer und Kapitalertragsteuer vom 1. August 2005; weitere Literatur hierzu vgl.: *Gläser*, Handbuch der EU-Quellensteuer, S. 92 ff. *Gläser/Moritz*, SWK 2005, S. 827; *Mühlehner*, ÖStZ 2005, S. 76 ff.; *Polivanova-Rosenauer*, GeS 2005, 256; *Tumpel/Gläser*, SWK 2005, 850 ff.

mehr als 80 Prozent des Index betragen.
Bei dynamischen Zertifikaten muss die 80%-Grenze während der gesamten Laufzeit eingehalten werden. Bei statischen Zertifikaten sind Änderungen der Gewichtung, die sich nach der Emission ergeben, unschädlich.
Zertifikate auf Fondsindices:
Erträge stellen dann keine Zinsen i. S. d. EU-QuStG dar, wenn sich der Index aus mindestens fünf unterschiedlichen Fonds zusammensetzt. Der Anteil eines einzelnen Fonds darf nicht mehr als 80 % betragen. Zur 80%-Grenze: siehe unter „Zertifikate auf Anleiheindices".
Gemischte Zertifikate
Bei Zertifikaten, die sich auf gemischte Indices beziehen, die sowohl Fonds als auch Anleihen enthalten, stellen Erträge dann keine Zinsen i. S. d. EU-QuStG dar, wenn der Index aus mindestens fünf Anleihen und fünf Fonds jeweils unterschiedlicher Emittenten besteht und der Anteil einer Anleihe bzw. eines Fonds nicht mehr als 80 % des jeweiligen Index beträgt.
Zertifikate auf Metalle, Währungen, Wechselkurse und dgl.:
Erträge dieser Zertifikate stellen keine Zinsen i. S. d. EU-QuStG dar.

1.2.2. Zertifikate mit Kapitalgarantie
Als Kapitalgarantie gilt jede Zusicherung der Rückzahlung eines Mindestbetrages des eingesetzten Kapitals. Erträge kapitalgarantierter Zertifikate stellen Zinsen i. S. d. EU-Quellensteuergesetzes nach folgender Maßgabe dar:

Alle im Voraus garantierten Zinsen oder sonstige Vergütungen für die Kapitalüberlassung (Minimalkupon, Emissionsdisagio, Tilgungsagio etc.) gelten als Zinsen i. S. d. EU-QuStG.

Alle anderen nicht garantierten Erträge hängen von der Art ihrer Bezugsgröße (Basiswert, Underlying) ab.

Handelt es sich bei der Bezugsgröße um
- *Anleihen, Zinssätze, Inflationsraten, gelten die Erträge als Zinsen i. S. d. EU-QuStG.*
- *Equities (Aktien, Aktienindices oder Aktienbaskets, Metalle, Währungen, Wechselkurse, etc.) stellt der Ertrag keine Zinsen i. S. d. EU-QuStG dar.*
- *Kapitalanlagefonds hängt es davon ab, ob die Fonds Zinserträge i. S. d. EU-QuStG erzielen oder nicht. Nur insoweit die Erträge der Fonds aus Zinszahlungen i. S. d. EU-QuStG resultieren, stellen die Erträge des Zertifikats Zinsen i. S. d. EU-QuStG dar.*
- *Zertifikate, deren Erträge nicht als Zinsen i. S. d. EU-QuStG qualifiziert werden, stellen auch die Erträge dieser Kapitalanlage keine Zinsen i. S. d. EU-QuStG dar."*

d. Zusammenfassende Würdigung

Während die österreichische Finanzverwaltung seit dem öVwGH-Urteil vom 26.11.2002[503] auf ein zivilrechtliches Begriffsverständnis des Zinsbegriffs abstellt, wird im EU-QuStG eine Einordnung nach der Voraussetzung einer Kapitalgarantie vorgenommen. Die Beurteilung der österreichischen Finanzverwaltung von Zertifikaten auf Ebene des EU-QuStG orientiert sich an der Schweizer Wegleitung[504] und scheint insbesondere politisch motiviert zu sein, zumal sie der Auffassung der österreichischen Finanzverwaltung seit dem öVwGH-Urteil vom 26.11.2002 widerspricht. Jedoch ist die Auffassung des öVwGH vom 26.11.2002, die Anknüpfung an den zivilrechtlichen Forderungsbegriff, nicht überzeugend und wird durch die Behandlung der sog. Turbo-Zertifikate im Wartungserlass vom 9.1.2006 in ihrem systematischen Ansatz durchbrochen und vor allem aus vorgegebenen Gründen der Praktikabilität eingeschränkt. Letztendlich geht die Einordnung der Besteuerung von Zertifikaten auf österreichischer nationaler Ebene im Hinblick auf Hebel-Zertifikate und auf der Ebene des EU-Quellensteuergesetzes wiederum auf die Frage der Abgrenzung von Einkünften aus Kapitalvermögen und Substanzgewinnen und die damit verbundenen Abgrenzungsprobleme zurück.

3. Die Schweizerische Eidgenossenschaft

Zwischen der Schweiz und der EU wurde am 26.10.2004 ein Zinsbesteuerungsabkommen[505] abgeschlossen. Durch das Zinsbesteuerungsgesetz[506] und durch die Wegleitung der Eidgenössischen Steuerverwaltung[507] wird das Abkommen umgesetzt.

a. Allgemein zum Zinsbegriff des Schweizer Zinsbesteuerungsgesetzes und der Wegleitung der Eidgenössischen Steuerverwaltung

In Ziffer 85 der Wegleitung wird von einer weiten Auffassung des Zinsbegriffs ausgegangen. Die Schweiz unterscheidet in der Terminologie zwischen direkt mit Forderungen zusammenhängenden erzielten Zinsen (direkte Zinsen) und indirekt über Investments in bestimmte kollektive Anlagen (Anlagefonds) erzielten Zinserträgen (indirekte Zinserträge).

---

[503] VwGH v. 26.11.2002 99/15/0159; ÖStZB 2003, 131 ff.

[504] *Gläser/Moritz*, SWK 2005, S. 827, 832 formuliert folgendermaßen: „Grund für die Verzögerung einer Stellungnahme des BMF zur Behandlung von Zertifikaten im Anwendungsbereich des EU-QuStG war die Abstimmung mit den Finanzverwaltungen anderer Finanzplätze, vorrangig jener der Schweiz."

[505] Abkommen vom 26.10.2004 zwischen der Schweizerischen Eidgenossenschaft und der Europäischen Gemeinschaft über die Regelungen, die den in der Richtlinie 2003/48/EG des Rates vom 3.6.2003 im Bereich der Besteuerung von Zinserträgen festgelegten Regelungen entsprechen (Schweiz, BBl. 2004, 6541; SR0.641.926.81).

[506] BBl (Schweiz) 2004, 5665 ff.

[507] Eidgenössische Steuerverwaltung, Wegleitung zur EU-Zinsbesteuerung v. 24.6.2005.

„Direkte Zinsen
Als Zinsen gelten ausbezahlte oder einem Konto gutgeschriebene Zinsen, die mit Forderungen jeglicher Art zusammenhängen. Dazu gehören insbesondere Zinsen auf Treuhandanlagen, Erträge aus Staatspapieren, Anleihen und Schuldverschreibungen einschließlich allenfalls mit diesen Papieren verbundene Prämien und Gewinne.

Ebenfalls erfasst werden bei Verkauf, Rückzahlung oder Einlösung von Forderungen aufgelaufene oder kapitalisierte Zinsen. Darunter fallen insbesondere die Diskontkomponente bei Diskontpapieren, bei über pari rückzahlbaren Obligationen die Differenz zwischen Ausgabe- und Rückzahlungspreis sowie die bei Handänderungen erzielten Marchzinsen[508] *auf periodische Zinsen.*

Indirekte Zinsen
Als Zinsen gelten Ausschüttungen von Anlagefonds, sofern der Fonds zu mehr als 15 % des Vermögens direkt und/oder indirekt in Forderungen, deren Erträge der EU-Zinsbesteuerung unterliegen, investiert.

Der EU-Zinsbesteuerung unterliegen sodann die Erträge, die bei Verkauf, Rückzahlung oder Einlösung von Anteilen an Anlagefonds realisiert werden, sofern der Fonds direkt und/oder indirekt mehr als 40 % (ab dem 1. Januar 2001: 25 %) seines Vermögens in Forderungen, deren Erträge der EU-Zinsbesteuerung unterliegen, investiert.“[509]

Nach der Ziffer 91 fallen unter den Begriff der Zinsen nicht Zahlungen auf Beteiligungsrechte (Dividenden), Auszahlungen auf Versicherungspolicen, Leistungen von Versorgeinrichtungen sowie weitere Leistungen, denen kein Darlehensschuldverhältnis zugrunde liegt.

Ferner werden ausdrücklich nach dem Abkommen ausgenommen, obgleich im technischen Sinne Zinsen gegeben sind:

- Zinsen von Schuldnern mit Ansässigkeit in der Schweiz,
- Zinsen auf Privatdarlehen,
- Zinsen auf bestimmte umlauffähige Schuldtitel („*grandfathering*“),
- Verzugszinsen sowie
- ausgeschüttete und bei Verkauf, Rückzahlung oder Einlösung realisierte Zinsen bestimmter Anlagefonds.

Die Wegleitung enthält in den Ziffern 93 bis 108 Konkretisierungen hinsichtlich

[508] Marchzinsen ist ein anderer Begriff für Stückzinsen.
[509] Wegleitung zur EU-Zinsbesteuerung der Eidgenössischen Steuerverwaltung, Ziffer 87, 88.

obiger Aufzählung.

b. Grundsätzliches zur Systematik der Besteuerung von Kapitalerträgen und zur Besteuerung von Index-Zertifikaten in der Schweiz

Im folgenden Abschnitt soll nur ein kurzer Abriss der Systematik der grundsätzlichen Besteuerung von Kapitalerträgen in der Schweiz dargestellt werden, um eine systematische Einordnung der Besteuerung von Zertifikaten zu ermöglichen.

Das Schweizer Steuersystem unterscheidet zwischen der Steuerhoheit des Bundes, der Kantone und der Gemeinden und ist daher sehr vielschichtig, da auf den jeweiligen Ebenen teils verschiedene oder auch gleichartige Steuern erhoben werden können. Für den Steuerpflichtigen in der Schweiz sind bei der Besteuerung von Index-Zertifikaten insbesondere die **direkte Bundessteuer** und die **Verrechnungssteuer** auf Kapitalerträge von Bedeutung.

Der schweizerische Einkommensteuerbegriff im Rahmen des **Direkten Bundsteuergesetzes** wird i. S. d. Reinvermögenszugangstheorie verstanden, d. h. Einnahmen, aus welcher Quelle auch immer, werden grundsätzlich besteuert.[510] Jedoch sind Kapitalgewinne aus der Veräußerung von Privatvermögen nach Art. 16 III DGB und abschließend aufgezählte Einkünfte gemäß Art. 24 DGB steuerfrei. Diese beiden Ausnahmen führen dazu, dass man von der sog. „modifizierten Reinvermögenszugangstheorie"[511] spricht bzw. die Theorie nicht für Einkünfte von natürlichen Personen im Privatvermögen anwendet.[512]

Zinsen zählen regelmäßig zu Erträgen aus privaten Kapitalanlagen nach Art. 20 DGB. Kapitalerträge aus der Veräußerung von Privatvermögen sind allerdings nach Art. 16 III DGB steuerfrei, sodass wiederum die Frage der Abgrenzung zwischen Ertrag und Gewinn entscheidend ist. Das DGB enthält zu der Frage der Abgrenzung keine umfassenden Regelungen, sondern es wird bei beweglichen Vermögen[513] anhand des subjektiven und objektiven Herkunftsprinzips unterschieden. Nach dem subjektiven Herkunftsprinzip (auch Schuldnerprinzip genannt) sind Einkünfte, die vom Schuldner stammen, Erträge, während Leistungen, die dem Steuerpflichtigen von Dritten zufließen,

---

[510] *Fleißig*, Die Harmonisierung der Zinsbesteuerung in der EU, S. 109.

[511] *Fleißig*, Die Harmonisierung der Zinsbesteuerung in der EU, S. 109 m. w. H. auf *Amonn* S. 18, *Rivier* S. 127 f.

[512] *Fleißig*, Die Harmonisierung der Zinsbesteuerung in der EU, S. 109 m. w. H. auf BG, ASA 56 (1987/1988), 61, 63 f.; *Cagianut* in *Höhn/Athansas*, S. 44.

[513] Das bewegliche Vermögen wird definiert als Sachen und Rechte im Sinne des Zivilrechts, die nicht Grundeigentum oder Rechte daran sein können, mithin auch das Kapitalvermögen. So BG, ASA 24)1955/56), 192, 194; Kolb in *Mennel/Förster*, Bd. II, CH, Rn 165; *Blumenstein/Locher*, S. 150.

Gewinne darstellen.[514] Hingegen wird bei dem objektiven Herkunftsprinzip auf das Schuldverhältnis, auf dem die Erträge beruhen, abgestellt, sodass die entscheidende Frage die nach der Natur der Leistung ist.[515]

Nach Art. 20 Ia DGB sind Zinsen aus Obligationen und Guthaben jeder Art, die vom Schuldner für die Kapitalnutzung an den Gläubiger außerhalb der Kapitalrückzahlung geleistet werden, steuerpflichtig.[516] Das gilt für Zinsen oder Diskonte, unabhängig von ihrer Form, von ihrer Bezeichnung und dem Zeitpunkt ihrer Erbringung, sofern sie nur die Gegenleistung für die Kapitalnutzung darstellen.[517] Während unter Art. 20 Ia DGB ordentliche Erträge besteuert werden, so wird unter Art. 20 Ib DGB die Differenz zwischen Ausgabe- und Rückkaufpreis aus der Veräußerung oder Rückzahlung von Obligationen mit Einmalverzinsung oder überwiegender Einmalverzinsung für die während der Besitzzeit angehäuften Zinsen, die dem Inhaber zufallen, besteuert.[518] Es handelt sich dabei um typische Fälle von Zerobonds.

Ein Zertifikat ist eine Obligation, deren Entwicklung „delta eins" von der Entwicklung eines zugrunde liegenden Basiswertes abhängt; es handelt sich damit um ein derivatives Finanzinstrument. Die Besteuerung von derivativen Finanzinstrumenten wird in der Schweiz anhand von bestimmten Kriterien unterschieden. Erträge aus Finanzderivaten ohne Anlagecharakter, wie z. B. Termingeschäfte, Swaps, Futures, Optionen stellen einkommensteuerfreien Kapitalertrag dar.[519] Bei Mischformen unterscheidet die Finanzverwaltung[520] zwischen transparenten und nicht transparenten Produkten. Ein Produkt gilt als transparent, wenn bei Emission die zugrunde liegenden Komponenten getrennt gehandelt werden oder offen gelegt und wertmäßig separiert werden. Der mit der bzw. den Optionen erzielte Gewinn ist steuerfrei, hingegen ist der aus der Obligation erzielte Ertrag nach Art. 20 Ia oder b DGB steuerpflichtig. Bei nicht transparenten Produkten stellt die Option oder das Wahlrecht die variable Komponente des Ertrags aus dem Anlagegeschäft dar, sodass der Betrag, der über das ursprüngliche investierte Kapital hinausgeht, der direkten Bundessteuer unterliegt.

Dem Steuergegenstand der **Verrechnungssteuer** (VSt) unterliegen grundsätzlich Zinsen von **inländischen** Obligationen, Schuldbriefen und Schuldbuchguthaben gemäß Art. 4 Ia VStG i. V. m. Art. 14 ff. VStV. Als steuerbarer Ertrag der Verrechnungssteuer gilt gemäß Art. 14 I VStG jede auf

[514] *Blumenstein/Locher*, S. 161.
[515] *Blumenstein/Locher*, S. 161.
[516] *Höhn/Waldburger*, § 14 Rn 54, *Rivier*, S. 173.
[517] *Füglister*, ASA 62 (1993/94), 149, 156.
[518] *Füglister*, ASA 62 (1993/94), 149, 158.
[519] *Füglister*, ASA 62, (1993/93), 149, 169 ff.
[520] Kreisschreiben ESTV, Nr. W99-004D v. 12.4.1999, S. 8 ff.

einem Schuldverhältnis beruhende Leistung, soweit sie nicht die Rückzahlung des Kapitals darstellt. Im Gegensatz zum DGB unterliegen hingegen die Einkünfte aus der Veräußerung oder Rückzahlung von Obligationen mit überwiegender Einmalverzinsung nicht der VSt.[521] Hinsichtlich Finanzderivaten gelten für die VSt auch die Bestimmungen des Kreisschreibens vom 12.4.1999.[522]

Im Anhang III zum Kreisschreiben Nr. 4 vom 12.4.1999 der Eidgenössischen Steuerverwaltung[523] wurde in Bezug auf Zertifikate Folgendes erlassen:

> *„Klassische Index- und Basketzertifikate*
> *Die mit den Zertifikaten erzielten Gewinne und Verluste, die auf den Basiswerten beruhen, gelten (wie bei den übrigen derivativen Finanzinstrumenten) steuerlich als Kapitalgewinne oder Kapitalverluste. Sonstige Ausgleichszahlungen stellen steuerbaren Vermögensertrag gemäß Art. 20 Abs. 1 Buchst. a DBG dar, der bei periodischen Zahlungen nach dem allgemeinen Fälligkeitsprinzip erfasst wird. Bei Ausgleichszahlungen in Form eines Diskonts bei der Emission oder eines Agios bei der Rückzahlung erfolgt die Besteuerung im Zeitpunkt der Rückzahlung. Die Verrechnungssteuer wird demgegenüber nicht erhoben.*
>
> *Dynamische Index- und Basketzertifikate*
> *Als dynamische Produkte sind solche anzusehen, bei denen die Zusammensetzung des bei Emission definierten Indices oder Baskets (speziell zusammengestellte Aktienkörbe) während der Laufzeit der Papiere geändert werden kann. Solche Zertifikate sind grundsätzlich steuerlich als anlagefondsähnliche Vermögen zu qualifizieren mit den hierfür geltenden einkommen- und ggf. verrechnungssteuerlichen Folgen (Basiswert dieser Zertifikate: ein oder mehrere Anlagefonds).“*

Aufgrund der Einordnung der dynamischen Index- und *Basket*-Zertifikate als anlagefondsähnliche Vermögen sind die Regelungen der Bundes- und die Verrechnungssteuer für Fonds für den Zertifikatsinhaber zu beachten:

Bundessteuer
Es unterliegen sowohl die Ausschüttungen als auch die thesaurierten Gewinne der Anlagefonds beim Zertifikatsinhaber alljährlich der direkten Bundessteuer.[524] Es besteht eine Ausnahme, wenn die Ausschüttungen oder thesaurierten Gewinne aus Kapitalgewinnen des Fonds bestehen.

---

[521] Gesetzeswortlaut des § 14 VStV, Kreisschreiben ESTV Nr. W99-004D v. 12.4.1999, S. 8.
[522] Kreisschreiben ESTV Nr. W99-004D v. 12.4.1999, S. 8.
[523] Anhang III zum Kreisschreiben Nr. 4 vom 12.4.1999, 2. Auflage vom 28.1.2002 der Eidgenössischen Steuerverwaltung (ESTV), Hauptabteilung Direkte Bundessteuer/Verrechnungssteuer/Stempelabgaben.
[524] Art. 20 Abs. 1 Buchst. e DBG; Kreisschreiben Nr. 2 vom 23.11.1999.

Kapitalgewinne sind dann steuerfrei, wenn sie im Falle der Ausschüttung mittels separater Coupons erfolgen und wenn die Fondsbuchhaltung in beiden Fällen eine klare Unterscheidung zwischen (steuerfreien) Kapitalgewinnen und (steuerbaren) Vermögenserträgen zulässt.[525]

Verrechnungssteuer
Wenn das Zertifikat von **einem Inländer emittiert wird**, unterliegen sämtliche Ausschüttungen der Verrechnungssteuer, es sei denn, es handelt sich um Kapitalgewinne, die über gesonderte Coupons erzielt werden.[526] Wenn Erträge thesauriert werden, unterliegen diese dann nicht der Verrechnungssteuer, wenn sie auf einem Konto „zurückbehaltene Erträgnisse" verbucht werden. Bei Verfall oder Kündigung der Zertifikate durch die Emittentin unterliegt der gesamte Liquidationsüberschuss – vermindert um die Kapitalgewinnkomponente – der Verrechnungssteuer.

c. Umsetzung der EU-Zinsrichtlinie in Bezug auf die Besteuerung von Zertifikaten

Zertifikate finden sich unter dem Abschnitt der Schweizer Wegleitung[527], der mit „Behandlung der Derivate und zusammengesetzten bzw. strukturierten Finanzinstrumente" überschrieben ist. In diesem Abschnitt wird klargestellt, dass Derivate im engeren Sinne (wie Optionen, Forwards, Futures und Swaps) keinen Zins im Sinne des Abkommens generieren.

Es erfolgt ein Unterabschnitt, betitelt mit „Instrumente mit Kapitalschutz":

> *„Instrumente mit Kapitalschutz bestehen im Regelfall aus einer zu einem Produkt zusammengefassten Kombination aus einer Geldanlage und einem Derivat. Dem Investor wird auf den Zeitpunkt der Rückzahlung ein Mindestwert des Instruments zugesichert.*
>
> *Jede Zusicherung der Rückzahlung eines Mindestbetrages des eingesetzten Kapitals gilt als Kapitalschutz.*
>
> *Jede im Voraus zugesicherte feste Entschädigung (Minimalcoupons, Emissionsdisagio, Rückzahlungsagio) gilt als Zins.*
>
> *Die Qualifikation der nicht im Voraus zugesicherten Entschädigungen („übrigen Entschädigungen") hängt von der Art der Bezugsgröße (Basiswert, Underlying) ab:*
> - *Bezugsgrösse: Obligationen, Zins, Inflation oder Kreditrisiken*

---
[525] Art. 16 Abs. 3 DGB.
[526] Art. 4 Abs. 1 Buchst c, Art. 5 Abs. 1 Buchst VStG.
[527] Wegleitung zur EU-Zinsbesteuerung der Eidgenössischen Steuerverwaltung, Ziffer 171.

Die übrigen Entschädigungen gelten als Zins.

- *Bezugsgrösse: Equity (Aktien, Aktienindices oder -baskets, Metalle, Commodities, Währungen, Wechselkurse etc.):*
  Die übrigen Entschädigungen gelten nicht als Zins.
- *Bezugsgrösse: Anlagefonds*
  - *Sofern Fonds, die im Sinne des Abkommens Zins generieren: Die übrigen Entschädigungen gelten unter Ausschluss der nachgewiesenen Kapitalgewinne als Zins.*
  - *Sofern Fonds, die keinen Zins im Sinne des Abkommens generieren: Die übrigen Entschädigungen gelten nicht als Zins.*
- *Bezugsgrösse: Zertifikate*
  - *Sofern Zertifikate, die Zins im Sinne des Abkommens generieren: Die übrigen Entschädigungen gelten als Zins.*
  - *Sofern Zertifikate, die keinen Zins im Sinne des Abkommens generieren: Die übrigen Entschädigungen gelten nicht als Zins.*“[528]

In der Schweizer Wegleitung sind Zertifikate definiert als „*Derivate, deren Wert direkt vom Wert eines zugrunde liegenden Basiswerts abhängt. Sie verfügen über keinen Kapitalschutz. Als Zertifikate gelten auch Basketzertifikate, bei denen die Zusammensetzung der Baskets während der Laufzeit verändert werden kann (managed certificates).*“[529]

Die Zertifikate werden im Anschluss an die Definition kategorisiert:

„*Zertifikate auf Aktienindices oder Aktienbaskets*
Zertifikate auf Aktienindices oder Aktienbaskets gelten als Derivate und generieren keinen Zins im Sinne des Abkommens.

Zertifikate auf Obligationenindices oder Obligationenbaskets
Zertifikate auf Obligationenindices und Obligationenbaskets gelten als Derivate und generieren keinen Zins im Sinne des Abkommens. Der Index beziehungsweise Basket muss aus mindestens fünf unterschiedlichen Obligationen (verschiedenen Emittenten) zusammengesetzt sein. Der Anteil einer einzelnen Obligation darf nicht mehr als 80 % des Index bzw. Baskets betragen. Anderenfalls werden die Zertifikate nicht als Derivat, sondern Obligationsanlage behandelt. Hinsichtlich der 80%-Regel gilt Folgendes: Bei statischen Zertifikaten sind Änderungen der Gewichtung, die sich aufgrund von Kursveränderungen seit der Emission ergeben können, unschädlich. Bei dynamischen Zertifikaten muss demgegenüber die Regel während der gesamten Laufzeit eingehalten werden.“[530]

---

[528] Wegleitung zur EU-Zinsbesteuerung der Eidgenössischen Steuerverwaltung, Zi 171.
[529] Wegleitung zur EU-Zinsbesteuerung der Eidgenössischen Steuerverwaltung, Zi 171.
[530] Wegleitung zur EU-Zinsbesteuerung der Eidgenössischen Steuerverwaltung, Zi 171.

Die Schweiz trifft somit konkrete Regelungen zu Anleihen als Basiswerte eines Zertifikats und knüpft an die konkreten Kriterien an, dass ein *Basket* bzw. *Index* sich mindestens aus fünf Obligationen zusammensetzen muss und zudem der Anteil einer einzigen Obligation nicht mehr als 80 % sein darf, um noch als Derivat behandelt zu werden. Insofern ist die Schweizer Interpretation des Derivats sehr großzügig bzw. die des Zinsbegriffs sehr eng. So würde beispielsweise in der Schweiz das oben dargestellte REX-P-Zertifikat anhand dieser Kriterien als Derivat subsumiert werden und damit außerhalb des Anwendungsbereichs der EU-Zinsrichtlinie liegen.

> *„Zertifikate auf Fondsindices oder Fondsbaskets*
> *Zertifikate auf Fondindices und Fondsbaskets gelten als Derivate und generieren keinen Zins im Sinne des Abkommens. Der Index beziehungsweise Basket muss aus mindestens fünf unterschiedlichen Fonds zusammengesetzt sein. Der Anteil eines einzelnen Fonds darf nicht mehr als 80% betragen. Andernfalls werden die Zertifikate nicht als Derivate, sondern als Anlagen in Anlagefonds behandelt. (…)*
>
> *Gemischte Zertifikate*
> *Bei Zertifikaten auf gemischten Indices oder Baskets, die sowohl Obligationen als auch Fonds beziehungsweise neben Obligationen und/oder Fonds noch weitere Bezugsgrößen enthalten, muss die Regel, wonach der Index oder der Basket mindestens fünf unterschiedliche Obligationen bzw. Fonds enthalten muss, sowohl für die Obligationen als auch für die Fonds eingehalten werden.*
>
> *Zertifikate auf Metalle, Commodities, Währungen, Wechselkurse und dergleichen*
> *Zertifikate auf Metalle, Commodities, Währungen, Wechselkurse und dergleichen gelten als Derivate und generieren keinen Zins im Sinne des Abkommens.“*[531]

Zur Verdeutlichung der gegenüber Deutschland und Österreich unterschiedlichen Interpretation soll folgendes Beispiel dienen: Ein Zertifikat auf einem Aktien*basket* ist mit einem vom Emittenten bei Einlösung zu zahlenden garantierten Mindestzins ausgestaltet; darüber hinaus sind die Erträge von der Entwicklung des zugrunde liegenden Aktien*baskets* abhängig. Die volle oder teilweise Rückzahlung des eingesetzten Kapitals soll nicht garantiert sein. Nach Auffassung der Schweizer Wegleitung handelt es sich um ein Zertifikat ohne Kapitalschutz, da keine Kapitalgarantie hinsichtlich des eingesetzten

---

[531] Wegleitung zur EU-Zinsbesteuerung der Eidgenössischen Steuerverwaltung, Zi 173.

Kapitals vorliegt, sodass weder die zugesicherten Couponerträge noch der Ertrag bei Einlösung nach der Schweizer Wegleitung der Besteuerung unterliegt. Nach Rz. 170 der Schweizer Wegleitung zur EU-Zinsenbesteuerung sind im Voraus zugesicherte Erträge in der Schweiz nur dann steuerpflichtig, wenn es sich um ein kapitalgeschütztes Finanzprodukt handelt.

d. Zusammenfassende Würdigung

Die direkte Schweizer Bundessteuer und die Verrechnungssteuer regeln für in der Schweiz ansässige Steuerpflichtige nahezu den gleichen Steuergegenstand, sodass es für den Schweizer Fiskus im Rahmen des erfassten Bereichs irrelevant ist, ob die Zinseinkünfte von den Schweizer Steuerpflichtigen deklariert werden oder die Steuer an der Quelle erhoben wird. Die Verrechnungssteuer ist eine Schuldnersteuer, umfasst nur inländische Quellen und findet keine Anwendung bei Zinseinkünften ausländischer Emittenten. Es befinden sich jedoch auch Wertpapiere von ausländischen Emittenten im Depot von Steuerinländern. Der Schweizer Fiskus kennt das Erhebungsdefizit und könnte diesem durch die Umstellung auf ein Zahlstellensystem entgegenwirken.

Das Konzept der EU-Zinsrichtlinie unterliegt hingegen dem Zahlstellenprinzip und stellt auf Zinszahlungen an „EU-Bürger“, also nicht in der Schweiz Ansässige, ab. Die Schweiz regelt in der sog. Schweizer Wegleitung sehr detailliert die Behandlung von Zertifikaten. Dabei werden Aktien-Zertifikate als Derivate eingeordnet, die nicht der Quellensteuer unterliegenden. Bei Zertifikaten, deren *underlying* Anleihe- oder Anleiheindizes sind, wird darauf abgestellt, dass mindestens fünf verschiedene Anleihen in dem Index enthalten sind und eine Anleihe mit nicht mehr als 80 % gewichtet wird, sodass noch eine Einordnung als Derivat und damit kein Quellensteuereinbehalt erfolgt bzw. eine Informationspflicht besteht. Das REX-P-Zertifikat würde in der Schweiz als Derivat eingeordnet werden und keinen Quellensteuereinbehalt nach sich ziehen.

IV. Ergebnis und Ausblick

Vergleicht man die Schweizer Wegleitung mit dem österreichischen BMF, so wird hinsichtlich des Steuergegenstandes der EU-Zinsrichtlinie beiderseits zwischen Produkten mit und ohne Kapitalgarantie unterschieden, doch sind die Voraussetzungen für das Vorliegen einer Kapitalgarantie unterschiedlich. Eine Kapitalgarantie in der Schweiz liegt dann vor, wenn die Rückzahlung eines Mindestbetrages des eingesetzten Kapitals zugesichert wird. In Österreich und Deutschland hingegen ist eine Kapitalgarantie auch dann gegeben, wenn zwar nicht eine Rückzahlung des hingegebenen Kapitals garantiert wird, aber Zinsen oder Kapitalerträge aus dem überlassenen Kapital zugesichert werden. Nach österreichischer und nach deutscher Auffassung reicht die Garantie eines

Ertrags aus, sodass ein Zertifikat mit Kapitalschutz bzw. eine sog. Finanzinnovation vorliegt. Somit unterliegen in Österreich die zugesicherten Erträge der EU-Quellensteuer und in Deutschland besteht die Pflicht des Informationsaustausches.

In Österreich findet man in der Literatur bereits die Aussage[532], dass ein Redaktionsversehens des öBMF gegeben sei, zumal es die Zielsetzung des öBMF ist, um die Wettbewerbsfähigkeit des Finanzplatzes Österreich gegenüber der Schweiz zu gewährleisten, Zertifikate in beiden Ländern gleich zu behandeln. Damit sei die Definition der Kapitalgarantie in Ziffer 1.2.1 des öBMF im Sinne der Schweiz zu interpretieren.

Die enge Auslegung des Zinsbegriffs nach der Schweizer Umsetzung der EU-Zinsrichtlinie wird auch deutlich bei Zertifikaten mit Anleihen als *underlying*: ausreichend für die Nichtanwendung der EU-Zinsrichtlinie ist nach Schweizer Umsetzung bereits, dass sich der Index bzw. *basket* aus mindestens fünf Anleihen zusammensetzt, wobei eine Anleihe mit nicht mehr als 80 % in demselben *basket* bzw. Index gewichtet werden darf. Dasselbe gilt für Fondsindizes und *-baskets*.

Diese unterschiedlichen Auslegungen machen den Wettbewerb der einzelnen Finanzplätze im Rahmen der Umsetzung der EU-Zinsrichtlinie deutlich. Deshalb besteht eine Initiative der EU-Kommission, den sachlichen Anwendungsbereich der EU-Zinsrichtlinie zu erweitern. Insbesondere die Schweiz, eines der größten „*offshore*"-Finanzzentren, hat in dem ersten halben Jahr, seit dem das Gesetz in Kraft ist, nur 100 Millionen EUR an Quellensteuer einbehalten.[533] In einem Arbeitsdokument der Expertengruppe zum „Review of the operation of the Council Directive 2003/48/EC on taxation of saving" vom 22.3.2007[534] wird versucht, die „Schlupflöcher" der EU-Zinsrichtlinie zu „stopfen". Die EU-Zinsrichtlinie soll zukünftig nicht nur auf natürliche Personen, sondern auch auf Kapitalgesellschaften Anwendung finden. Ferner wird in vielen Jurisdiktionen über eine weitere Definition des sog. „wirtschaftlichen Eigentümers" entsprechend dem Begriffsverständnis nach dem Geldwäschegesetz nachgedacht.[535] Weiter wird vorgeschlagen, bestimmte derivative Finanzinstrumente generell in die Zinsdefinition der EU-Zinsrichtlinie aufzunehmen. Dabei nimmt die Arbeitsgruppe konkret Bezug auf:

---

[532] *Gläser*, SWK 2005, 1205, 1210.

[533] Vgl. Financial Times (London) v. 9.4.2007, *"Brussels to tighten savings tax law"*

[534] Working Document of Expert Group on Taxation of Savings, Review of the Council Directive 2003/48/EC on taxation of income from savings, Meeting on 22 March 2008, Berlaymont – Salle Jean Rey, Rue de la Loi 200 – Brussels.

[535] Working Document of Expert Group on Taxation of Savings, Review of the Council Directive 2003/48/EC on taxation of income from savings, Meeting on 22 March 2008, Berlaymont – Salle Jean Rey, Rue de la Loi 200 – Brussels, Ziffer 2.

„Structured products may offer a degree of capital protection from a risk-free deposit that is guaranteed to return all (typically a zero-coupon bond), or a proportion of the investor's initial outlay. Some structured products also offer minimum guarantees on the performance of the investment. Structured products are designed to provide investors with highly targeted investments tied of their specific risk profiles, return requirements and market expectations. For instance they are offered to investors to provide access to alternative asset classes (commodities, hedge funds, real estate etc.) with a guarantee that part of all the capital will be protected."[536]

Es wird deutlich, dass auf strukturierte Produkte mit einer Kapitalgarantiekomponente abgestellt werden soll. Zu erwähnen ist auch folgende Aussage in dem Arbeitspapier: „*In order to establish if any of these derivatives and structured products should fall within the scope of the Savings Directive, it would be useful to consider the principle that the substance should prevail over the form.*"[537] Es bleibt abzuwarten, ob sich ein erweiterter Entwurf der EU-Zinsrichtlinie an der derzeitigen Umsetzung der jeweiligen Staaten hinsichtlich strukturierter Produkte bzw. Zertifikate orientieren wird – und wenn an welcher.

Bei all diesen Bemühungen sollte jedoch beachtet werden, dass bereits Standorte wie Hongkong und Singapur damit werben, dass sich der Anwendungsbereich der EU-Zinsrichtlinie nicht auf sie erstreckt. Ob damit durch derartige geplante Erweiterungen der EU-Zinsrichtlinie dem eigentlichen Sinn und Zweck der Vermeidung der Kapitalflucht und Steuerdelikten in einer heute sich globalisierenden Welt entgegengewirkt werden kann, ist und bleibt fraglich.

---

[536] Working Document of Expert Group on Taxation of Savings, Review of the Council Directive 2003/48/EC on taxation of income from savings, Meeting on 22 March 2008, Berlaymont – Salle Jean Rey, Rue de la Loi 200 – Brussels, Ziffer 4.1.

[537] Working Document of Expert Group on Taxation of Savings, Review of the Council Directive 2003/48/EC on taxation of income from savings, Meeting on 22 March 2008, Berlaymont – Salle Jean Rey, Rue de la Loi 200 – Brussels, Ziffer 4.1.

F. Neukonzeption der Besteuerung von Zertifikaten im Privatvermögen nach deutschem nationalem Steuerrecht

Im Folgenden sollen Möglichkeiten einer Neukonzeption der Besteuerung von Zertifikaten im Privatvermögen in Deutschland untersucht, ein Lösungsansatz aufgezeigt und in der Zusammenfassung/Ergebnisse (Teil G) dem internationalen Kontext des OECD-MA und der EU-Zinsrichtlinie gegenübergestellt werden.

I. Transparente Sichtweise

Die Notwendigkeit der Frage einer transparenten Sichtweise im Sinne einer Zerlegung von bestimmten Finanzprodukten in ihre Einzelbestandteile ist letztendlich die Folge der Unterscheidung zwischen Stamm und Frucht bzw. steuerfreiem Substanz- bzw. Vermögensgewinn und steuerpflichtigem Kapitalertrag im deutschen Steuerrecht.

In diesem Abschnitt steht im Vordergrund, Alternativen zur Besteuerung von Zertifikaten darzulegen. Dabei sind grundsätzlich zwei extreme Lösungsansätze zu unterscheiden: Zum einen eine voll transparente Sichtweise, welches seine stärkste Ausprägung wohl in der derzeitigen Besteuerung von Investmentfonds erfährt. Am anderen Ende des Spektrums steht die Abgeltungssteuer, welche die Unterscheidung zwischen Substanzgewinn und Ertrag aufgibt und beide einer einheitlichen Besteuerung unterwirft.

Zwischen diesen Polen sind die aus wirtschaftlicher Sicht aus verschiedenen Elementen zusammengesetzten Finanzprodukte einzuordnen, die bei der Besteuerung gegebenenfalls in die jeweiligen Grundgeschäfte zerlegt und deren einkommensteuerlichen Behandlung unterworfen werden. Dazu wird die derzeitige Besteuerung der Options-, der Wandel-, der Umtausch- und der Aktienanleihe näher betrachtet. Dabei steht nicht im Vordergrund, vollumfänglich den derzeitigen Meinungsstand aufzuarbeiten[538], sondern die Grundzüge der Besteuerung dieser zusammengesetzten Finanzprodukte darzustellen[539] und deren Übertragbarkeit auf die Besteuerung von Zertifikaten zu diskutieren.

---

[538] Vgl. umfangreiche Analysen insbesondere in: *Grünberger*, Termin-, Options- und Swapgeschäfte; *Pross*, Swap, Zins und Derivat; *Harenberg/Irmer*, Besteuerung privater Kapitaleinkünfte, unter den ensprechenden Stichwörtern; *Lohr*, Kapitalanlage nach der Unternehmenssteuerreform, unter den entsprechenden Stichwörtern; *Wagner*, Besteuerung von Finanzinnovationen im Privatvermögen, Teil II, StBP 2002, S. 331 ff.; *Haisch*, StBJB 2006/2007 steht zur Veröffentlichung an, Anhang 3 *Harenberg* in *Herrmann/Heuer/Raupach*, § 20 Anm. 810 ff. m. w. N.

[539] Vgl. auch im Anhang: Tabellarischer Überblick über die Besteuerung bestimmter strukturierter Produkte nach derzeitigem Recht und nach der Abgeltungssteuer.

1. Derzeitige Besteuerung von Zertifikaten und der „Zerlegungsansatz"

Hinsichtlich der derzeitigen Besteuerung von Zertifikaten wird zunächst auf die unter Abschnitt C gewonnenen Erkenntnisse zurückgegriffen und diese werden nochmals kurz zusammengefasst: Bei der Besteuerung von Zertifikaten geht es vornehmlich um die Frage, ob diese den steuerpflichtigen Kapitalerträgen oder den nicht steuerpflichtigen Substanzgewinnen zuzuordnen sind. Nach derzeitigem deutschen Steuerrecht wird auf der ersten Ebene, der Typenbeschreibung einer Finanzinnovation nach § 20 Abs. 1 Nr. 7 S. 1, Abs. 2 S. 1 Nr. 4 c) EStG, geprüft, ob eine Zusage bzw. Gewährung einer Entgeltzahlung oder (teilweisen) Kapitalrückzahlung gegeben ist; dabei reicht auch eine wirtschaftliche bzw. faktische Kapitalgarantie aus. Auf der zweiten Ebene, der Bestimmung des Umfangs und der Ermittlung der steuerpflichtigen Einnahmen nach § 20 Abs. 2 S. 2, S. 4 EStG, ist mangels vorhandener Emissionsrendite auf die Marktrendite abzustellen, d. h. steuerpflichtig ist der Unterschied zwischen dem Entgelt für den Erwerb und den Einnahmen aus der Veräußerung, Abtretung oder Einlösung der Zertifikate. Verfolgt man bei einer vorhandenen teilweisen Kapitalgarantie den Ansatz einer quotalen Aufteilung des Ertrags hinsichtlich der bestehenden Kapitalgarantie, so führt diese Aufteilung nur dann wirtschaftlich zu einem sachgerechten Ergebnis, wenn eine Zerlegung des Zertifikats in die dahinterstehenden finanztechnischen Komponenten erfolgt.

Wie oben dargestellt, setzt sich ein teilweise kapitalgarantiertes Index-Zertifikat regelmäßig aus einer Nullcoupon-Anleihe, die am Ende der Laufzeit den Betrag der Kapitalgarantie sichert, und einer Investition in den Basiswert bzw. ein (delta eins) Derivat auf denselben zusammen.

Auch Discount- und Bonuszertifikate werden steuerlich nicht in die strukturellen Einzelbestandteile (beim Discount-Zertifikat: Verkauf einer Call-Option, beim Bonus-Zertifikat: Kauf eines Zero-Strike-Call und eines Knock-Out-Put) zerlegt, sondern hier wird auf das Kriterium der Zusage oder Gewährung eines Entgelts oder einer (teilweisen) Kapitalgarantie abgestellt.

Das Abstellen des Gesetzes auf eine Kapital- bzw. Ertragsgarantie lässt einen Durchgriff auf die Einzelkomponenten des Zertifikats vermuten, ist jedoch kein wirklicher Durchgriff, denn es wird keine Analyse der dahinter stehenden Einzelkomponenten vorgenommen. Es besteht grundsätzlich die Auffassung im Schrifttum und der Finanzverwaltung, dass Zertifikate als einheitliches Wirtschaftsgut zu sehen sind[540], lediglich in handels- und steuerbilanzieller

---

[540] *Harenberg/Irmer*, Die Besteuerung privater Kapitaleinkünfte, Rn 1622, 791 ff., *Harenberg*, NWB Fach 3, S. 12151 ff., *Harenberg*, Derivatives, July/August 2003, 122, 126; *Haisch*, DStR 2003, S. 2202, 2205 in Bezug auf Fremd- und Doppelwährungsanleihen; *Danz/Haisch*, DStR, 2005, 2108, 2109 m. w. N.; a. A. *Schulze/Spudy*, DStR, 2001, 1143, 1146.

Hinsicht wird teilweise in der Literatur eine Aufspaltung in die einzelnen Komponenten vertreten[541]. Die Erkenntnis, dass Finanzinstrumente bank- bzw. finanztechnische i.S.e. „financial engineering" in ihre einzelnen Elemente rechnerisch zerlegt werden können, drängt die Frage, ob dieser Ansatz eine Alternative zur derzeitigen Besteuerung sein könnte geradezu auf. Mit dieser allgemeinen Frage, ob für die Besteuerung von strukturierten Produkten bzw. zivilrechtlich einheitlichen Finanzinstrumenten, die aus finanztechnischer Sicht aus verschiedenen Elementen zusammengesetzt sind („combound instruments") in steuerrechtlicher Hinsicht der Einheits- oder ein Zerlegungsansatz anzuwenden ist, hat bisher noch keine grundlegende Auseinandersetzung stattgefunden.[542] Die Rechtsgrundlage für die Aufspaltung könnte sich aus der wirtschaftlichen Betrachtungsweise und § 20 Abs. 1 Nr. 7 S. 2 EStG ergeben. Die wohl h.M. im Schrifttum enthält die Aussage, dass weder § 20 Abs. 1 Nr. 7 S. 2 EStG noch die wirtschaftliche Betrachtungsweise für einen Zerlegung von strukturierten Produkten rechtfertigen. Die Argumente dazu sind dürftig, wie beispielsweise: dass keine außerrechtlichen, wirtschaftlichen Beurteilungen rechtlicher Sachverhalte gerechtfertigt seien, sondern vielmehr die an den spezifischen Regelungszielen einer Rechtsnorm und deren Terminologie auszurichtende steuerliche Beurteilung, ob der bewirkte Erfolg einen Steuertatbestand erfüllt sei[543] oder die wirtschaftliche Betrachtungsweise biete keine Rechtsgrundlage, die gewählten zivilrechtlichen Vereinbarungen beiseite zu schieben und einen nicht bestehenden Sachverhalt zu fingieren.[544] Nach dem Wortlaut des § 20 Abs. 1 Nr. 7 S. 2 EStG erfolgt die Besteuerung der Erträge aus sonstigen Kapitalforderungen unabhängig davon, wie die Kapitalanlage bezeichnet wird und in welches zivilrechtliche Kleid sie verpackt wird.[545] Ob steuerpflichtige Erträge vorliegen bestimmt sich ausschließlich nach wirtschaftlichen Gesichtspunkten[546] und die Bezeichnung einer Kapitalanlage als Option, Zertifikat etc. sagt nichts darüber aus ob der erzielte Ertrag zu versteuern ist. Insofern ist der Wortlaut eindeutig und m. E. ein Zerlegungsansatz nach derzeitigem Recht durchaus zu rechtfertigen[547]. Weiter stellt sich dann die Frage, ob der Zerlegungsansatz der derzeitigen Besteuerung bzw. der Besteuerung nach der Abgeltungssteuer vorzuziehen ist. Dies wird nachfolgend aufgearbeitet.

---

[541] So IDW RH BFA 1.003, WPg 2001, 916; jedoch ablehnend hierzu *Eisele/Knobloch*, zfbf 55, 749; *Häuselmann*, BB 2003, 1531, 1535.

[542] So auch *Haisch*, StBJB 2006/2007 (steht zur Veröffentlichung an) Zi. V.2.

[543] So *Haisch*, StBJB 2006/2007 (steht zur Veröffentlichung an), Ziffer V.2.2 m.H.a. *Weber-Grellet* in *Schmidt*, § 17 Rz. 1.

[544] So *Haisch*, StBJB 2006/2007 (steht zur Veröffentlichung an) Ziffer V.2.2. m.H.a. BFH v. 1.7.2003, BStBl II 2003, 883; v. 16.5.2001 – I R 102/00, BStBl II 2001, 710; *Groh*, DB 2002, 860 ff.

[545] *Harenberg/Irmer*, Besteuerung privater Kapitaleinkünfte, Rn 809.

[546] Vgl. insbesondere BVerfG, StuW 1992, 186 ff. und detailierte Ausführungen zu der Beziehung zwischen Steuerrecht und Zivilrecht unter Ziffer C.II.b.aa.(3) m.w.H.

[547] So auch *Eisele/Knobloch*, FS für *Bareis*, S. 70.

2. Investmentfonds

Die stärkste Ausprägung einer transparenten Sichtweise bzw. eines Durchgriffsprinzips zeigt derzeit die Besteuerung von Investmentfonds. Nach § 5 InvStG hat der Fonds die Besteuerungsgrundlagen darzulegen, um die entsprechende Besteuerung der Einkünfte auf der Ebene des Investors sicherzustellen. Sofern der Fonds der Transparentmachung nach § 5 InvStG nicht Genüge tut, wird der Investor einer sog. „Strafbesteuerung" nach § 6 InvStG unterworfen.

Doch auch bei Investmentfonds wird das Transparenzprinzip nicht konsequent durchgehalten, da die Spekulationsfrist nach § 23 EStG, wohl aus Vereinfachungsgründen, innerhalb des Fondsvermögens unbeachtlich ist (sog. Fondsprivileg)[548].

3. Optionsanleihen

a. Definition

Eine Optionsanleihe (*warrant bonds, bonds with warrants*) ist eine Sonderform einer Anleihe, die neben der ursprünglichen Kapitalforderung auch ein Optionsrecht enthält. Bei dem Optionsrecht handelt es sich regelmäßig um Bezugsrechte auf Aktien des gleichen oder eines anderen Emittenten mit oder ohne Zuzahlung zu einem im Voraus festgelegten Preis, aber auch um ein Recht auf Wandelung der Anleihe in eine Aktie bzw. mehrere Aktien oder einem Recht auf Verlängerung der Anleihelaufzeit.[549] Das Optionsrecht ist in der Regel verbrieft und jederzeit abtrennbar und handelbar.[550] Optionsanleihen haben eine laufende Couponzahlung, die aber aufgrund des zusätzlichen Umtauschrechts geringer als ein vergleichbarer marktgerechter Zinssatz ist.

---

[548] Die Steuerfreiheit für Veräußerungsgewinne von Wertpapieren im Fonds für Privatpersonen ergibt sich daraus, dass Veräußerungsgewinne i.S.d. § 23 Abs. 1 Nr. 2 EStG nicht bei den ausschüttungsgleichen Erträgen genannt sind. Bei Ausschüttungen gilt nach § 2 Abs. 3 Nr. 1 InvStG, dass Gewinne aus der Veräußerung von Wertpapieren steuerfrei sind, soweit die Fondsanteile im Privatvermögen gehalten werden.

[549] § 221 AktG. Vgl. auch *Gabler*, Wirtschaftslexikon, Stichwort „Optionsanleihe".

[550] BMF-Schreiben v. 27.11.2001 IV C 3 – S 2256 – 265/01, BStBl I 2001, 986 Rz 12.

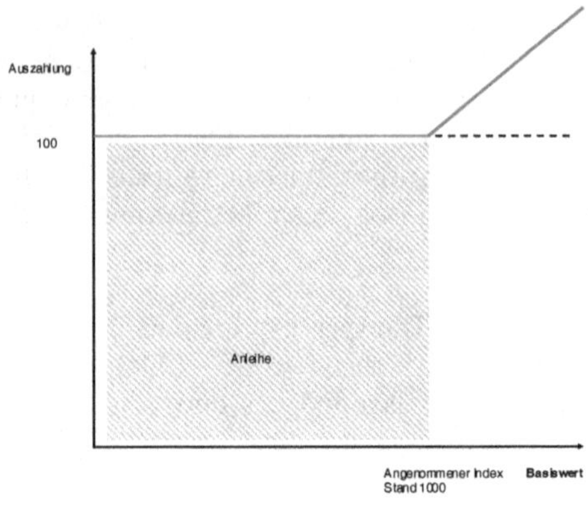

Abbildung 11: Vereinfachtes Auszahlungsprofil einer Optionsanleihe „cum“ bzw. „Doppelerwerb“

b. Besteuerung durch Aufteilung in zwei selbstständige Wirtschaftsgüter

Die laufende Verzinsung ist nach § 20 Abs. 1 Nr. 7 S. 1 EStG steuerpflichtig.

Die Gewährung des Optionsrechts stellt keinen Kapitalertrag dar.[551] Der Erwerber erhält mit der Anschaffung einer Optionsanleihe zwei verschiedene Wirtschaftsgüter, die Anleihe und das Optionsrecht, auf die der einheitliche Ausgabepreis (Emissionskurs) der Anleihe zu Zwecken der Besteuerung nach herrschender Meinung aufzuteilen ist.[552] Bei **Über-pari-Emissionen** (offenes Aufgeld) stellt das Aufgeld den Preis für das Optionsrecht dar, wenn die

---

[551] *Harenberg/Irmer*, Besteuerung privater Kapitaleinkünfte, Rn 801.

[552] Vgl. *Harenberg*, in *Herrmann/Heuer/Raupach*, § 20 Anm 810; *Harenberg/Irmer*, Besteuerung privater Kapitaleinkünfte, Rn 1498; FG-Baden-Württemberg v. 13.12.2001, DStRE 2002, 872; *Pöllath/Rodin*, DB 1986, 2094; *Groh*, DB 2002, S. 860 ff.; *Haisch/Danz*, DStZ 2006, S. 229 ff.; *Haisch*, DStR 2001, S. 1968 ff. a. A. *Dötsch* in *Kirchhof/Söhn/Mellinghoff*, § 20 Rn 123 – Stichwort „Optionsanleihe“; und *Stuhrmann* in *Blümich*, § 20 Rn 318, die in der Optionsgewähr einen Naturalzins aus der Anleihe sehen. Das Optionsgeschäft sei eine Gegenleistung für den Verzicht auf die marktübliche Verzinsung der Optionsanleihe. Jedoch ist der Kritik von *Grünberger*, S. 156 zuzustimmen, nämlich, dass die Begründung der a. A. das gewünschte Ergebnis unterstelle, dass die Verzinsung nämlich nur dann unter dem Marktzins sei, wenn der Kaufpreis der Optionsanleihe insgesamt als Kapitalforderung angesehen wird. Trenne man die Option schon von vornherein von der Anleihekomponente, dann sind die Anschaffungskosten der Kapitalforderung entsprechend geringer und ergeben eine marktübliche Verzinsung. Nach BFH v. 1.7.2003 – VIII R 9/02, BStBl II 2003, 883 liegt regelmäßig ein Doppelerwerb vor. Vgl. detailierte Darstellung der Ansicht, dass der Zinsverzicht als Gegenleistung für das Optionsrecht zu sehen ist, *Haisch*, DStR 2001, S. 1971 ff und *Groh*, DB, 2002, S. 860ff. In der folgenden Darstellung wird der h.M. dem sog. „Doppelerwerb“ gefolgt.

Anleihe marktgerecht verzinst wird.[553] Liegt die laufende Verzinsung jedoch unter dem Marktzins, so spricht man von einem teilweise verdeckten, teilweise offenen Aufgeld, sodass sich der Optionspreis aus beiden Aufgeldern zusammensetzt.[554] Bei einer niedrigen Verzinsung (**Pari-Emission**) ist der rechnerische Emissionskurs der Anleihe vergleichbarer Emittenten und vergleichbarer Emissionsbedingungen zu ermitteln.[555] Die Differenz zu dem tatsächlichen Emissionskurs bildet den Kaufpreis der Option. Soweit die Disagio-Staffel des Emissionsdisagio-Erlasses[556] überschritten ist (in der Regel ist das der Fall), ist der rechnerische Emissionskurs zum Rückzahlungsbetrag steuerpflichtig.

Die Differenz zwischen dem Ausgabebetrag des Anleiheteils und dem Rückzahlungsbetrag der Optionsanleihe bei dem durchhaltenden Ersterwerber ein nach § 20 Abs. 1 Nr. 7 EStG steuerbarer Kapitalertrag, wobei der Zufluss im Zeitpunkt der Rückzahlung der Optionsanleihe stattfindet.

Bei einer niedrigverzinslichen Anleihe (im Falle eines Doppelerwerbs) stellt der niedrigverzinsliche Anleiheteil eine abgezinste Schuldverschreibung i.S.d. § 20 Abs. 2 Nr. 4 lit. a EStG dar, so dass sich die Einlösung beim Zweit- und jeden weiteren Erwerber nach der Emissionsrendite nach § 20 Abs. 2 Nr. 4 a i.V.m. § 20 Abs. 2 S. 1 Nr. 4 S. 4 EStG (aufgrund des Vorrangs der Anwendung der Emissionsrendite vor der Marktrendite nach der aktuellen Rechtsprechung des BFH). Stückzinsen sind nach § 20 Abs. 2 Nr. 3 EStG zu versteuern.

Wird das Optionsrecht ausgeübt, so liegt dies in der einkommensteuerrechtlich unbeachtlichen Vermögensphäre und unterliegt auch unterjährig nicht der Besteuerung nach § 23 Abs. 1 Nr. 4 S. 1 und S. 2 EStG.[557]

Werden die erworbenen Aktien innerhalb eines Jahres nach Anschaffung (Annahme des Verkaufsangebots durch Ausübung der Option) veräußert, liegt

---

[553] *Harenberg/Irmer*, Besteuerung privater Kapitaleinkünfte, Rn 1498.

[554] *Harenberg/Irmer*, Besteuerung privater Kapitaleinkünfte, Rn 1498.

[555] *Harenberg/Irmer*, Besteuerung privater Kapitaleinkünfte, Rn 1498. Hiernach lautet die Formel für die Ermittlung:

$$K_o = z \times \frac{(1+i)^{n-1}}{i(1+i)^n} + K_n \times \frac{1}{(1+i)^n}$$

K_o = gesuchter Wert der Schuldverschreibung im Emissionszeitpunkt (Emissionskurs);
z = jährlicher Kapitalertrag (in Euro);
i = Emissionsrendite;
n = Laufzeit der Optionsanleihe in Jahren:
K_n = Rückzahlungskurs der Schuldverschreibung am Ende der Laufzeit (i. d. R. zum Nennwert von 100 v. H.).

[556] BMF-Schreiben v. 24.11.1986, BStBl I 1986, 539.

[557] *Harenberg/Irmer*, NWB F. 3, 10227, BMF-Schreiben 27.11.2001 IV3 C 3 – S 2256 – 265/01, BStBl I 2001, 986 Rz 15; Harenberg in Herrmann/Heuer/Raupach, § 23 Anm 210 „Optionsscheine"; Haisch, DStR 2001, 1969.

ein privates Veräußerungsgeschäft nach § 23 Abs. 1 S. 1 Nr. 2 EStG hinsichtlich des Basiswertes vor.[558]

Bei Veräußerung des abgetrennten Optionsrechts innerhalb der Jahresfrist besteht eine Steuerpflicht nach § 23 Abs. 1 Nr. 2 EStG;[559] dabei sind die Anschaffungskosten der rechnerische Ausgabebetrag des Optionsrechts.

Erfolgt die Veräußerung einer niedrigverzinsten Optionsanleihe richtet sich die Besteuerung im Falle des Verkaufes „ex" nach § 20 Abs. 2 Nr. 4 lit a EStG, bei einem Verkauf „cum" ist zu berücksichtigen, dass die Option nur nach § 23 Abs. 1 EStG steuerbar ist.

4. Wandelanleihen

a. Definition

Bei einer Wandelanleihe (*convertible bond*) liegt in der Regel eine festverzinsliche (Unternehmens-) Schuldverschreibung vor mit der Option, die Anleihe in Aktien des Emittenten innerhalb einer fest vorbestimmten Frist, evtl. unter Zuzahlung eines Geldbetrages, umzuwandeln (vgl. § 221 AktG; Wandelschuldverschreibung i.e.S.). Bei Wandelung geht die Schuldverschreibung, anders als bei der Optionsanleihe, unter oder, mit anderen Worten, im Unterschied zur Optionsanleihe wird die Anleihe unter Aufgabe der daraus ausfließenden Rechte gegen die „jungen" Aktien ausgetauscht.[560] Anders als bei der Optionsanleihe kann das Optionsrecht nicht abgetrennt und selbstständig verwertet werden. Wegen des Wandelungsrechts kommt es auch bei Wandelanleihen zu einer relativ niedrigen laufenden Verzinsung. Bei marktüblicher Verzinsung der Anleihe hat der Anleger eine Zuzahlung bei Wandlung zu leisten, ansonsten (ohne Zuzahlung) ist die Verzinsung geringer.[561]

---

[558] BMF-Schreiben v. 27.11.2001 IV C 3 – S 2256 – 265/01, BStBl I 2001, 986 Rz 15; BMF-Scheiben v. 25.10.2004 IV C 3 – S 2256 – 238/04, Rz. 8.

[559] Harenberg/Irmer, NWB F 3, 10227

[560] *Harenberg/Irmer*, Besteuerung privater Kapitaleinkünfte, Rn 1603.

[561] Vgl. *Lohr*, Kapitalanlage nach der Untermehnssteuerreform, S. 151; *Häuselmann*, BB 2000, S. 139; *Häuselmann*, BB 2003, S. 1531 (zu Pflichtwandelanleihen)

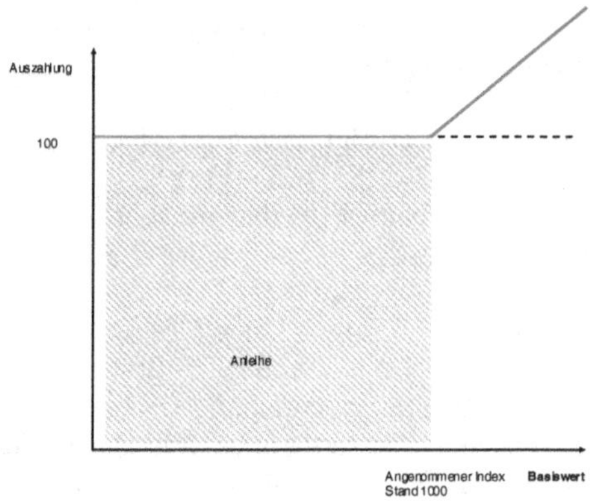

Abbildung 12: Vereinfachtes Auszahlungsprofil einer Wandelanleihe

b. Besteuerung der Wandelanleihe

Die steuerliche Behandlung der Wandelanleihe ist umstritten. Während die herrschende Meinung[562] eine Aufteilung der einzelnen Bestandteile wie bei der Optionsleihe ablehnt, da bei der Wandelanleihe das Wandlungsrecht kein eigenes, von der Anleihe trennbares, Wirtschaftsgut ist und somit nur eine einheitliche Bewertung des gesamten Werts vorgenommen werden könne, bejaht eine andere Auffassung die Aufspaltung wie bei Optionsanleihen.[563] Die h. M. argumentiert insbesondere mit der zivilrechtlichen Betrachtung solcher Instrumente, nach der eine Aufteilung nicht in der Natur der Sache liegt. *Hamacher*[564] weist u. a. auf den Beschluss des BGH vom 9.12.1997 XI ZR 85/97 hin, der sich ausdrücklich gegen eine solche Aufteilung ausspricht und unterstreicht, dass ausgehend vom wirtschaftlichen Zweck der Zinssatz Ausdruck der Kompensation des Anlegerrisikos aus der Ausübung solcher Wandelanleihen sei. Eine Verselbstständigung des Wandelrechts mit der Folge einer Qualifikation als Börsentermingeschäft lehnt der BGH ausdrücklich ab,

[562] So *Lohr*, Kapitalanlage nach der Unternehmenssteuerreform, S. 152; *Hamacher*, DB 2000, S. 2396; *Wagner*, Die Besteuerung von Finanzinnovationen im Privatvermögen, Teil II, S. 334; so wohl auch; *Harenberg/Irmer*, Besteuerung privater Kapitaleinkünfte, Rn 1603; *Häuselmann*, BB 2002, S. 2432; *Schumacher*, DStR 2000, S. 1220;

[563] *Grünberger*, S. 163: *Grünberger* stellt detailiert in S. 161 ff. den derzeitigen Meinungsstand dar. Er verweist auf den Ansatz des IDW (BFA 1.003; WPg 2001, 916 f., der sich für eine Trennung bei der Bilanzierung strukturierter Produkte ausspricht. Jedoch ist hierbei zu beachten, dass die Aussage des IDW auf die Bilanzierung bezogen ist und fraglich ist im Bereich privater Kapitaleinkünfte. Ebenso für eine Trennung in die Einzelbestandteile: *Doralt*, EStG, § 27 Tz 149.

[564] *Hamacher*, DB 2000, S. 2396 mit Hinweis auf BGH v. 9.12.1997 XI ZR 85/97, DB 1998, S. 467.

dies sogar bei einer Anleiheform, die ähnlich einer Optionsanleihe selbstständig handelbare Optionsscheine enthält. Schlussendlich müsse dies umso mehr für eine Wandelanleihe gelten, bei der das Wandelrecht als solches rechtlich und wirtschaftlich von der Anleihe nicht abspaltbar ist.

Die Besteuerung der laufenden Zinserträge erfolgt nach § 20 Abs. 1 Nr. 7 S. 1 EStG. Stückzinsen sind nach § 20 Abs. 2 S. 1 Nr. 3 EStG bei Zufluss steuerpflichtig; gezahlte Stückzinsen sind beim Erwerber im Jahr der Zahlung als negative Einnahmen abziehbar.[565]

Bei Veräußerung der Wandelanleihe erfolgt keine Besteuerung des Veräußerungsgewinns nach § 20 Abs. 2 S. 1 Nr. 4 a) oder c) EStG, weil keine abgezinste oder aufgezinste Schuldverschreibung bzw. keine Schuldverschreibung mit Zinsschein oder Zinsforderung vorliegt, bei der die Kapitalerträge in unterschiedlicher Höhe oder für unterschiedlich lange Zeiträume gezahlt werden.[566] Wandelanleihen sind somit keine Finanzinnovationen i.S.d. § 20 Abs. 2 S. 1 Nr. 4 EStG, bei denen erzielte Veräußerungsgewinne als Kapitaleinkünfte steuerpflichtig wären.[567] Werden die Wandelanleihen jedoch mit einem Emissionsdisagio (unter pari/Nennbetrag) begeben, so werden die Veräußerungsgewinne grundsätzlich als Kapitaleinkünfte steuerpflichtig (§ 20 Abs. 2 Nr. 4 a) EStG).[568]

Erfolgt der Verkauf der Wandelanleihe innerhalb der Jahresfrist nach der Anschaffung, so ist der erzielte Veräußerungsgewinn steuerpflichtig. Der „Spekulationsgewinn“ ist der Unterschied zwischen dem Veräußerungspreis einerseits und den Anschaffungskosten und Werbungskosten andererseits (§ 23 Abs. 3 S. 1 EStG). Der sog. Spekulationsgewinn ist nicht in das Halbeinkünfteverfahren einbezogen.[569]

Die Ausübung der Option, d. h. die Wandlung der Anleihe in Aktien, ist kein steuerbarer Vorgang, da sich die Umwandlung auf der nicht steuerbaren Vermögenssphäre abspielt.[570] Eine etwaige Differenz zwischen dem Nominalwert der Anleihe und dem Wert der nach Wandlung bezogener Aktien führt nicht zu einem Kapitalertrag nach § 20 Abs. 1 Nr. 7, Abs. 2 Nr.1 oder 4

---

[565] *Häuselmann*, BB 2003, S. 1535.
[566] OFD Kiel v. 3.7.2003, StEK EStG § 20 Nr. 308; *Harenberg/Irmer*, Besteuerung privater Kapitaleinkünfte, Rn 1603; *Häuselmann*, BB 2003, 1535; *Dreyer/Herrmann*, BB 2001, S. 707; *Haisch*, DStR 2002, S. 247.
[567] Vgl. *Häuselmann* BB 2003, S. 1535 m.H.a. OFD München in WPg 2000, 201; *Dreyer/Herrmann*, FR 2001, S. 722; *Dreyer/Herrmann*, FR 2001, S. 722f; *Haisch*, DStR 2002, 248; a.A *Korn*, FR 2003, 1107.
[568] *Häuselmann* BB 2003, S. 1535.
[569] Vgl. *Häuselmann*, BB 2003, S. 1535; *Häuselmann*, BB 2002, S. 2432; *Menck* in *Blümich* § 8b KStG Rn 114; BMF BStBl I 2003, 292 Tz. 24.
[570] Vgl. *Harenberg/Irmer*, Besteuerung privater Kapitaleinkünfte, Rn 1603. *Hamacher*, DB 2000, 2396; *Dreyer/Herrmann*, DB 2001, 1640.

EStG[571] und Wandlungsgewinne unterfallen auch nicht § 23 EStG.

Die Veräußerung der jungen Aktien innerhalb der Jahresfrist nach der Ausübung der Wandlung ist gemäß § 23 Abs. 1 Nr. 2 EStG steuerbar; der steuerpflichtige „Spekulationsgewinn" mit Aktien fällt unter das Halbeinkünfteverfahren (§ 3 Nr. 40 j) EStG).[572] Dabei gilt nach Auffassung der Finanzverwaltung als Anschaffungszeitpunkt der Tag der Wandlungserklärung und die Anschaffungskosten sind der Kurswert der Aktien an diesem Tag.[573]

5. Aktienanleihen

a. Definition

Aktienanleihen (*Reverse Convertible Bonds*) sind Anleihen, die ein eingebettetes Gestaltungsrecht enthalten; im Gegensatz zur Wandelanleihe hat nicht der Erwerber, sondern der Emittent das Recht, die Kapitalforderung mit einer Aktie statt des in der Anleihe vorgesehenen Einlösungswertes zu tilgen (*reverse convertible*).[574] Aktienanleihen sind keine (Wandel-) schuldverschreibungen i.S.d. § 221 AktG. Aktienanleihen sind regelmäßig kurz laufende (ein bis zwei Jahre) festverzinsliche Schuldverschreibungen, die mit einem über den Kapitalmarktzins liegenden Zinscoupon ausgestattet sind zum Ausgleich für das Risiko, als Rückzahlungsbetrag Aktien (zumeist einer „dritten Gesellschaft") geliefert zu bekommen.[575] Der Anleger erklärt sich statt der Rückzahlung des Anleihekapitals mit der Rückzahlung von Aktien einverstanden, da er auf den Kursanstieg oder zumindest eine Seitwärtsbewegung der der Anleihe unterliegenden Aktie spekuliert.[576] In dem „hohen" Coupon ist eine Optionsprämie (Verkauf einer Verkaufsoption) enthalten, mit der der Emittent den über dem Marktniveau liegenden

[571] Vgl. *Dahm/Hamacher* WM 1994, Sonderbeilage 3, S. 16; *Wiese/Dammer,* DStR 1999, S. S. 870; *Haisch,* DStR 2002, 248 f. m.w.N.; *Korn,* FR 2002, 1106.
[572] *Häuselmann*, BB 2003, 1536.
[573]BMF, DStR 2004, S. 2009, Tz. 6; ebenso: *Harenberg/Irmer*, Besteuerung privater Kapitaleinkünfte, Rn 1603. Diese Auffassung des BMF ist sehr umstritten, da die „Spekulationsfrist" des § 23 EStG im Wandlungszeitpunkt (erneut) zu laufen beginnt. Die Ansicht der Finanzverwaltung steht daher im Widerspruch zur höchstrichterlichen RFH und BFH Rechtsprechung und der h.M. in der Literatur, die keinen Anschaffungsvorgang annehmen (vgl. Schumacher DStR 2000, 1220; *Häuselmann/Wagner* BB 2002, 2432; *Häuselmann*, BB 2003, S. 1535f.; *Korn*, FR 2003, 1102 (insbesondere zu betrieblichen Anlegern); *Haisch*, DStR 2002, 248 f.; *Lohr*, Kapitalanlagen nach der Unternehmenssteuerreform, S. 155). Die Begründung stützt das BMF auf die RFH-Rechtsprechung (RFHE 54, 128), wobei gerade diese vom BFH und der Literatur als Begründung für die Verneinung einer Anschaffung i.S.d. § 23 EStG herangezogen wird. Die Anschaffung eines (neuen) Wirtschaftsguts liegt nicht vor, wenn eine wirtschaftliche Identität mit einem bereits angeschafften Wirtschaftsgut besteht. Bei der Wandelanleihe und den nach der Wandlung erworbenen Aktien bejaht der BFH (vgl. BStBl II 2000, 262) die wirtschaftliche Identität und verneint damit eine Anschaffung bei der Wandlung, was die Finanzverwaltung (Vgl. H169 EStH „keine Anschaffung") bei den Umtausch von Floatern, durch Anerkennung des BFH-Urteils (BStBl II 2000, 262) auch annimmt.
[574] Vgl. *Gabler*, Wirtschaftslexikon, Stichwort „Aktienanleihe".
[575] Zu rechtlichen Ausstattungsmerkmalen und –überlegungen siehe *Hamacher*, DB 2000, S. 2396 ff.
[576] *Harenberg/Irmer*, Besteuerung privater Kapitaleinkünfte, Rn 1212.

Zinscoupon finanziert. Wenn das Anleihekapital in Aktien zurückbezahlt wird, erleidet der Anleger regelmäßig einen Einlösungsverlust. Eine Aktienanleihe besteht aus der Sicht des Erwerbers aus den Komponenten einer Anleihe und einer verkauften Put-Option (sog. *short put*) auf den zugrunde liegenden Basiswert.

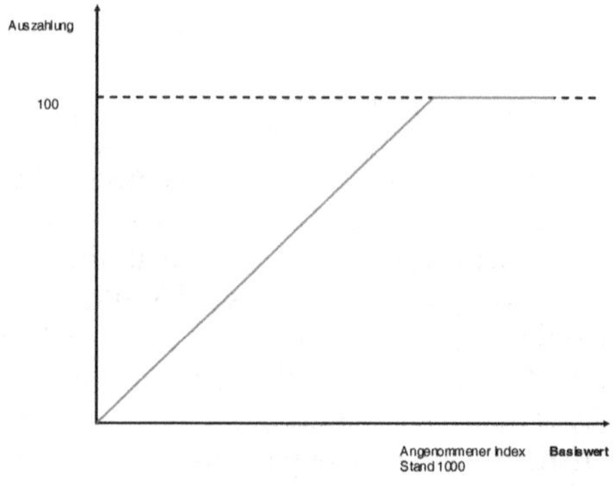

Abbildung 13: Vereinfachtes Auszahlungsprofil einer Aktienanleihe

b. Besteuerung der Aktienanleihe

Die Besteuerung der Aktienanleihe zählt nach Stimmen in der Literatur zu den am meisten problembehafteten Fragestellungen im Bereich der Besteuerung von Kapitaleinkünften[577] und hat die Finanzverwaltung in der Vergangenheit zu diametralen Schreiben veranlasst.[578] In der Literatur werden drei Besteuerungsansätze diskutiert: (i) Es handele sich bei der Aktienanleihe um eine klassische Anleihe[579], (ii) die Aktienanleihe sei in ihre Komponenten zu zerlegen[580] (iii) die Aktienanleihe sei ein sog. Kursdifferenzpapier[581]. Letztere Ansicht scheint die h.M. zu sein und wird kurz dargestellt, um sich anschließend in der Würdigung auf die Frage, ob dieser Ansatz für die

---

[577] *Delp*, BB 2001, S. 1439.

[578] BMF-Schreiben v. 7.10.1999 – VI C 1 – S 2252 – 589/99, DStR 1999, 2032; BMF-Schreiben v. 2.3.2001 – IV C 1 – S 2252 – 56/91, DStR 2001, 576; vgl. auch BMF-Schreiben v. 25.10.2004 IV C 3 – S 2256 – 238/04, Rz. 11-12.

[579] So *Harenberg/Irmer*, Besteuerung privater Kapitaleinkünfte, Rn 1212; *Harenberg*, NWB, Fach 3, S. 11317, Stichwort „Aktienanleihe"; *Heinicke* in *Schmidt*, 20. Auflage, § 20 Rn 183.

[580] So *Fleichmann*, NWB, Fach 3, 10659.

[581] So *Delp*, BB 2001, 1439; *Schumacher*, DStR 2000, 416; *von Beckerath* in *Kirchhof*, § 20 Rn 326; BMF-Schreiben vom 2.3.2001 – IV C 1 – S 2252 – 56/01, DStR 2001, 576; *Geurts* in *Bordewin/Brandt*, § 20 EStG Rz. 603; *Wagner*, StBp 2003, 331;.

Besteuerung von Zertifikaten in Betracht kommt, zu fokussieren.

Die laufenden Zinserträge sind im Durchhalterfall (d. h. der Ersterwerber hält die Aktienanleihe bis zur Tilgung) in voller Höhe steuerpflichtige Kapitaleinkünfte nach § 20 Abs. 1 Nr. 7 S. 1 EStG. Die im Coupon enthaltene Optionsprämie wird nicht gesondert erfasst, d. h. es erfolgt keine Aufteilung des Zinscoupons in eine nach § 22 Nr. 3 EStG steuerpflichtige Optionsprämie für den Verkauf der Verkaufsoption des Anlegers an den Emittenten und einen marktgerechten Zins für die Kapitalüberlassung.

Der Ersterwerber und Durchhalter erzielt am Ende der Laufzeit im Fall der Einlösung durch den Emittenten regelmäßig einen Einlösungsverlust, wenn der Emittent statt des eingesetzten Kapitals Aktien liefert. Ob dieser Rückzahlungsverlust in den Bereich der Vermögens- oder Ertragsphäre fällt, ist umstritten. Nach der Auffassung des BMF[582] stellt dieser Einlösungsverlust negative Einnahmen aus Kapitalvermögen dar, mit der Begründung, dass der Ertrag der Anleihe von einem ungewissen Ereignis (Kursverlauf der hingegebenen Aktie) abhänge. Der Inhalt dieses BMF-Schreibens vom 2.3.2001 ist insofern anlegerfreundlich.

Nach *Harenberg/Irmer*[583] ist diese Auffassung abzulehnen, da der steuerpflichtige Ertrag als Entgelt für die Nutzungsüberlassung nur der Zinsbetrag ist. Der Einlösungsverlust soll dagegen, wenn außerhalb der Spekulationsfrist des § 23 Abs. 1 S. 1 Nr. 2 EStG, der nicht steuerbaren Vermögenssphäre zuzuordnen sein. Das BMF ist in dem Schreiben vom 7.10.1999[584] dieser Auffassung noch gefolgt. Von der Maximalrendite ausgehend ermäßigt sich die Rendite zunächst auf das Niveau einer vergleichbaren klassischen Anleihe (ohne Tilgungswahlrecht), dann weiter auf Null und bei weiter sinkenden Aktienkurs auf einen negativen Renditewert, sodass die Renditeentwicklung letztendlich ein Ertragskorrelat dar.[585] Diese Ansicht von *Delp* vollzieht die finanztechnische Entwicklung der Aktienanleihe nach, führt aber steuerlich zu einer Vermengung des Einkünftebereichs mit dem Vermögensbereich zu einem Marktrenditebereich.

Im Veräußerungsfall, d.h. wenn der Ersterwerber die Aktienanleihe an eine anderen Anleger (Zweiterwerber) veräußert, sind die Stückzinsen vom Veräußerer zu versteuern (§ 20 Abs. 2 S. 1 Nr. 3 EStG). Folgt man der h.M.[586],

---

[582] BMF-Schreiben vom 2.3.2001 – IV C 1 – S 2252 – 56/01, DStR 2001, 576.
[583] *Harenberg/Irmer*, Besteuerung privater Kapitaleinkünfte, Rn 1212.
[584] BMF-Schreiben v. 7.10.1999 -VI C S 2252 – 589/99, DStR 1999, 2032.
[585] Vgl. *Delp*, BB 2001, 1439.
[586] *Delp*, BB 2001, 1439; *Schumacher*, DStR 2000, 416; *von Beckerath* in *Kirchhof*, § 20 Rn 326; BMF-Schreiben vom 2.3.2001 – IV C 1 – S 2252 – 56/01, DStR 2001, 576. *Harenberg/Irmer*, Besteuerung privater Kapitaleinkünften, Rn 1212 hingegen raten in ihrem Praxishinweis sofern bei der Veräußerung ein

so sind die Einnahmen aus der Veräußerung nach § 20 Abs. 2 S. 1 Nr. 4 c) Alt. 2 EStG steuerpflichtig, da die Aktienanleihe ein finanzinnovatives Anlageprodukt ist, bei dem die Höhe des Kapitalertrags (Festzins minus Einlösungsverlust) von einem ungewissen Ereignis (Entwicklung des Aktienkurses) abhängt.

Wird die Aktienanleihe durch den Zweiterwerber oder jeden weiteren Erwerber durch den Emittenten eingelöst, so ist der damit verbundene Rückzahlungsverlust nach der h. M. als negative Einnahmen und ein Rückzahlungsgewinn als positive Einnahmen nach § 20 Abs. 2 S. 1 Nr. 4 S. 2 EStG anzusetzen.[587]
Hinsichtlich der Veräußerungsbesteuerung der erhaltenen Aktien ist der Tatbestand des § 23 EStG beachtlich. Die Anschaffung der Aktien ist der Zeitpunkt der Optionsausübung (*physical settlement*) des Schuldners, mit der die Einjahresfrist zu laufen beginnt. Streitig ist die Bestimmung der Anschaffungskosten: zum einen wird vertreten, dass die Anschaffungskosten der Aktien nach den Grundsätzen des Tausches zu ermitteln sind[588] und zum anderen, dass sich die Anschaffungskosten nach den Anschaffungskosten der Anleihe bestimmen[589]. Der Veräußerungsgewinn bzw. –verlust nach § 23 Abs. 3 EStG ergibt sich als Unterschied zwischen Veräußerungspreis und Anschaffungskosten (und Werbungskosten).

6. Umtauschanleihe

a. Definition

Eine Umtauschanleihe ist eine verzinsliche Inhaber-Schuldverschreibung, bei der der Gläubiger am Ende der Laufzeit ein Kapitalrückzahlungswahlrecht hat. Die Umtauschanleihe ist keine (Wandel-)schuldverschreibung i. S. d. § 221 AktG. Der Inhaber einer Umtauschanleihe kann gegenüber dem Emittenten wählen, ob er sein Kapital in bar oder in Form einer bestimmter Anzahl von „alten" Aktien eines in den Emissionsbedingungen festgelegten Unternehmens (zumeist einer „dritten" Gesellschaft) zurückgezahlt bekommen will. Eine

---

Veräußerungsgewinn entsteht gegen die Besteuerung nach § 20 Abs. 2 S. 1 Nr. 4 c) EStG Einspruch zu erheben und ein Klageverfahren durchzuführen, da die Ansicht steuersystematisch nicht halbar sei und gegen das Gleichheitsgebot des Art. 3 Abs. 1 GG verstoße (vgl. Floater-Urteil des BFH v. 24.10.2000, BStBl. II 2001, 97). Nach den aktuellen BFH-Urteilen jedoch ist der Ansatz der Marktrendite gerechtfertigt, da eine Emissionsrendite bei der Aktienanleihe nicht berechnbar ist und damit stets die Marktrendite zum Ansatz kommt.

[587] Nach *Harenberg/Irmer*, Besteuerung privater Kapitaleinkünfte, Rn 1213 ist ein Einlösungsverlust bzw. -gewinn steuerrechtlich unbeachtlich, da die Einlösung innerhalb eines Jahres nach Erwerb weder von § 23 Abs. 1 S. 1 Nr. 2 EStG (keine Veräußerung) und auch nicht von § 23 Abs. 1 S. 1 Nr. 4 EStG erfasst wird, da kein Optionsgeschäft und kein Termingeschäft, sondern eine herkömmliche festverzinsliche Schuldverschreibung vorliege.

[588] So wohl *Heinicke* in *Schmidt*, 20. Auflage, § 23 Rz. 45

[589] So *Dreyer/Herrmann*, BB 2001, S. 708; *Harenberg*, NWB, Fach 3, S. 11320.

Umtauschanleihe besteht aus der Sicht des Erwerbers aus den Komponenten einer Anleihe und einer gekauften Call-Option (sog. *long call*) auf den zugrunde liegenden Basiswert. Der Emittent erhält die Stillhalterprämie in Form einer unter dem Marktzins liegenden Verzinsung der Anleihe.

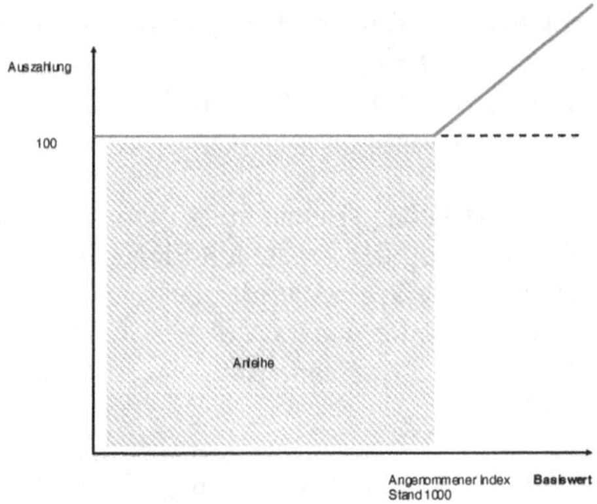

Abbildung 14: Vereinfachtes Auszahlungsprofil einer Umtauschanleihe

b. Besteuerung der Umtauschanleihe

Steuerrechtlich erfolgt auch bei der Umtauschanleihe, wie bei der Aktienanleihe, keine Aufspaltung in eine Anleihe und Optionskomponente. Die Umtauschanleihe ist eine einheitliche Kapitalforderung i.S.d. § 20 Abs. 1 Nr. 7 EStG, die Kapitalrückzahlung oder ein Entgelt für die Kapitalüberlassung zugesagt ist.[590]

Die laufend bezahlten Zinsen sind nach § 20 Abs. 1 Nr. 7 S. 1 EStG steuerpflichtig.[591] Auch der Ertrag aus der Wahrnehmung des Umtauschrechts ist nach § 20 Abs. 1 Nr. 7 S. 1 EStG steuerpflichtig; dabei ist die Bemessungsgrundlage für den Kapitalertrag aus dem Umtausch die Differenz zwischen dem Börsenkurs der Aktien im Umtauschzeitpunkt und dem Rückzahlungsbetrag.[592]

Bei Veräußerung der Umtauschanleihe, liegt aufgrund des unsicheren Umtauschgewinns eine Kapitalforderung vor, deren Höhe der Ereignisse i.S.d. §

[590] *Schumacher*, DStR 2000, S. 1218.

[591] Würde man einem Zerlegungsansatz folgen, so müsste eine Aufspaltung in einen Anleiheteil und eine Call-Option erfolgen. So *Schulze/Spudy*, DStR 2001, S. 1143 ff.

[592] Vgl. BMF v. 25.5.2000 IV C 1 – S 2252 – 145 -00, DStR 2000, 1227.

20 Abs. 2 Nr. 4 c) Alt. 2 EStG von einem ungewissen Ereignis abhängt.[593] Der Ertrag bestimmt sich nach der Marktrendite, da Umtauschanleihen, wie Aktienanleihen keine Emissionsrendite haben.[594] Stückzinsen sind gemäß § 20 Abs. 2 S. 1 Nr. 3 EStG zu versteuern.

7. Zusammenfassende Würdigung der Besteuerung von Zertifikaten nach den Grundsätzen der Besteuerung von Investmentfonds oder der Besteuerung von Options-, Wandel-, Aktien- und Umtauschanleihen

Vor der Gegenüberstellung der steuerlichen Behandlung von Zertifikaten gegenüber den Grundsätzen der Besteuerung der genannten Finanzanlagen und der Würdigung, ob diese alternativen Ansätze zu einer mehr sachgerechten Qualifizierung der Besteuerung der Einkünfte aus Zertifikaten führen als die derzeitige Besteuerung, soll nochmals auf die „finanztechnischen" Grundlagen der Einleitung zurückgegriffen werden:

Während Delta-Eins-Zertifikate, wie z. B. ein DAX-Zertifikat oder REX-P-Zertifikat, in einem bestimmten Verhältnis die Entwicklung des zugrunde liegenden Basiswertes widerspiegeln, enthalten Nicht-Delta-Eins-Zertifikate, wie beispielsweise Garantie-, Discount- oder Bonus-Zertifikate, neben den zugrunde liegenden Basiswerten zusätzliche derivative Komponenten, um das entsprechende Auszahlungsprofil, wie die Kapitalgarantie, den Discount etc., finanztechnisch zu erreichen. Dabei verbriefen Zertifikate den Basiswert eines *baskets* von Aktien oder Anleihen, einen Index, ein *basket* von Indizes etc. in der Form einer Schuldverschreibung.

a. Besteuerung von Zertifikaten wie Investmentfonds?

Insbesondere Hedgefonds-Zertifikate (d. h. Zertifikate, deren zugrunde liegender Basiswert die *performance* eines Hedgefonds ist) sind bereits nach derzeitiger Rechtslage von einem Fondsinvestment abzugrenzen[595] bzw. es ist zu fragen, ob das InvStG Anwendung findet. Das BMF-Schreiben vom 2.6.2005[596] nimmt Schuldverschreibungen, die das Ergebnis eines ausländischen Investmentvermögens, mehrerer solcher Vermögen oder eines Index auf solche Vermögen lediglich nachvollziehen, ausdrücklich vom Anwendungsbereich aus. Im Gegensatz zu einem Fondsinvestment erhält der Zertifikatsinhaber im Falle

---

[593] Vgl. BMF v. 2.3.2001 – IV C 1 – S 2252 – 56/01, BStBl I 2001, 206; *Geurts* in *Bordewin/Brandt*, § 20 Rz 603; *von Beckerath* in *Kirchhof*, § 20 Rz. 326; *Schumacher*, DStR 2000, S. 1219; a. A. *Dreyer/Herrmann*, DB 2001, 1640; *Wagner*, StBp 2002, 333.

[594] BMF v. 2.3.2001 IV C 1 – S 2252 – 56/01, BStBl I 2001, 206; *Geurts* in *Bordewin/Brandt*, § 20 Rz. 602.

[595] Vgl. im Detail unter C.III.2.b.bb.

[596] BMF v. 02.06.2005 – IV C 1 – S 1980 – 1 – 87/05, BStBl. I 2005, 728.

der Insolvenz lediglich einen schuldrechtlichen Zahlungsanspruch (bzw. gleichrangigen Insolvenzanspruch mit allen anderen Insolvenzgläubigern) gegenüber dem Emittenten verbrieft und es erfolgt auch kein Durchgriff auf ein eventuelles Absicherungsgeschäft des Emittenten. Nach derzeitiger Rechtslage ist damit nur für Investmentfonds das Transparenzprinzip vorgesehen. Die zivilrechtliche einheitliche Betrachtungsweise und insbesondere die insolvenzrechtlichen unterschiedlichen Konsequenzen des Zertifikatsinhabers gegen den Emittenten vs. dem Sondervermögen eines Investmentfonds sprechen gegen die Besteuerung entsprechend den Regelungen zu Investmentfonds.

Weiter stellt sich nun die Frage, ob es zielführend ist, durch die steuerliche Behandlung von Zertifikaten als Fonds eine sachgerechtere Qualifizierung der Einkünfte sicherzustellen. Hiernach müssten die Emittenten die Besteuerungsgrundlagen im Sinne des § 5 InvStG darlegen. Die derzeitige Fondsbesteuerung ist diffizil und komplex und würde zu einem erheblichen administrativen Mehraufwand auf Seiten des Emittenten führen. Zudem ist die Anwendung der Fondsbestimmungen bei Zertifikaten nicht sachgerecht ist, da ein Fonds im Rahmen der regulatorischen Bestimmungen grundsätzlich in die zugrunde liegenden Wirtschaftsgüter investiert, während das *underlying* eines Zertifikats lediglich einen synthetischen Basiswert darstellt. Kann man diesen synthetischen Basiswert im Falle einer Einzelaktie als *underlying* noch erfassen, so wird es bei *baskets* von Aktien oder Anleihen schon schwierig. Stellt ein Zertifikat beispielsweise auf die unterschiedliche Entwicklung der Volatilität des EURO-STOXX im Vergleich zum Nikkei ab, dann ist eine Transparenz im Sinne des InvStG kaum vorstellbar.

b. Besteuerung von Zertifikaten entsprechend den Grundsätzen der Besteuerung von Options-, Wandel-, Aktien- oder Umtauschanleihen

Bei der Besteuerung von Investmentvermögen ist die transparente Sichtweise gesetzlich im InvStG festgelegt. Der Durchgriff könnte bei oben dargelegten zusammengesetzten Produkten im Gegensatz zur zivilrechtlichen einheitlichen Betrachtungsweise durch die im Steuerrecht grundlegende teleologische Auslegungsmethode der wirtschaftlichen Betrachtungsweise erfolgen. Die Besteuerung der Erträge aus sonstigen Kapitalforderungen ist zudem nach § 20 Abs. 1 Nr. 7 S.2 EStG unabhängig davon, wie die Kapitalanlage bezeichnet wird und in welches zivilrechtliche Kleid sie verpackt ist vorgenommen.[597] Ob die Erträge steuerpflichtig sind bestimmt sich ausschließlich nach wirtschaftlichen Gesichtspunkten[598], sodass die Bezeichnung einer Kapitalanlage als Option, Optionsschein, Zertifikat etc. nichts darüber aussagt, ob der erzielte Ertrag zu versteuern ist oder nicht. Dieser Zerlegungsansatz ist

---

[597] *Harenberg/Irmer*, Besteuerung privater Kapitaleinkünfte, Rz 809.
[598] Zur wirtschaftlichen Betrachtungsweise insbesondere BVerfG v. 27.12.1991, BStBl II 1991, 212 ff.

Finanzprodukten nicht fremd, wird jedoch nur bei der Optionsanleihe derzeitig eindeutig vertreten. Nur diese wird in zwei verschiedene Wirtschaftsgüter (Anleihe und Optionsrecht) getrennt, während bei der Wandel-, Umtausch- und Aktienanleihe eine Aufteilung nach herrschender Meinung abgelehnt wird. Vergleicht man nun eine Optionsanleihe mit einem Zertifikat, so sind bei der Optionsanleihe beide Wirtschaftsgüter klar ersichtlich und differenzierbar[599] und getrennt handelbar (die Anleihe und die Option habe eine eigene Wertpapierkennnummer). Nicht so hingegen bei den „Nicht-Delta-Eins-Zertifikaten" (nur diese enthalten Optionalitäten), wie z. B. dem Garantie-, Discount-Zertifikat etc. Die Optionen sind für den Investor nicht erkennbar, sondern das Zertifikat stellt für diesen eine einheitliche Schuldverschreibung dar. Die transparente Sichtweise kann damit nur dann zielführend sein, wenn man den Emittenten zur Offenlegung der dem Zertifikat zugrunde liegenden Finanzgeschäfte verpflichtet. Während Garantie-, Discount- und Bonuszertifikate noch die „einfacheren" Zertifikate sind, wird die Offenlegung bei *Rolling-Discount*, Hebel- oder Sprint-Zertifikaten immer umfangreicher und die steuerliche Analyse damit komplexer. Im Sinne einer Vereinfachung und der Praktikabilität des Steuerrechts ist dieser Ansatz abzulehnen.[600]

Insbesondere an der steuerrechtlichen Analyse der Aktienanleihe werden die Komplexität der Besteuerung und die damit verbundene Unsicherheit deutlich. Die Rechtslage ist unklar und viele Fragen bleiben bestehen, was insbesondere zu einer unbefriedigenden Situation für den Anleger führt. Einen derartigen Lösungsansatz zu propagieren wäre verfehlt.

Interessant ist die Feststellung, dass das wirtschaftliche Auszahlungsprofil eines teilweise oder vollständig kapitalgarantierten Zertifikats identisch mit dem der Options-, Wandel- und Umtauschanleihe ist (das eines Discount-Zertifikats ist mit dem einer Aktienanleihe identisch), die derzeitige steuerrechtliche Behandlung jedoch divergiert. Dass bei der steuerlichen Diskussion der Behandlung von teilweise oder vollständig kapitalgarantierten Zertifikaten in der Argumentation[601] nicht einmal vergleichsweise, insbesondere die Umtauschanleihe erwähnt wird, ist nur dadurch erklärbar, dass ein Zerlegungsansatz nicht in Betracht gezogen wird.

Insgesamt erscheint daher der Ansatz der vollständigen Zerlegung insbesondere aufgrund der Unterscheidung der Vermögens- und Ertragsphäre im deutschen

---

[599] Sofern ein verdecktes Aufgeld gegeben ist, ist auch hier die Ermittlung der Anschaffungskosten des Optionsrechts für einen steuerlichen Laien schwer nachvollziehbar.

[600] A. A. *Moritz* in FS für *Ruppe*, S. 492, der für Österreich den von der Schweiz praktizierten Ansatz vorschlägt, dass kombinierte Produkte in ihre verwendeten Komponenten zerlegt werden. Praktisch ermöglicht werden soll dies , in dem der Emittent mit jedem Produkt die Information liefert, ob und in welcher Höhe die Erträge Zinsen oder (steuerfreie) Kapitaleinkünfte sind.

[601] *Jachmann*, BB 2007 (Teil I), S. 1142

Steuerrecht komplex und letztendlich nicht praktikabel. Die Besteuerung der Zertifikate im Sinne der Abgeltungssteuer verzichtet, wie folgende Darstellung zeigt, auf diese Differenzierung, vereinfacht dadurch die Besteuerung von Zertifikaten und ist nicht nur dem Lösungsansatz einer Durchgriffsbesteuerung, sondern auch der derzeitigen Besteuerung von Zertifikaten vorzuziehen.

II. Kapitalertragsteuer mit abgeltender Wirkung

Der Referentenentwurf des Steuerreformgesetzes wurde vom BMF am 5.2.2007 auf seine Homepage gestellt und am 6.7.2007 erfolgte bereits die Zustimmung des Bundesrates zum Unternehmensteuerreformgesetz 2008. In den vergangenen Jahren haben die Politik und die Finanzwirtschaft mehrfach Anlauf zur Schaffung einer einheitlichen Besteuerung von Kapitalanlagen i. S. einer Abgeltungssteuer unternommen. Dieses war u. a. auch durch das Zinsurteil des BVerfG vom 27.6.1991[602] initiiert, das eine gleichheitswidrige Besteuerung feststellte, wenn die durch den Steuerpflichtigen vorgenommene Erklärungspflicht der zu besteuernden Tatbestände nicht durch die Steuerbehörden in hinreichender Weise verifiziert werden kann.[603] Weiter werden als Gründe für die Neuregelung in der Gesetzesbegründung insbesondere die Verbesserung der Attraktivität und Wettbewerbsfähigkeit des deutschen Finanzmarktes und das Bremsen des Kapitalabflusses ins Ausland angegeben. Durch die Einführung einer Kapitalertragsteuer mit abgeltender Wirkung wird die Veranlagung der Kapitaleinkünfte vermieden. Die Abgeltungssteuer ist jedoch ebenfalls ein wesentlicher Bestandteil der Finanzierung der Unternehmen-steuerreform.[604]

Im Folgenden wird kurz die Systematik der sog. Abgeltungssteuer auf im Privatvermögen gehaltene Finanzinstrumente, die grundsätzlich ab dem 1.1.2009 in Kraft treten soll, im Allgemeinen dargestellt[605] und in einem weiteren Abschnitt konkret auf deren Auswirkung auf die Besteuerung von Zertifikaten sowie den für Zertifikate geregelten „vorgezogenen" zeitlichen Anwendungsbereich eingegangen.

1. Systematik der Kapitalertragsteuer mit abgeltender Wirkung nach dem Gesetzesentwurf im Allgemeinen

Bei der Kapitalertragsteuer mit abgeltender Wirkung handelt es sich um eine

[602] BVerfG v. 27.06.1991, 2 BvR 1493/89, BStBl II 1991, 654. Das BVerfG hat in dem Urteil neben Kontrollmitteilungen, Abschaffung des „Bankgeheimnisses", auch die Einführung einer Abgeltungssteuer als mögliche Lösung vorgeschlagen.

[603] *Geurts*, DStZ 2007, S. 341.

[604] Vgl. insbesondere die Berechnungsbeispiele von *Geurts,* DStZ 2007, S. 341 ff; *Rädler*, DB 2007, S. 988 ff.

[605] Vgl. dazu *Strunk*, Stbg 2007, S. 101 ff; *Herzig*, WPg 2007, S. 7 ff; *Geurts*, DStZ 2007, S. 341 ff.; *Behrens*, BB 2007, S. 1025 ff.; *Ravenstein*, StuB 2007, S. 343 ff.. Zu der Reform von Kapitaleinkünften in Deutschland und deren Gemeinsamkeiten und Unterschiede zu Österreich vgl. *Korn*, ÖStZ 2007, S. 222 ff.

Abgeltungssteuer im Sinne einer Endbesteuerung mit einem einheitlichen Steuersatz von 25 %, die von einer Zahlstelle auf sämtliche Kapitalerträge und Einnahmen aus der Veräußerung und Realisation von Kapitalanlagen im weiten Sinn (Wertpapiere, Finanzinstrumente, Termingeschäfte, Optionen, Futures, Differenzgeschäfte, Swaps, d. h. mit Ausnahme von Immobilien, Antiquitäten und Kunst) unabhängig von einer Haltefrist einzubehalten ist. Das sog. Halbeinkünfteverfahren wird damit abgeschafft und Verluste aus Kapitalvermögen können nur innerhalb der Einkünfte aus Kapitalvermögen verrechnet werden.

a. Unbeschränkte Steuerpflicht

Bei unbeschränkter Steuerpflicht unterliegt ein Steuerpflichtiger, der in Deutschland seinen Wohnsitz (§ 8 AO) oder seinen gewöhnlichen Aufenthalt (§ 9 AO) hat, grundsätzlich mit seinem Welteinkommen der deutschen Besteuerung.

aa. Persönlicher Anwendungsbereich

Steuerpflichtige Einkünfte sind grundsätzlich die in § 20 Abs. 1 EStG i.d.F. UntStRefG 2008 definierten Erträge aus Kapitalvermögen; die Abgeltungssteuer soll sich nur auf im Privatvermögen gehaltene Finanzinstrumente erstrecken. Nach § 20 Abs. 2 i.d.F. UntStRefG 2008 wird geregelt, dass neben den Einnahmen nach in Abs. 1 (laufende Kapitalerträge) angeführte Kapitalanlagen zukünftig auch die Wertzuwächse im Privatvermögen, die dem Steuerpflichtigen durch die Kapitalanlagen – unabhängig von der Haltedauer dieser Anlagen im Privatvermögen – oder nach Abschluss eines Kapitalüberlassungsvertrages zufließen, der Einkommensteuer im Sinne der abgeltenden Kapitalertragsteuer unterworfen werden (Gewinne aus der Veräußerung von Kapitalanlagen). Diese werden dann im Einzelnen aufgezählt, sodass gewährleistet ist, dass die Kapitalerträge auszahlende Stelle, insbesondere Kreditinstitute, den Steuerabzug vom Kapitalertrag nach § 43 i.d.F. UntStRefG 2008 vornehmen kann.

Von der Abgeltungssteuer ausgenommen sind nach § 32d Abs. 2 Nr. 1 i.d.F. UntStRefG 2008 Erträge aus einer (typischen) stillen Gesellschaft, partiarische Darlehen im Privatvermögen nach § 20 Abs. 1 Nr. 4 sowie Abs. 2 Nr. 4 i.d.F. UntStRefG 2008 und sonstige Kapitalforderungen nach § 20 Abs. 1 Nr. 7 und Abs. 2 Nr. 7 i.d.F. UntStRefG 2008, wenn:

- Gläubiger und Schuldner einander nahe stehende Personen sind,
- Zahlungen an einen Anteilseigner erfolgen, der mindestens 1 % Anteil hält oder
- ein Dritter die Kapitalerträge schuldet, aber auf einen Anteilseigner

zurückgreifen kann (sog. Back-to-back-Finanzierungen).[606]

bb. Sachlicher Anwendungsbereich bzw. allgemeine Übergangsregelung

Dabei können drei Gruppen unterschieden werden[607]:

- Laufende Kapitalerträge
- Veräußerungsgewinne bzw. -verluste und
- bisher nach § 23 EStG außerhalb der Jahresfrist steuerfrei veräußerbare Kapitalanlagen.

Nach § 52 a Abs. 1 i.d.F. UntStRefG 2008 soll die Abgeltungssteuer im Allgemeinen bei Kapitalerträgen, die dem Gläubiger nach dem 31.12.2008 zufließen, anzuwenden sein.

Veräußerungsgewinne und -verluste unterliegen nach § 52 a Abs. 10 S. 1 i.d.F. UntStRefG 2008 der Abgeltungssteuer, wenn das Wirtschaftsgut nach dem 31.12.2008 erworben wurde. Das bedeutet, dass Wertpapiere, die noch bis zum 31.12.2008 erworben werden, nach Ablauf der Jahresfrist gemäß § 23 Abs. 1 EStG steuerfrei veräußert werden können.

Nach § 52 a Abs. 10 S. 8 i.d.F. UntStRefG 2008 sind Kapitalforderungen, die zwar nicht die Voraussetzungen von § 20 Abs. 1 Nr. 7 in der am 31.12.2008 anzuwendenden Fassung, aber die Voraussetzungen des § 20 Abs. 1 Nr. 7 i.d.F. UntStRefG 2008 in der neuen Fassung erfüllen (d. h. Finanzprodukte, die bisher nach der Regelung des § 23 EStG außerhalb der Jahresfrist steuerfrei veräußert werden konnten) auf alle nach dem 30.6.2009 zufließenden Kapitalerträge anzuwenden, es sei denn, die Kapitalforderung wurde vor dem 15.3.2007 angeschafft. Diese Regelung betrifft implizit Zertifikate und wird im Folgenden noch näher betrachtet.

cc. Steuerbemessungsgrundlage und Sparerfreibetrag

Die Änderung der Kapitalertragsteuer zu einer Endbesteuerung bedeutet, dass durch die Einbehaltung der Kapitalertragsteuer die Einkommensteuer (zuzüglich Solidaritätszuschlag und Kirchensteuer) abgegolten ist. Zu den Prinzipien einer Endbesteuerung zählt auch das (unbedingte) Bruttobesteuerungsprinzip[608]. Nach dem Bruttobesteuerungsprinzip werden Aufwendungen und Ausgaben in Zusammenhang mit endbesteuerten Kapitalerträgen ertragsteuerlich nicht abzugsfähig. Die Streichung des tatsächlichen Werbungskostenabzugs kann

---

[606] Dadurch sollen Gestaltungen verhindert werden, die auf eine Ausnutzung des Steuersatzgefälles abzielen, indem zum einen betriebliche Gewinne in Form von Darlehenszinsen gemindert werden, zum anderen beim Fremdkapitalgeber nur mit dem Abgeltungssteuersatz besteuert werden. Vgl. *Geurts*, DStZ 2007, S. 341.

[607] *Geurts*, DStZ 2007, S. 342.

[608] *Kirchmayr*, Besteuerung von Beteiligungserträgen, S. 81.

aber zu einer enteignenden Besteuerung führen, wenn die Kapitalanlagen fremdfinanziert sind und tatsächlich nur ein Delta frei verfügbar ist, das die Steuerbelastung nicht deckt.[609] In der Literatur wird in diesem Zusammenhang die Vereinbarkeit mit dem Prinzip der Besteuerung nach der Leistungsfähigkeit aufgeworfen.[610] Der Begründung zum Gesetzesentwurf ist zu entnehmen, dass der Ansatz tatsächlicher Werbungskosten ausgeschlossen ist und nur der Sparerfreibetrag nach § 20 Abs. 9 i.d.F. UntStRefG 2008 in Höhe von 801 EUR bzw. 1.602 EUR bei zusammen veranlagten Ehegatten (zusammengefasster Sparer-Freibetrag und Werbungskosten-Pauschbetrag) berücksichtigt werden soll, sodass der der Höhe nach unbegrenzte Werbungskostenabzug nach §§ 9, 9a EStG bei Einkünften aus Kapitalvermögen keine Anwendung mehr findet. Dieses spiegelt insbesondere der angefügte Satz 2 im Abs. 2 i.d.F. UntStRefG 2008, aber auch der neue Absatz 5 b in § 2 i.d.F. UntStRefG 2008 wider. Eine solche Einschränkung findet auch bei Steuerpflichtigen Anwendung, deren Veranlagung nach § 32 b Abs. 6 i.d.F. UntStRefG 2008 aufgrund eines niedrigeren persönlichen Steuersatzes als 25 % erfolgt, zumal weder im Gesetz noch in der Gesetzesbegründung eine Ausnahme ersichtlich ist. Eine überzeugende Begründung bei der antragsgemäßen Veranlagung, ebenso den Werbungskostenabzug zu verwehren, ist in der Gesetzesbegründung nicht erkennbar.[611] § 20 Abs. 4 i. d. F. des Regierungsentwurfes sieht – anders als noch der Referentenentwurf – vor, dass „die Aufwendungen, die in unmittelbarem Zusammenhang mit dem Veräußerungsgeschäft stehen", den Gewinn aus der Veräußerung oder Einlösung von Kapitalanlagen mindern.[612]

In § 20 Abs. 4 i.d.F. UntStRefG 2008 wird die Steuerbemessungsgrundlage für Veräußerungsfälle des Abs. 2 bestimmt.

dd. Steuersatz/-tarif

§ 32 d i.d.F. UntStRefG 2008 regelt den gesonderten Steuertarif für Einkünfte aus Kapitalvermögen und führt weiter die Kapitalerträge an, bei denen der die Einkommensteuer abgeltende Steuertarif keine Anwendung findet. Diese Norm ist die zentrale Regelung der gesonderten einkommensteuerlichen Behandlung der Erträge aus Kapitalanlagen.[613] Nach § 32 d S. 1 i.d.F. UntStRefG 2008 beträgt die Einkommensteuer für Einkünfte aus Kapitalvermögen im Sinne des § 20 i.d.F. UntStRefG 2008 grundsätzlich 25 % der Bemessungsgrundlage

---

[609] *Behrens*, BB 2007, S. 1028.

[610] Vgl. *Behrens*, BB 2007, S. 1028 nach dem der Ausschluss des Abzugs der tatsächlichen Werbungskosten nur Sinn macht, weil den Kreditinstituten eine weitere Sachverhaltserfassung nicht zugemutet werden könne. Dem ist zuzustimmen.

[611] Vgl. *Behrens*, BB 2007, S. 1028.

[612] Vgl. Begründung zum Regierungsentwurf zu § 20 Abs. 4 S. 1 i.d.F. UntStRefG 2008 und *Behrens*, BB 2007, S. 1928.

[613] Begründung zum Entwurf des JStG 2008 zu Nr. 12 – Allgemein. Während § 43a i.d.F. UntStRefG 2008 insgesamt die Steuersätze für die Kapitalertragsteuer bestimmt.

(zuzüglich 5,5 % Solidaritätszuschlag auf die Kapitalertragsteuer).

Ausgenommen werden Einkünfte aus Kapitalvermögen, die aufgrund der Subsidiaritätsregelung nach § 20 Abs. 8 i.d.F. UntStRefG 2008 zu den Einkünften aus Land- und Forstwirtschaft (§ 13 EStG), aus Gewerbebetrieb (§ 15 EStG), aus selbstständiger Arbeit (§ 18 EStG) oder Vermietung und Verpachtung (§ 21 EStG) stammen. Ausländische Quellensteuer kann gemäß § 32 d Abs. 1 S. 2 i. V. m. Abs. 5 i.d.F. UntStRefG 2008 angerechnet werden. Ferner finden sich in § 32 d Abs. 1 S. 3, 4 und 5 i.d.F. UntStRefG 2008 Regelungen zur Berücksichtigung der Kirchensteuer.

ee. Verlustverrechnung

§ 20 Abs. 6 i.d.F. UntStRefG 2008 beinhaltet materiell- und verfahrensrechtliche Regelungen zur Verlustverrechnung, zum Verlustausgleich und zum Verlustabzug im Zusammenhang mit Verlusten aus Kapitalvermögen. Es wird in § 20 Abs. 6 S. 2 i.d.F. UntStRefG 2008 klargestellt, dass Verluste aus Kapitalvermögen im Grundsatz nicht mit Einkünften aus anderen Einkunftsarten ausgeglichen werden können (auch nicht nach § 10 d EStG abgezogen werden). Die Rechtfertigung dieser von anderen Einkünften abweichenden Einschränkungen findet sich nach der Gesetzesbegründung darin, dass für Einkünfte aus Kapitalvermögen ein gesonderter Einkommensteuersatz von maximal 25 % gilt. Mit anderen Worten: Die Besteuerung von Kapitalanlagen stellt ein Sondersystem im Sinne einer „Schedule" (§ 2 Abs. 5 b S. 1 i.d.F. UntStRefG 2008) dar. Nur im Rahmen der Günstigerprüfung können gemäß § 2 Abs. 5 b S. 2 i.d.F. UntStRefG 2008 auch Verluste aus Gewerbebetrieb und positive Kapitalvermögen im selben Veranlagungszeitraum verrechnet werden. Die Ermittlung für die Einkünfte aus Kapitalvermögen erfolgt allerdings nach den Grundsätzen der Abgeltungssteuer.

Die Verlustverrechnung erfolgt im Rahmen der Übergangsphase in vier Stufen[614]:

- 1. Stufe: Es werden die innerhalb des Kalenderjahres erwirtschafteten Erträge verrechnet, die der Abgeltungssteuer unterliegen. Nach § 43 a Abs. 3 i.d.F. UntStRefG 2008 sind ausländische Steuern sowie negative Erträge bis zur Höhe der positiven Erträge zu berücksichtigen.
- 2. Stufe: Es sind die verbleibenden positiven Erträge aus Veräußerungstatbeständen nach § 20 Abs. 2 i.d.F. UntStRefG 2008 mit „Alt-Verlusten" aus privaten Veräußerungsgeschäften nach § 23 EStG (bisherige Fassung) bis in das Jahr 2013 zu verrechnen[615].

---

[614] Vgl. dazu im Detail und Darstellung einer Skizze *Geurts*, DStZ 2007, S. 345 f.
[615] Vgl. § 52 a Abs. 12 S. 10 i.d.F. UntStRefG 2008.

- 3. Stufe: Es ist eine Verrechnung mit Verlustvorträgen aus Vorjahren vorzunehmen, die der Abgeltungssteuer unterliegen.
- 4. Stufe: Die noch verbleibenden Verluste sind in das nächste Kalenderjahr zu übertragen,[616] d. h. nicht ausgeglichene Verluste aus Kapitalvermögen mindern in sinngemäßer Anwendung von § 10 d Abs. 4 EStG die Einkünfte, die der Steuerpflichtige in den folgenden Veranlagungszeiträumen aus Kapitalvermögen erzielt. Dabei ist der Verlustvortrag bei Einkünften aus Kapitalvermögen nicht durch die Sockelbeträge nach § 10 d Abs. 2 S. 1 und 2 EStG beschränkt.

ff. Steuererhebung, Abgeltung und Veranlagung

Bei laufenden Erträgen wie z. B. Dividenden aus inländischen Aktien, Zinsen aus Wandelanleihen oder Gewinnobligationen wird die Abgeltungssteuer vom Emittenten einbehalten und abgeführt. Die Aufgabe der Kreditinstitute hierbei ist es, die Steuer im Rahmen des sog. Sammelantragsverfahrens an Steuerinländer zu erstatten, wenn die Voraussetzungen dafür gegeben sind (wie z. B. Freistellungsauftrag, NV-Bescheinigung). In allen anderen Fällen wie z. B. Zinszahlungen, Veräußerungs- bzw. Einlösungsgewinne i. S. d. § 20 Abs. 3 i.d.F. UntStRefG 2008, ausländische Dividenden, Stillhalteprämien etc. haben die Kreditinstitute (und Wertpapierhandelsgesellschaften nach § 44 i.d.F. UntStRefG 2008) die Erbhebung und Abführung als Zahlstelle vorzunehmen. Abzugsverpflichteter der Abgeltungssteuer ist die Kapitalerträge auszahlende Stelle für Rechnungen des Gläubigers der Kapitalerträge. Es handelt sich somit um eine sog. Zahlstellensteuer. Die Zahlstelle ist gemäß § 44 Abs. 1 S. 4 EStG das inländische Kreditinstitut i. S. d. KWG, wozu auch die inländische Zweigstelle eines ausländischen Kreditinstituts, nicht aber die ausländische Niederlassung eines inländischen Kreditinstituts zählt (§§ 44, Abs. 1 S. 4 Nr. 1b, 43 Abs. 1 S. 1 Nr. 7b, S. 2 EStG).

Die Steuererhebung erfolgt prinzipiell nach den für die Zinsabschlagsteuer geltenden Grundsätzen, d. h. Freistellungsaufträge, NV-Bescheinigungen und Dauerüberzahlerbescheinigungen finden Berücksichtigung.

Die Änderung der Kapitalertragsteuer[617] zu einer Endbesteuerung bedeutet, dass durch die Einbehaltung der Kapitalertragsteuer die Einkommensteuer

---

[616] Hat ein Kunde bis zum 15. Dezember des laufenden Kalenderjahres unwiderruflich die Ausstellung einer Verlustbscheinigung (nach amtlichem Muster) bei der Bank über den am Jahresende nicht ausgeglichenen Verlust beantragt, so ist ein Verlustvortrag ausgeschlossen. Damit wird der Verlust im Rahmen der Veranlagung geltend gemacht und das Kreditinstitut muss den Verrechnungstopf auf Null stellen. Wie ein unterjähriger Verlustausgleich vorzunehmen ist, ist noch nicht geklärt.

[617] Die Kapitalertragsteuer ist eine Erhebungsform der Einkommensteuer. Vom Wesen hat die Kapitalertragsteuer grundsätzlich vorausszahlende Wirkung, d. h. die betreffenden Kapitalerträge sind bei der Veranlagung zur Einkommensteuer mit einzubeziehen und die einbehaltene Kapitalertragsteuer ist auf die zu erhebenede Einkommensteuer anrechenbar.

abgegolten ist. § 43 a Abs. 5 S.1 i.d.F. UntStRefG 2008 bildet hierzu die zentrale Vorschrift. § 43 a Abs. 5 S. 2 i.d.F. UntStRefG 2008 regelt, dass die Abgeltungswirkung jedoch nicht eintritt, wenn die Kapitalerträge zu den Einkünften aus Land- und Forstwirtschaft, Gewerbebetrieb, aus selbstständiger Arbeit oder aus Vermietung und Verpachtung gehören.

Die Abgeltungssteuer kann jedoch keine abgeltende Wirkung haben, wenn Wertpapiere in einem ausländischen Depot verwahrt werden oder die auszahlende Stelle kein inländisches Kreditinstitut ist. Nach § 32 d Abs. 3 i.d.F. UntStRefG 2008 hat in diesen Fällen der Steuerpflichtige zwingend eine Veranlagung vorzunehmen.

Gemäß § 32 d Abs. 4 i.d.F. UntStRefG 2008 ist auch eine Antragsveranlagung möglich, um beispielsweise den noch nicht ausgenutzten neuen Sparer-Pauschbetrag geltend zu machen, einen Verlustvortrag auszunutzen, ausländische Steuern anzurechnen, den Abzug der Kirchensteuer von der Einkommensteuer auf die Kapitalerträge zu erreichen etc. Dabei bleibt es bei der Anwendung des einheitlichen Einkommensteuersatzes von 25 % nach § 32 d Abs. 1 S. 1 i.d.F. UntStRefG 2008.

Außerdem kann nach § 32d Abs. 6 i.d.F. UntStRefG 2008 der Steuerpflichtige einen Antrag auf die sog. Günstigerprüfung stellen, d. h. die Einkünfte aus Kapitalvermögen veranlagen und dem individuellen Steuersatz unterwerfen. Diese Regelung schafft für Steuerpflichtige, deren persönlicher Steuersatz niedriger als der Abgeltungssteuersatz ist, die Möglichkeit, ihre Einkünfte aus Kapitalvermögen dem niedrigeren Einkommensteuersatz zu unterwerfen. Das Veranlagungsfinanzamt prüft dabei von Amts wegen, ob die Anwendung der allgemeinen Regelungen zu einer niedrigeren Steuerfestsetzung führt und damit für den Steuerpflichtigen günstiger ist (sog. Günstigerregelung). Dabei ist nach § 32 d Abs. 6 S. 2 i.d.F. UntStRefG 2008 die Wahlmöglichkeit für den jeweiligen Veranlagungszeitraum nur einheitlich für sämtliche Kapitalerträge gegeben (bei zusammen veranlagten Ehegatten nur für sämtliche Kapitalerträge beider Ehegatten). Trotz Antrag auf die sog. „Günstigerprüfung" sind jedoch kein Abzug von Verlusten aus Kapitalvermögen von positiven Einkünften aus anderen Einkunftsarten und kein Werbungskostenabzug möglich.

b. Beschränkte Steuerpflicht

Nach der Gesetzesbegründung werden die inländischen Einkünfte aus den dem Kapitalertragsteuerabzug unterliegenden Veräußerungsfällen bei beschränkt Steuerpflichtigen erweitert, wenn der Steuerpflichtige diese Geschäfte über eine inländische auszahlende Stelle vornimmt, ohne bei dieser ein Konto oder Depot zu unterhalten (sog. Tafelgeschäfte).[618] Ansonsten sind Steuerausländer grundsätzlich befreit.

2. Kapitalertragsteuer mit abgeltender Wirkung bei Einkünften aus Zertifikaten

Der geänderte Wortlaut der einschlägigen Norm des § 20 Abs. 1 Nr. 7 und § 20 Abs. 2 Nr. 7 i.d.F. UntStRefG 2008 lautet folgendermaßen:

§ 20 Abs. 1 Nr. 7 i.d.F. UntStRefG 2008:

„Erträge aus sonstigen Kapitalforderungen jeder Art, wenn die Rückzahlung des Kapitalvermögens oder ein Entgelt für die Überlassung des Kapitalvermögens zur Nutzung zugesagt oder gewährt worden ist, auch wenn die Höhe ***der Rückzahlung oder*** *des Entgelts von einem ungewissen Ereignis abhängt. Dies gilt unabhängig von der Bezeichnung und der zivilrechtlichen Ausgestaltung der Kapitalanlage;“*

§ 20 Abs. 2 Nr. 7 i.d.F. UntStRefG 2008:

„Zu den Einkünften aus Kapitalvermögen gehören auch:

...

7. Der Gewinn aus der Veräußerung von sonstigen Kapitalforderungen jeder Art im Sinne des Absatzes 1 Nr. 7; ...“

Die Gesetzesbegründung erläutert zu dem geänderten Wortlaut der Nummer 7, dass zukünftig auch sonstige Kapitalforderungen, bei denen sowohl die Höhe des Entgelts als auch die Höhe der Rückzahlung von einem ungewissen Ereignis abhängen, explizit Steuergegenstände des § 20 Abs. 1 Nr. 7 EStG darstellen. Hierdurch wird der Anwendungsbereich der Vorschrift wesentlich erweitert. Zudem sollen nunmehr auch Kapitalforderungen, deren volle oder **teilweise** Rückzahlung rechtlich oder **faktisch** garantiert ist, einbezogen werden.[619] Des Weiteren unterliegen Erträge aus Zertifikaten, die bei Rückzahlung, Einlösung oder Veräußerung realisiert werden, der Besteuerung.

In den sog. Eckpunkten der Abgeltungssteuer[620] erwähnt der Gesetzgeber in dem Anwendungsbereich explizit, dass Einkünfte aus Kapitalvermögen, insbesondere Zinserträge aus Geldeinlagen bei Kreditinstituten, Kapitalerträge aus Forderungswertpapieren, Dividenden, Erträge aus Investmentfonds und

---

[618] Gesetzesbegründung zum UntStRefG 2008 zu Nr. 21 a) bb).

[619] Begründung zum UntStRefG 2008 zu Nr. 7 a) bb).

[620] Homepage des Bundesfinanzministeriums im März „Eckpunkte der Abgeltungssteuer“, I. Anwendungsbereich.

Zertifikaterträge erfasst werden sollen.

Der Gesetzgeber löst sich nun endgültig vom traditionellen Zinsbegriff. Die Darstellungen im Abschnitt C[621] zu den Tatbestandsmerkmalen der Besteuerung von Zertifikaten im Einzelnen werden in mehrfacher Hinsicht konkretisiert. Zum einen stellt der Gesetzgeber in der Gesetzesbegründung klar, dass auch die Fälle der teilweisen Kapitalrückzahlung erfasst werden sollen. Der Gesetzeswortlaut selbst wurde diesbezüglich nicht geändert, da der Gesetzgeber wohl der Ansicht ist, dass die Formulierung schon in der Vergangenheit entsprechend auszulegen war. Die Gesetzesbegründung bestätigt die Auffassung der Finanzverwaltung hinsichtlich der ausreichenden teilweisen Kapitalrückzahlung. Ferner erläutert der Gesetzgeber in der Gesetzesbegründung, dass eine rechtliche, jedoch auch eine faktische i. S. einer wirtschaftlichen Kapitalgarantie, für § 20 Abs. 1 Nr. 7 i.d.F. UntStRefG 2008 ausreichend ist. Es finden sich hingegen keine Ausführungen, anhand welcher Kriterien die faktische Kapitalgarantie zu prüfen ist. Des Weiteren werden in § 20 Abs. 2 Nr. 7 i.d.F. UntStRefG 2008 neben den Einkünften aus Kapitalvermögen und Gewinnen aus der Veräußerung von Finanzinnovationen auch Gewinne aus der Veräußerung von spekulativen Produkten subsumiert. Diese Gewinne werden nicht mehr unter den Tatbestand der Veräußerungsgewinne § 23 i.d.F. UntStRefG 2008 erfasst, sondern bei den Einkünften aus Kapitalvermögen. Damit werden alle Wertzuwächse, die dem Steuerpflichtigen durch die Veräußerung der Kapitalanlage – unabhängig von der Haltedauer – oder nach Abschluss eines Kapitalüberlassungsvertrages zufließen, der Einkommensteuer unterworfen. Darin eingeschlossen sind Wechselkursgewinne bzw. -verluste bzw. marktbedingte Kursschwankungen.[622] Bezugnehmend auf das obige Beispiel des DAX-Zertifikats[623] unterliegt nun auch der Veräußerungsgewinn daraus den Einkünften aus Kapitalvermögen nach § 20 Abs. 2 Nr.7 i.d.F. UntStRefG 2008.

Grundsätzlich findet die sog. Abgeltungssteuer auf Kapitaleinkünfte, die dem Steuerpflichtigen nach dem 1.1.2009 zufließen, Anwendung. Ende März 2007 hat der Bundesrat den Bundestag aufgefordert, im weiteren Gesetzgebungsverfahren zu prüfen, ob die Anwendungsvorschriften zur Abgeltungssteuer in Bezug auf vor dem 1.1.2009 erworbene Kapitalanlagen mit einem Emissionsdisagio innerhalb der sog. Disagiostaffel sowie in Bezug auf vor dem 1.1.2009 erworbene Zertifikate angepasst werden soll.

---

[621] Ziffer C.II.2.d.

[622] Auch das bislang steuerlich nicht erfasste Emissions-Disagio nach der sog. Disagio-Staffel (BMF v. 24.11.1986, BStBl I S. 539) gehört im Zeitpunkt der Rückgabe der Schuldverschreibung zum steuerpflichtigen Kapitalertrag.

[623] Vgl. Ziffer C.IV.1.

Insbesondere die Übergangsregelung zu den Zertifikaten hat durch „findige Strukturierer" der Kreditinstitute zu der Überlegung geführt, sich durch lang laufende Papiere die Nichtsteuerbarkeit bei einer Haltedauer von einem Jahr möglichst langfristig zu sichern. Der Bundesrat spricht dabei von einer „Endrallye" auf Strukturen, die in die steuerfreie Vermögensebene einzuordnen sind, was eine rein steuerlich motivierte Umschichtung und kapitalmarktpolitisch unerwünscht ist und zudem das Aufkommen der Abgeltungssteuer in den ersten Jahren nachhaltig schmälern würde. Daher sollte nach Empfehlung des Bundesrates die Veräußerung von Zertifikaten nach dem 30.6.2009 unabhängig vom Anschaffungsdatum der Besteuerung nach § 20 Abs. 2 i.d.F. UntStRefG 2008 unterliegen. Dieser Empfehlung des Bundesrates ist der Bundestag nachgekommen. Nach § 52 a Abs. 10 S. 8 i.d.F. UntStRefG 2008 sind Kapitalforderungen, die zwar nicht die Voraussetzungen von § 20 Abs. 1 Nr. 7 in der am 31.12.2008 anzuwendenden Fassung, aber die Voraussetzungen des § 20 Abs. 1 Nr. 7 i.d.F. UntStRefG 2008 in der neuen Fassung erfüllen (d. h. Finanzprodukte, die bisher nach der Regelung des § 23 EStG außerhalb der Jahresfrist steuerfrei veräußert werden konnten), auf alle nach dem 30.06.2009 zufließenden Kapitalerträge anzuwenden, es sei denn, die Kapitalforderung wurde vor dem 15.03.2007 angeschafft. Diese Regelung betrifft implizit Zertifikate. Nicht erfasst werden Optionen, Futures etc.

G. Zusammenfassung/Ergebnisse

I. Zusammenfassung des historischen Überblicks zur Entwicklung der Besteuerung von Kapitalerträgen und Zertifikaten in Deutschland und der EU-Zinsrichtlinie

Das deutsche Steuersystem ist von dem sog. Dualismus der Einkunftsarten geprägt, woraus sich die Unterscheidung des steuerbaren Kapitalertrags und grundsätzlich nicht steuerbaren Substanzgewinns ergibt. Dabei werden Zinseinkünfte dem steuerpflichtigen Kapitalertrag zugeordnet. Die historische Analyse zeigt, dass der Dualismus der Einkunftsarten das Ergebnis einer Vielzahl einzelner historischer Gegebenheiten ist, die Methodik jedoch bis heute im deutschen Steuerrechtssystem verankert ist. Diese Unterscheidung der Gewinn- und Überschusseinkünfte wird seit Jahrzehnten akzeptiert und nicht kritisch gewürdigt, jedoch ist die Verfassungsmäßigkeit dieses Prinzips durchaus fraglich.[624]

Zur **Historie der Besteuerung von Zertifikaten** ist zusammenfassend anzumerken, dass im Jahr 1993 durch das Gesetz zur Bekämpfung des Missbrauchs und Bereinigung des Steuerrechts[625] gesetzliche Regelungen zur Erfassung von Erträgen aus innovativen Finanzanlagen, sog. „Finanzinnovationen“ (unter die auch bestimmte Arten von Zertifikaten zu erfassen sind), aufgenommen wurden, deren Sinn und Zweck, wie der Name schon sagt, die Bekämpfung des Missbrauchs im Steuerrecht ist.

Die Motivation zur Einigung der EU-Staaten sowie einer Vielzahl assoziierter Staaten zu einer **EU-Zinsrichtlinie** war die Bekämpfung des Missbrauchs von Steuerdelikten in der EU. Die Entstehungsgeschichte bis zur letztendlichen Einigung gestaltete sich als langwierig und dauerte über Jahre. Grundsätzlich unterliegt dem Wohnsitzstaat des Steuerpflichtigen die Besteuerung von Zinseinkünften, sodass stets die Gefahr besteht, dass es bei der niedrigen Quellenbesteuerung belassen wird. Durch die EU-Zinsrichtlinie 2000/48/EG vom 3.6.2003 soll letztendlich ermöglicht werden, dass Erträge, die in einem Mitgliedstaat im Wege von Zinszahlungen an wirtschaftliche Eigentümer, die natürliche Personen und in einem anderen Mitgliedstaat ansässig sind, erzielt werden, nach den Rechtsvorschriften des letzteren Mitgliedstaats effektiv besteuert werden. Das Ziel der Gewährleistung einer effektiven Besteuerung von Zinserträgen soll im Falle von grenzüberschreitenden Zinszahlungen grundsätzlich durch einen Informationsaustausch zwischen den Mitgliedstaaten erreicht werden.

---

[624] *Söhn*, Vortrag DStJG am 11./12.9.2006 Ziffer III.

[625] Gesetz zur Bekämpfung des Missbrauchs und zur Bereinigung des Steuerrechts (StMBG) v. 21.12.1993 BGBl I 1993, 2310 = BStBl I 1994, 50.

II. Der Zinsbegriffs und die Besteuerung von Zertifikaten im Privatvermögen nach deutschem Steuerrecht

1. Der Zinsbegriff im deutschen Steuerrecht

Eine Legaldefinition des Zinsbegriffs findet sich weder im Steuer- und noch im Zivilrecht. Es sind ebenfalls keine konkreten Abgrenzungskriterien zwischen der Unterscheidung von Kapital und Ertrag in den historischen Wurzeln des römischen Rechts, im gegenwärtigen Recht und auch nicht in der Rechtsprechung zu entdecken.

Bis zur Änderung durch das StMBG 1993 wurde unter dem Zinsbegriff das Nutzungsentgelt für die „zeitlich begrenzte Überlassung von Kapital verstanden", was sowohl einen Kapitalertrag als auch die Rückzahlung („zeitlich begrenzte Überlassung") des hingegebenen Kapitals voraussetzte. Seit dem StMBG 1993 liegen nunmehr Kapitalerträge auch dann vor, wenn zwar kein bestimmtes Entgelt für die Überlassung des Kapitals, aber die teilweise Rückzahlung des überlassenen Kapitalvermögens bestimmt zusagt ist, sowie im umgekehrten Fall, wenn ein bestimmter Ertrag zugesagt oder gewährt wird, aber ungewiss ist, ob oder in welcher Höhe das überlassene Kapitalvermögen zurückgezahlt wird.[626] Es wird deutlich, dass der Gesetzgeber nicht nur Zinsen im klassischen Sinne, sondern bestimmte „Einkünfte aus Kapitalvermögen" erfassen will. Die Zinsdefinition ist folglich weiter und hat sich von dem traditionellen zivilrechtlichen Verständnis als *„laufzeitabhängige Vergütung für den Gebrauch eines auf Zeit überlassenen Kapitals"*[627] fortentwickelt.

2. Die Besteuerung von Zertifikaten im Privatvermögen nach deutschem Steuerrecht

Nach § 20 Abs. 1 Nr. 7 S. 1 EStG ist bei Bestehen einer „sonstigen Forderung jeder Art" der Ertrag voll steuerpflichtig. Diese „Typenbeschreibung" ist bei einer Investition in ein Zertifikat gegeben, wenn eine Entgeltzahlung oder eine (teilweise) Kapitalgarantie zugesagt (i. S. einer zivilrechtlichen Zusage im Emissionsprospekt) oder gewährt wird. Auf der Ebene der „Typenbeschreibung" ist die Gewährung einer teilweisen Kapitalrückzahlung ausreichend. Eine nur theoretische Möglichkeit des Totalverlusts des eingesetzten Kapitals ist nicht ausreichend, damit die Gewährung einer Kapitalgarantie gegeben ist. Eine faktische bzw. wirtschaftliche Kapitalgarantie,

---

[626] *Stuhrmann* in *Blümich*, EStG – KStG – GewStG Kommentar, § 20 Rn 293; *Schlotter* in *Littmann/Bitz/Pust*, § 20 Rn 597; *Harenberg* in *Herrmann/Heuer/Raupach*, § 20 Anm 821; *Lohr*, Kapitalanlage nach der Unternehmensteuerreform, S.125 f.; *Harenberg/Irmer*, Die Besteuerung privater Kapitaleinkünfte, § 20 Rn 794, *Lindberg*, Die Besteuerung der Kapitaleinkünfte, Rn B22.

[627] BFH v. 13.10.1987 – VIII R 156/84, BStBl II 1988, 252, 255 m.w.N.; *Canaris*, NJW 1978, 1892.

die üblicherweise mit einem sog. „*backtesting*" dargelegt werden kann, hingegen führt zu einer Bejahung des Tatbestandmerkmals „Gewährung einer Kapitalgarantie" i.S.d. § 20 Abs. 1 Nr. 7 S. 1 EStG. Ferner stellt die Investition in ein Zertifikat grundsätzlich keinen Fall des § 20 Abs. 1 Nr. 7 S. 2 EStG bzw. keine rechtsmissbräuchliche Gestaltung nach § 42 AO dar.

Der Ertrag aus der Einlösung bzw. der Veräußerung eines Zertifikats ist eine sog. Finanzinnovation, da die Auszahlung eines Zertifikats von der Wertentwicklung eines Basiswertes im Zeitpunkt der Fälligkeit abhängt, sodass stets eine Kapitalforderung gegeben ist, bei der die Höhe der Erträge von einem ungewissen Ereignis abhängt[628], soweit die Voraussetzungen des § 20 Abs. 1 Nr. 7 S. 1 EStG gegeben sind (§§ 20 Abs. 1 Nr. 7 S. 1, 20 Abs. 2 S. 1 Nr. 4 c) EStG). Der Umfang und die Ermittlung der steuerpflichtigen Einkünfte bei der Einlösung bzw. Veräußerung eines Zertifikats bestimmen sich mangels Vorhandensein einer Emissionsrendite grundsätzlich nach der Marktrendite (§ 20 Abs. 2 Nr. 4 S. 2 EStG), die eine Systemabweichung von dem Dualismus der Einkunftsarten darstellt, da auch „versteckte" steuerfreie Vermögensgewinne erfasst werden.[629] Die Rechtfertigung sieht der BFH in einer sachlich gerechtfertigten Anpassung des Binnensystems an geänderte wirtschaftliche Lebenssachverhalte, da die systematische Differenzierung zwischen Kapitalnutzung und -verwertung bzw. Ertrags- und Vermögenssphäre an die Grenzen der Praktikabilität stoße.[630]

Während zur „Typenbeschreibung" einer Finanzinnovation (§§ 20 Abs. 1 Nr. 7 S. 1, Abs. 2 S. 1 Nr. 4 c) 2. Alt. EStG) die Zusage bzw. Gewährung einer teilweisen Kapitalgarantie ausreicht, ist auf der Ebene des Umfangs der Besteuerung eine teilweise Kapitalgarantie gesondert zu berücksichtigen. Es ist nach einer Auffassung nur der Anteil des Veräußerungs- bzw. Einlösungserlöses steuerbar, der quotal in Relation der Mindestrückzahlung und des Risikobereiches entsteht,[631] d. h. der nicht kapitalgarantierte Teil ist der im Rahmen des § 20 EStG nicht steuerbaren Vermögenssphäre zuzuordnen. Folgt man der Auffassung einer quotalen Aufteilung hinsichtlich des kapital- und nicht kapitalgarantierten Teils, so sollte einer Zerlegung in die finanztechnisch dahinterstehenden Komponenten erfolgen, um eine sachgerechte Besteuerung der Erträge sicherzustellen.

---

[628] Vgl. z. B. *Beckerath* in *Kirchhof*, EStG, § 20 Rz 404, 322; *Heinicke* in *Schmidt*, EStG, § 20 Rz 322.
[629] Vgl. insbesondere BFH 11.07.2006 – VIII R 67/04 (vorzeitige Einlösung von Gleitzins-Schuldverschreibungen); BFH v. 13.12.2006 – VIII R 79/03 (Einlösung von DAX-Zertifikaten bei Fälligkeit); BFH v. 13.12.2006 – VIII R 97/02 (Verkauf von Reverse-Floatern); BFH v. 13.12.2006 – VIII R 62/04 (Veräußerung von Argentinien-Anleihen); BFH v. 13.12.2006 – VIII R 6/05 (Veräußerung einer Down-Rating-Anleihe). Ferner hat *Jachmann* in mehreren Vorträgen und Aufsätzen die Position des BFH verdeutlicht: *Jachmann*, Vortrag Münchner Steuerfachtagung 2007; *Jachmann* BB 2007 S. 1137 ff. (Teil I) und 1198 ff. (Teil II); *Jachmann*, DStR 2007, S. 877 ff.
[630] Vgl. insbesondere BFH v. 20.11.2006 VIII R 97/02 m. H. a. BFH v. 20.11.2006 VIII R 79/03.
[631] Vgl. *Jachmann*, BB 2007 (Teil I), S. 1142, BFH v. 4.12.2007 VIII R 53/05, DStR 2008, S. 342.

Zertifikate, bei denen keine Zusage oder Gewährung einer (teilweisen) Kapitalgarantie oder eines Entgeltes besteht (beispielsweise Zertifikate auf Aktienkörbe oder -indizes) sind allenfalls innerhalb der Jahresfrist nach §§ 23 Abs. 1 S. 1 Nr. 2 bzw. 23 Abs. 1 S. 1 Nr. 4 S. 2 EStG steuerpflichtig.

III. Der Zinsbegriff und die Besteuerung von Zertifikaten im OECD-MA

Der Zinsbegriff im Sinne des Art. 11 Abs. 3 OECD-MA wird übereinstimmend verstanden als „erzielte Entgelte aufgrund von Kapitalüberlassung mit Rückzahlungsanspruch“. Im Gegensatz zum deutschen innerstaatlichen Recht, bei welchem die Einkünfte aus Kapitalvermögen gegenüber anderen Einkünften subsidiär sind[632], gilt Art. 11 OECD-MA bei abkommensrechtlicher Auslegung als eine Spezialvorschrift, die im Grundsatz Vorrang vor anderen Vorschriften des OECD-MA hat.[633] Jedoch erfahren viele mit Deutschland abgeschlossene DBA eine Abänderung, sodass es im Ergebnis zu einer Einengung des Anwendungsbereichs des abkommensrechtlichen Zinsbegriffs kommt.[634]

In dieser Arbeit wird die nicht unumstrittene Auffassung vertreten, dass bei der abkommenssteuerrechtlichen Auslegung des Zinsbegriffs bzw. des Begriffs der Kapitalforderung letztendlich auf den nationalen Zinsbegriff gemäß Art. 3 Abs. 2 OECD-MA zurückzugreifen ist. Allerdings besteht Übereinstimmung in allen Auffassungen, dass der abkommensrechtlich vorgegebene Rahmen stets zu beachten ist, der in jedem Fall eine rückzahlbare Kapitalüberlassung zur Voraussetzung hat.

Im Vergleich zum OECD-MA ist der Zinsbegriff nach nationalem deutschem Steuerrecht weiter. Die deutsche Sichtweise, dass bei Zertifikaten auch ein zugesichertes Entgelt mit dem Risiko des vollständigen Kapitalverlusts bzw. eine teilweise Kapitalgarantie ausreicht, ist deshalb nach der abkommenssteuerrechtlichen Auslegung unter Berücksichtigung des abkommensrechtlich vorgegebenen Rahmens problematisch und zweifelhaft. Ferner ist hervorzuheben, dass das OECD-MA Veräußerungsgewinne aus Finanzinnovationen im Gegensatz zur deutschen Regelung des § 20 Abs. Nr. 4 c EStG als Veräußerungsgewinne und nicht als Einkünfte aus Kapitalvermögen erfasst.

---

[632] § 20 Abs. 3 EStG.

[633] *Wassermeyer* in *Debatin/Wassermeyer*, DBA-Kommentar, Art. 11 MA Rz 9 OECD-MA.

[634] Vgl. *Wassermeyer* in *Debatin/Wassermeyer*, DBA-Kommentar, Art. 11 Rz. 10 OECD-MA.

IV. Der Zinsbegriff der EU-Zinsrichtline und dessen Umsetzung insbesondere im Hinblick auf die Besteuerung von Zertifikaten in Deutschland mit rechtsvergleichender Berücksichtigung der Umsetzung in Österreich und der Schweiz

Die Umsetzung der Definition des Zinsbegriffs in den Umsetzungsgesetzen und Verwaltungsrichtlinien orientiert sich in allen drei Staaten eng an dem Wortlaut der EU-Zinsrichtlinie (die wiederum dem Zinsbegriff des Art. 11 Abs. 3 OECD-MA folgt) und ist weitgehend identisch. Unterschiede bei der konkreten Umsetzung lassen sich jedoch bei der Behandlung von Zertifikaten feststellen. Sowohl Deutschland, Österreich und auch die Schweiz differenzieren zwischen Produkten mit und ohne Kapitalgarantie. In Deutschland und Österreich ist eine Kapitalgarantie auch dann gegeben, wenn nicht die Rückzahlung des hingegebenen Kapitals, jedoch Zinsen oder Kapitalerträge aus dem überlassenen Kapital garantiert sind. In der Schweiz hingegen muss ein Mindestbetrag des eingesetzten Kapitals zugesichert sein, die bloße Kapital**ertrags**garantie ist nicht ausreichend. Die „enge" Interpretation des Zinsbegriffs in der Schweiz wird auch an Zertifikaten mit Anleihen als Basiswerte deutlich, da bereits ein Index bzw. *basket*, der sich aus mindestens fünf Anleihen zusammensetzt, wobei eine Anleihe mit nicht mehr als 80 % gewichtet wird (dasselbe gilt für Fondsindizes und *-baskets*), ausreichend ist, um in den Nicht-Anwendungsbereich der EU-Zinsrichtlinie zu fallen.

Diese unterschiedliche Auslegung zeigt den Wettbewerb der einzelnen Finanzplätze um die Gunst der Anleger. Die Initiative der EU-Kommission, den sachlichen Anwendungsbereich der EU-Zinsrichtline auf Kapitalgesellschaften und bestimmte strukturierte Produkte generell zu erweitern[635], um den Sinn und Zweck der Richtlinie – Vermeidung von Kapitalflucht und Steuerdelikten – bei einer globalisierenden Welt zu erreichen, ist und bleibt fraglich.

V. Die Neukonzeption der Besteuerung von Zertifikaten nach deutschem Steuerrecht

1. Transparente Sichtweise

Die Frage einer transparenten Sichtweise im Sinne eines Durgriffs bzw. einer Zerlegung in Einzelkomponenten ist letztendlich die Folge der Unterscheidung zwischen Kapitalertrags- und Vermögensphäre. In der transparenten Sichtweise der Besteuerung von Investmentvermögen hat das Durchgriffsprinzip wohl seine stärkste Ausprägung gefunden. Dennoch stellt dieser Ansatz keine Alternative zur Besteuerung von Zertifikaten dar, da sie zum einen nicht

[635] Vgl. Working Document of Expert Group of Taxation of Savings, Review of the Council Directive 2003/48/EC on taxation of income from savings, Meeting on 22 March 2008, Berlaymont – Salle Jean Rey, Rue de la Loi 200 – Brussels Ziffer 4.1.

sachgerecht ist, da im Gegensatz zum Fondsinvestment das Zertifikat den zugrunde liegenden Basiswert lediglich verbrieft und nicht unmittelbar in das Wirtschaftsgut investiert wird. Zum anderen sind die diffizilen und komplexen Regelungen der Fondsbesteuerung auch aus Gründen der Praktikabilität abzulehnen.

Vergleicht man ein Zertifikat mit kombinierten Produkten (sog. *combound instruments*), so ist lediglich bei der Optionsanleihe der Ansatz einer Zerlegung in zwei verschiedene Wirtschaftgüter (Anleihe und Optionsrecht) eindeutig, während bei der Wandel- und Aktien- und Umtauschanleihe eine Aufteilung nach h.M. abgelehnt wird. Insbesondere die steuerrechtliche Analyse der Aktienanleihe macht die Komplexität der Besteuerung und die damit verbundene Rechtsunsicherheit deutlich. Der Vorschlag eines derartigen Lösungsansatzes wäre verfehlt. Außerdem ist die Zerlegung von Zertifikaten zwar hinsichtlich ihrer „finanztechnischen" derivativen Komponenten noch denkbar, findet aber ihre Grenze, wenn das Zertifikat beispielsweise auf die unterschiedliche Volatilität des EUROSTOXX im Vergleich zum NIKKEI abstellt. Insgesamt erscheint der Ansatz der vollständigen Zerlegung als komplex und nicht praktikabel. Die einheitliche Besteuerung des Einlösungs- oder Veräußerungsgewinns von Zertifikaten im Rahmen der Abgeltungssteuer unter Aufgabe der Unterscheidung zwischen Ertrags- und Vermögensphäre ist der favorisierte Lösungsansatz.

2. Entwurf der abgeltenden Kapitalertragsteuer

Durch das System der Abgeltungssteuer i.d.F. des UntStRefG 2008, ein sog. Schedulensystem, hat der Gesetzgeber nun endgültig die Trennung zwischen steuerfreien Vermögensgewinnen und steuerpflichtigen Kapitaleinkünften bei Einkünften aus Kapitalvermögen sowie den traditionellen Zinsbegriff aufgegeben.[636] Durch die Ausdehnung der steuerpflichtigen Kapitaleinkünfte in § 20 Abs. 1 Nr. 7 und Abs. 2 Nr. 7 i.d.F. UntStRefG 2008 ist das ursprüngliche, der Quellentheorie unterliegende, Verständnis, dass der Zins die „Frucht" des Kapitals ist, abgeschafft. Das bedeutet, dass auch die im privaten Bereich anfallenden Substanzgewinne in die Besteuerung einbezogen werden. Die Quellentheorie bleibt im Grundsatz noch bei nicht in den Anwendungsbereich der Abgeltungssteuer einbezogenen Immobilien oder Kunstgegenständen erhalten. Doch auch hier zeigte und zeigt das Abstellen auf sog. Spekulationsfristen bereits eine Durchbrechung des Konzepts. Die einheitliche Abgeltungssteuer auf Zinsen, Dividenden und Gewinne aus der Veräußerung von Kapitalanlagen bringt zum einen eine praktische Vereinfachung und zum anderen eine zu begrüßende steuerrechtliche Neutralität des Anlegerverhaltens

[636] *Herzig*, WPg 2007, S. 14. Nach *Herzig* führt die Einführung der Abgeltungssteuer zu einem dualen Element in einer ansonsten synthetischen Einkommensteuer. Für *Herzig* stellt die Abgeltungssteuer einen systematischen Fremdkörper dar, der zu erheblichen Verzerrungen im Steuersystem führt.

mit sich. Das bedeutet, dass Zertifikate ohne Kapitalgarantie, weil sie ihren steuerlichen Vorteil verlieren, gegenüber Zertifikaten mit Kapitalgarantie unattraktiver werden.[637] Die konkrete Auswirkung der Abgeltungssteuer auf das Anlegerverhalten in die jeweiligen Arten von Zertifikaten bleibt abzuwarten.

Der deutsche Gesetzgeber erweitert nach eigener Gesetzesbegründung den Anwendungsbereich der Vorschrift des § 20 Abs. 1 Nr. 7 i.d.F. UntStRefG 2008 erheblich. So sind Kapitalforderungen, deren volle oder teilweise Rückzahlung weder rechtlich noch faktisch garantiert ist, oder ein zugesichertes Entgelt mit vollem Verlustrisiko des investierten Kapitals gemäß § 20 Abs. 1 Nr. 7 i.d.F. UntStRefG 2008 für die Besteuerung ausreichend.[638]

3. Abgeltende Kapitalertragsteuer, OECD-MA und EU-Zinsrichtlinie

Die erweiterte Regelung des § 20 Abs. 1 Nr. 7 i.d.F. UntStRefG 2008 steht im Konflikt mit dem engeren Zinsbegriff des Art. 11 Abs. 3 OECD-MA, der in jedem Fall eine (rückzahlbare) Kapitalüberlassung voraussetzt. Im Gegensatz zur deutschen Regelung des nunmehr erweiterten § 20 Abs. 2 Nr. 7 i.d.F. UntStRefG 2008 erfasst das OECD-MA in Art. 13 Abs. 4 OECD-MA Veräußerungsgewinne aus Kapitalvermögen unter der Regelung der Veräußerungsgewinne, und nicht unter dem Zinsartikel.

Die EU-Zinsrichtlinie folgt der Zinsdefinition in Art. 11 Abs. 3 OECD-MA, sodass auch hier der auf OECD-MA-Ebene beschriebene Konflikt der abweichenden Definition der EU-Zinsrichtlinie und deren deutscher nationaler Umsetzung nach § 6 ZIV und des BMF-Schreibens[639] unter Ziffer 40 ff. deutlich wird. Die deutsche Umsetzung und ihr Verweis auf den nationalen Zinsbegriff des § 20 Abs. 1 Nr. 7 sowie Abs. 2 EStG ist im Vergleich zur EU-Zinsrichtlinie und zum Zinsbegriff des Art. 11 Abs. 3 OECD bereits nach derzeitigem Recht weiter und wird nach der Änderung durch das System der Endbesteuerung noch umfangreicher erweitert. Es bleibt abzuwarten, ob eine entsprechende Anpassung erfolgen wird. Auch wenn Deutschland nicht dem System des Quellensteuereinbehalts wie insbesondere Österreich, Belgien, Luxemburg und die Schweiz folgt, so ergibt sich doch ein erweiterter Anwendungsbereich der Mitteilungspflichten, was letztendlich einen Standortnachteil für den Finanzplatz Deutschland darstellen kann.

---

[637] Vgl. hinsichtlich der praktischen Besteuerungsfolgen der Abgeltungssteuer für den Privatanleger und dessen Anlagestrategie im Detail *Watrin/Hansen*, Finanzgeschäfte nach Einführung der Abgeltungssteuer, ErbStB 2007, S. 178 ff; *Kracht*, Abgeltungssteuer 2009: Gezeitenwechsel für die künftige Geldanlage, Gestaltende Steuerberatung 2007, S. 133 ff.

[638] Begründung zum UntStRefG 2008 zu Nummer 7 Doppelbuchstabe bb.

[639] Einführungsschreiben zur ZIV vom 6.1.2005 IV C 1 – S 2000 – 363/04.

H. Schlussbemerkung

Die Differenzierung zwischen Kapitalertrag und Substanzgewinn ist historisch gewachsen und bis heute wurde dieses fundamentale Prinzip des sog. Dualismus der Einkunftsarten stets akzeptiert. Durch die Einführung der Abgeltungssteuer hat sich der Gesetzgeber hinsichtlich der Besteuerung von Kapitaleinkünften im Privatvermögen von dieser Differenzierung zwischen steuerfreien Veräußerungsgewinnen und steuerpflichtigen Kapitaleinkünften endgültig getrennt. Im Hinblick auf die innovativen Entwicklungen am modernen Finanzmarkt, der damit einhergehenden Komplexität der Besteuerung und im Sinne eines steuerneutralen Anlegerverhaltens ist diese Entwicklung zu begrüßen, zumal das traditionelle Zinsverständnis mit den heutigen Zinsinstrumenten nicht mehr deckungsgleich ist. *Kirchmayr*[640] erläutert in ihrer Schlussbetrachtung zur *„Besteuerung von Beteiligungserträgen"*, dass allein aus Praktikabilitätsgründen die – nur historisch erklärbare – differenzierende Besteuerung zwischen Kapitalertrag und Substanzgewinn nicht mehr aufrechterhalten werden soll und verweist auf die gleiche Auffassung von *Beiser* und dessen bildhafte Aussage: *„Jeder Obstbauer weiß: Ein guter Baum trägt gute Früchte. Ein schlechter Baum trägt schlechte Früchte. Stamm und Früchte sind untrennbar verbunden. Die Quellentheorie hat sich dieser Einsicht verschlossen. Die Aufspaltung in Früchte und Stamm bleibt deshalb eine künstlich aufgezwungene in sich widersprüchliche Trennung."*

Durch die Abgeltungssteuer wird der deutsche Zinsbegriff erheblich erweitert und steht in einem Spannungsverhältnis zu den vergleichbar engeren Zinsbegriffen des OECD-MA und der EU-Zinsrichtlinie. Nach deutschem Steuerrecht werden mit Einführung der Abgeltungssteuer zukünftig alle Zertifikate, unterschiedslos ob kapital-/ertragsgarantiert oder nicht, mit dem einheitlichen Steuersatz von 25 % (zuzüglich Solidaritätszuschlag und evtl. Kirchensteuer) versehen. Auf Ebene der EU-Zinsrichtlinie und des OECD-MA ist diese Unterscheidung hingegen weiterhin relevant, sodass die Vereinfachung durch die Abgeltungssteuer im internationalen Kontext wieder relativiert wird. Ein gewisses Spannungsverhältnis ist aufgrund der unterschiedlichen Zielsetzung der Normen wohl unvermeidbar: Während dem deutschen nationalen Steuerrecht das Prinzip der Besteuerung nach der Leistungsfähigkeit zugrunde liegt, hat das OECD-MA die Vermeidung der Doppelbesteuerung zum Ziel, hingegen stellt die EU-Zinsrichtlinie auf die Vermeidung der Kapitalflucht und die Steuerehrlichkeit ab. Diese Trilogie der Zielsetzung bildet die Eckpunkte eines Dreiecks, bei dem die Herausforderung des Gesetzgebers darin besteht, es zu einem gleichschenkligen Dreieck, ohne extreme Verzerrungen zur einen oder anderen Seite, werden zu lassen.

---

[640] *Kirchmayr*, Besteuerung von Beteiligungserträgen, S. 413 f. mit Hinweis auf Beiser, ÖStZ 2000, 391.

Anhang:

Tabellarischer Überblick über die Besteuerung bestimmter strukturierter Produkte nach derzeitigem Recht und nach der Abgeltungssteuer

Finanzinstrument	**Wirtschaftliche/ finanztechnische Betrachtung (Erwerbersicht)**	**Derzeitige Besteuerung**				**Besteuerung nach der Abgeltungssteuer**
		Lfd. Erträge	**Einlösung bzw. Rückzahlung**		**Veräußerung bzw. Einlösung**	
			in Geld	**in Aktien**		
1. Vollständig kapitalgarantiertes Zertifikat	• Nullcoupon-Anleihe • Gekaufte Kaufoption (*long call*)	-	-	-	§ 20 Abs. 2 Nr. 4 c) EStG Marktrendite	Veräußerung/Einlösung: § 20 Abs. 2 Nr. 7 i.V.m. S. 2 EStG[641]
2. Teilweise kapitalgarantiertes Zertifikat	• Nullcoupon-Anleihe • Gekaufte Kaufoption (*long call*)	-	-	-	h.M.: § 20 Abs. 2 Nr. 4 c) EStG - Marktrendite quotale Aufteilung? *Jachmann*/BFH: quotale Aufteilung der Erträge; a.A.: wenn quotale Aufteilung, dann finanztechnische Zerlegung	Veräußerung/Einlösung: § 20 Abs. 2 Nr. 7 i.V.m.S. 2 EStG
4. Wandelanleihe[642]	• Anleihe • Gekaufte Kaufoption (*long call*)	§ 20 Abs. 1 Nr. 7 EStG Ertrag: Zinsen	entfällt.	entfällt.	§ 20 Abs. 2 S. 1 Nr. 3 EStG Etrag: Stückzinsen oder § 20 Abs. 2 Nr. 4c) Alt 1 EStG Ertrag: Emissions- oder Marktrendite	Zinsen: § 20 Abs. 1 Nr. 7 EStG Stückzinsen: § 20 Abs. 2 Nr. 7 EStG Veräußerung: § 20 Abs. 2 Nr. 1 EStG bzw. § 20 Abs. 2 Nr. 7 EStG[643]

[641] i.d.F. UntStRefG 2008.

[642] Vgl. *Haisch*, StBJB 2006/2007, S. 359, Anhang 3, mit detailierten Literaturhinweisen.

[643] Nach der Gesetzesbegründung BT-Drucks. 220/7, 88; ebenso *Behrens*, BB 2007, 1026. A.a. *Haisch*, BBEV 8, 2007, S. 248 nach dem Gewinne und Verluste aus der

5. Umtausch-anleihe[644]	• Anleihe • Gekaufte Kaufoption (*long call*)	§ 20 Abs. 1 Nr. 7 EStG Ertrag: Zinsen	§ 20 Abs. 2 S. 1 Nr. 4c) Alt. 2 i.V.M. S. 4 EStG Ertrag: Marktrendite	§ 20 Abs. 2 S. 1 Nr. 4 c) Alt 2 i.V.m. S. 4 EStG Etrag: Marktrendite	§ 20 Abs. 2 S. 1 Nr. 3 EStG Ertrag: Stückzinsen und § 20 Abs. 2 S. 1 Nr. 4c) Alt. 2 EStG Ertrag: Marktrendite	Zinsen: § 20 Abs. 1 Nr. 7 EStG Sütckzinsen: § 20 Abs. 2 Nr. 7 EStG Gewinne: § 20 Abs. 2 S. 2 EStG
6. Aktienanleihe[645]	• Anleihe • Verkaufte Verkaufsoption (*short put*)	§ 20 Abs. 1 Nr. 7 EStG Ertrag: Zinsen	§ 20 Abs. 2 S. 1 Nr. 4 c) Alt. 2 i.V.M. S. 4 EStG Ertrag: Marktrendite	§ 20 Abs. 2 S. 1 Nr. 4c) Alt. 2 i.V.m. S. 4 Ertrag Marktrendite	§ 20 Abs. 2 S. 1 Nr. 3 EStG Ertrag: Stückzinsen und § 20 Abs. 2 S. 1 Nr. 4c) Alt. 2 EStG Ertrag: Marktrendite	Zinsen: § 20 Abs. 1 Nr. 7 EStG Sütckzinsen: § 20 Abs. 2 Nr. 7 EStG Gewinne: § 20 Abs. 2 S. 2 EStG
7. Discountzertifikat	• Basiswert (z.B. DAX-Aktien) • Verkaufte Kaufoption (*short call*)	-	-	-	§ 23 Abs. 1 S. 1 Nr. 4 EStG (str.) bzw. § 23 Abs. 1 Nr. 2 EStG	Veräußerung/Einlösung: § 20 Abs. 2 Nr. 7 i.V.m. S. 2 EStG

Veräußerung von Wandelanleihen unter Einbeziehung der Stückzinsen einheitlich nach § 20 Abs. 2 Nr. 7 EStG zu besteuern sind. Nach *Haisch* löst die Wandlung von Wandelanleihen auch weiterhin keine Besteuerung aus, obwohl die Einlösung/Rückzahlung nach § 20 Abs. 2 S. 2 EStG als Veräußerung gilt.

[644] Vgl. *Haisch*, StBJB 2006/2007, S. 361, Anhang 3, mit detailierten Literaturhinweisen.

[645] Vgl. *Haisch*, StBJB 2006/2007, S. 361, Anhang 3, mit detailierten Literaturhinweisen.

Literaturverzeichnis

BELL, Susan EU Directive on the Taxation of Savings Income, DFI 2003, 201 ff. (zit.: *Bell*, DFI 2003, S.)

BEHRENS, Stefan Neuregelung der Besteuerung der Einkünfte aus Kapitalvermögen ab 2009 nach dem Regierungsentwurf eines Unternehmenssteuer-reformgesetzes vom 14.3.2007, BB 2007, S. 1025 ff. (zit.: *Behrens*, BB 2007, S.)

BAYER, Hermann-Winfried 100 Jahre modernes preußisch-deutsches Einkommensteuerrecht, 24.6.1891-24.6.1991, FR 1991, S. 333 ff. (zit.: *Bayer*, FR 1991, S.)

BECKER, Enno Handkommentar der Rechsteuergesetze, II, 1. Teil, Das Einkommensteuergesetz vom 10. August 1925, Stuttgart 1928 (zit.: *Becker,* EStG vom 10. August 1925, S.)

BIRK, Dieter Steuerrecht, 8. Auflage, Heidelberg 2005 (zit.: *Birk*, Steuerrecht, §/Rn)

BIRK, Dieter Besteuerungsgleichheit in der Europäischen Union, in *Lehner, Moris* (Hrsg.), Steuerrecht im europäischen Binnenmarkt, Deutsche Steuer-juristische Gesellschaft, Band 19, 1996, S. 63 ff. (zit.: *Birk*, DStjG 1996, S.)

BIRK, Dieter Finanzhoheit und Steuerwettbewerb in der EU in *Achatz, Ehreke-Rabel, Heinricht, Leitner, Taucher (Hrsg.)*, Steuerrecht, Verfassungsrecht, Europarecht, Festschrift für *Hans Georg Ruppe*, Wien 2007, S. 51 ff. (zit.: *Birk* in FS für *Ruppe*, S.)

BLUMENSTEIN, Ernst/LOCHER, Peter System des schweizerischen Steuerrechts, 6. Auflage, Zürich 2002 (zit.:*Blumenstein/Locher*, S.)

BLÜMICH, Walter/ EBLING, Klaus (Hrsg.) Einkommensteuergesetze – Körperschaftsteuer-gesetz – Gewerbesteuergesetz, Kommentar, (Loseblatt, Stand: 85. EL, März 2005) (zit.: *Bearbeiter* in *Blümich* §/Rn)

BLÜMICH, Walter/ SCHACHIAN, Herbert Das Einkommensteuergesetz vom 10. August 1925, Berlin 1925 (zit. *Blümich/Schachian* EStG vom 10. August 1925, S.)

BÖDECKER, Carsten/ GEITZENAUER, Mark Kapitalrückzahlungsgarantie kraft Ausgestaltung – Abgesicherte Kapitalanlagen und ihre steuerliche Behandlung im System von § 20 Abs.1 Nr. 7 EStG, FR 2003, 1209 ff. (zit.: *Bödecker/Geitzenauer*, FR, 2003, S.)

BORDEWIN, Arno/ BRANDT, Jürgen Kommentar zum Einkommensteuergesetz EStG, Loseblattsammlung, 273. Ergänzungslieferung, November 2006 (zit.: *Bearbeiter* in *Bordewin/Brandt*, §/Rz)

BRINKHAUS, Josef/ SCHERER, Peter (Hrsg.) Gesetz über Kapitalanlagegesellschaften (KAGG), Auslandsinvestmentgesetz (AuslInvestmG), München 2003 (zit.: *Bearbeiter* in *Brinkhaus/Scherer*, §/Rz)

BROX, Hans Allgemeiner Teil des Bürgerlichen Gesetzbuchs, 15. Auflage, Münster (zit.: *Brox*, Rn)

CANARIS, Claus-Wilhelm Der Zinsbegriff und seine rechtliche Bedeutung, NJW 1978, S. 1891 ff. (zit.: *Canaris*, NJW 1978, S.)

CARLÉ, Dieter/ KORN, Klaus/ STAHL, Rudolf/ STRAHL, Martin (Hrsg.) Einkommensteuergesetz Kommentar (Loseblatt; 28. Aktualisierung, Stand: März 2006) (zit. *Bearbeiter* in *Carlé/Korn/Stahl/Strahl*, EStG, §/Rn)

CREZELIUS, Georg Steuerrecht II, Die einzelnen Steuerarten, 2. Auflage München 1994 (zit. *Crezelius*, Steuerrecht II, S.)

CREZELIUS, Georg Steuerrechtliche Rechtsanwendung und allgemeine Rechtsordnung, Berlin 1983 (zit.: *Crezelius*, Steuerliche Rechtsanwendung und allgemeine Rechtsordnung, S.)

DAHM, Joachim/ HAMACHER, Rolfjosef Neues Einkommensteuerrecht für moderne Finanzinstrumente, WM 1994, Sonderbeilage Nr. 3 (zit.: *Dahm/Hamacher*, WM 1994, Sonderbeilage Nr. 3, S.)

DEBATIN, Helmut Die Steuerharmonisierung in der EWG in Form der Konzern-Besteuerungs-Richtlinie, DStZ 1965, 146 ff. (zit.: *Debatin*, DStZ 1965, S.)

DEBATIN, Helmut/ WASSERMEYER, Franz (Hrsg.) Doppelbesteuerung, Kommentar zu allen deutschen Doppelbesteuerungsabkommen, Band 1 – Kommentierung des OECD-MA, Stand 95. Lieferung (Januar 2005) (zit.: *Bearbeiter* in *Debatin/Wassermeyer*, DBA-Kommenar, Art/Rz)

DELP, Udo A. Gestaltungs- und Problemzonen bei der Besteuerung von verzinslichen Anlagemedien, INF 1997, S. 174 ff. (zit.: *Delp*, INF 1997, S.)

DELP, Udo A. Kapitalertrag, Spekulationsgewinn oder Steuerfreiheit – Zur Besteuerung von Korridor-Optionsscheinen, DAX-Kaufoptionsscheinen, Indexpartizipationsscheinen und strukturierten Anlageinstrumenten, INF 1998, 577 ff. (zit.: *Delp*, INF 1998, S.)

DELP, Udo A. Besteuerungsregeln der Aktienanleihen im Privatvermögen, BB 2001, 1438 ff. (zit.: *Delp*, BB 2001, S.)

DELP, Udo A. Die Besteuerung von Finanzinnovationen nach dem Steueränderungsgesetz 2001, INF 2002, S. 170 ff. (zit.: *Delp*, INF 2002, S.)

DELP, Udo A. Besteuerung von Anleihen mit ratingabhängiger Verzinsung; INF 2002, S. 417 ff. (zit.: *Delp*, INF 2002, S.)

DEUTSCHE BÖRSE (Hrsg.) Leitfaden zu den Aktienindizes der Deutschen Börse, Version 6.2, März 2007 (zit.: *Deutsche Börse*, Leitfaden zu den Aktienindizes der Deutschen Börse, S.)

DORALT, Werner/ RUPPE, Hans Georg Grundriss des österreichischen Steuerrechts Band I, Einkommensteuer – Körperschaftsteuer – Umgründungssteuergesetz – Umsatzsteuergesetz – Kommunalsteuer, Wien 2003, (zit.: *Doralt/Ruppe*, Steuerrecht I, S.)

DORALT, Werner (Hrsg.) Einkommensteuergesetz, Kommentar (Wien), Loseblattausgabe, 10. Ergänzungslieferung, 2006 (zit.: *Bearbeiter* in *Doralt* §/Tz)

DREYER, Gerhard/ HERMANN, Harald Besteuerung von Aktien-, Wandel- und Umtauschanleihen nach dem BMF-Schreiben vom 2.3.2001, FR 2001, S. 722 ff. (zit.: *Dreyer/Hermann*, FR 2001, 722)

DREYER, Gerhard/ HERMANN, Harald Die Besteuerung von Aktien-, Wandel- und Umtauschanleihen, BB 2001, S. 705 ff. (zit.: *Dreyer/Hermann,* BB 2001, S.)

EISELE, Wolfgang/ KNOBLOCH, Alois Paul Quellentheorie, Zuflussprinzip und verzinsliche Finanzinstrumente – Zur Besteuerung eines Cashflow im deutschen Steuerrecht in *Theodor Siegel, Paul Kirchhof, Dieter Schneeloch, Uwe Schramm (Hrsg.)* Steuertheorie, Steuerpolitik und Steuerpraxis, Festschrift für *Peter Bareis* zum 65. Geburtstag, Stuttgart 2005, S. 51 ff. (zit.: *Eisele/Knobloch*, FS für Bareis, S.)

EISELE, Wolfgang/ KNOBLOCH, Alois Paul Strukturierte Anleihen und Bilanzrechts-auslegung, Zfbf 2003, Heft 44, S. 749 (zit.: *Eisele/Knobloch*, Zfbf 2003, Heft 44, S.)

ENGELSBERGER, Stefan Keine nutzbaren Verluste aus dem Verkauf von Argentinien-Anleihen, FR 2002, S. 1280 ff. (zit.: *Engelsberger*, FR 2002, S.)

ERMAN Westermann, Harm Peter (Hrsg.) Bürgerliches Gesetzbuch, Handkommentar,11. Auflage, 2004 (zit.: Bearbeiter in *Erman*, §/Tz)

FISCHER, Harry Harmonisierung der Steuergesetzgebung in der EWG, NJW 1968, S. 321 ff. (zit.: *Fischer*, NJW 1968, S.)

FLEISCHMANN, Michael Besteuerung von Inhaberschuldverschreibungen mit Aktien-Andienungsrecht des Emittenten, NWB, Fach 3, S. 10713 (zit.: *Fleischmann,* NWB, Fach 3, S.)

FLEIßIG, Eva Die Harmonisierung der Zinsbesteuerung in der EU, Eine Analyse unter rechtsvergleichender Berücksichtigung der Besteuerung in Deutschland, Österreich, Frankreich, Großbritannien, Luxemburg und der Schweiz, Dissertation an der Westfälischen Wilhelms-Universität zu Münster (zit.: *Fleißig*, Die Harmonisierung der Zinsbesteuerung in der EU, S.)

FUISTING, Bernhard/ STRUTZ, Georg Die preußischen direkten Steuern, 8. Auflage Berlin 1915 (zit. *Fuisting/Strutz*, Die preußischen direkten Steuern, S.)

FÜGLISTER, Victor Die Besteuerung des privaten Einkommens aus herkömmlichen und modernen Anlage-instrumenten, Archiv für Schweizerisches Abgabenrecht, Band 62, 1993/1994, 149 ff. (zit.: ASA Bd. 62, 1993/1994, S.)

GABLER Wirtschaftslexikon Wirtschaftslexikon, Katrin Alisch, Eggert Winter, Ute Arentzen (Hrsg.), 15. Auflage (zit.: *Gabler* Wirtschaftslexikon, Stichwort)

GASSNER, Wolfgang Interpretation und Anwendung der Steuergesetze, Wien 1972 (zit.: *Gassner*, Interpretation und Anwendung der Steuergesetze, S.)

GASSNER, Wolfgang Die neue Endbesteuerung, Grundkonzept und Mängel, ÖStZ, 1993, S. 4 ff. (zit.: *Gassner*, ÖStZ 1993, S.)

GEURTS, Matthias Kurz vor dem Ende: nochmals Chaos bei der Besteuerung von Kapitalerträgen – Anmerkungen zum Urteil des BFH vom 4.12.2007 – VIII R 53/0, DStZ 2008, 177ff. (zit.: *Geurts*, DStZ 2008, S.)

GEURTS, Matthias Die neue Abgeltungssteuer – das Ende einer steuerinduzierten Kapitalanlage?, DStZ 2007, S. 341 ff. (zit.: *Geurts*, DStZ 2007, S.)

GEURTS, Matthias Mehr Klarheit bei der Besteuerung von Finanzinnovationen? DStZ 2007, S. 393 ff. (zit.: *Geurts*, DStZ 2007, S.)

GLÄSER, Lars Handbuch der EU-Quellensteuer, Leitfaden für Wissenschaft und Praxis, Wien 2006 (zit.: *Gläser*, Handbuch der EU-Quellensteuer, S.)

GLÄSER, Lars Der Begriff der „Umlauffähigen Schuldtitel im EU-Quellensteuergesetz", taxlex 2005, 138 ff. (zit. *Gläser*, taxlex 2005, S.)

GLÄSER, Lars/ MORITZ, Helmut EU-Quellensteuerpflicht von Zertifikaten, Analyse des BMF vom 01.08.2005, SWK 2005, S. 1205 ff. (zit.: *Gläser/Moritz*, SWK 2005, S.)

GRATT, Gerhard Politische Einigung über das Steuerpaket in der EU, Political Agreement on the Tax Package in the EU, SWI 2003, 163 (zit.: *Gratt*, SWI, 2003, S.)

GROH, Manfred Hände weg von Optionsanleihen? – Anmerkungen zum BFH-Urteil vom 16.5.2001 I R 102/00 -, DB 2002, S. 860 ff. (zit.: *Groh*, DB 2002, S.)

GRÜNBERGER, David Termin-, Options- und Swapgeschäfte, Praxisleitfaden zur Spekulationsbesteuerung von Derivaten und wandelbaren Anleihen (zit.: *Grünberger*, S.)

HAISCH, Martin Besteuerung von niedrigverzinslichen Optionsanleihen im Privatvermögen – Anmerkungen zu den Urteilen des BFH vom 16.5.2001, I R 102/00, und vom 24.10.2000, VIII R 28/99, DStR 2001, 1968 ff. (zit.: *Haisch*, DStR 2001, S.)

HAISCH, Martin Mindern Verluste aus der Veräußerung von argentinischen Staatsanleihen die Steuerlast? DB 2002, S. 1736 ff. (zit.: *Haisch*, DB 2002, S.)

HAISCH, Martin Steueränderungsgesetz 2001 – Auswirkungen auf die Besteuerung von Finanzinnovationen, DStR 2002, S. 247 ff. (zit.: *Haisch,* DStR 2002, S.)

HAISCH, Martin Die Besteuerung von Fremd- und Doppelwährungsanleihen im Privatvermögen, DStR 2003, S. 2202 ff. (zit.: *Haisch*, DStR 2003, S.)

HAISCH, Martin Steuerliche Behandlung der Umschuldung von Argentinienbonds beim Privatanleger, DStZ 2005, S. 291 ff. (zit.: *Haisch*, DStZ 2005, S.)

HAISCH, Martin Grundfragen der Besteuerung von Finanzinnovationen, DStZ 2005, 102 ff. (zit.: *Haisch*, DStZ, 2005, 102 ff.)

HAISCH, Martin Besteuerung von Finanzprodukten vor und nach der Abgeltungssteuer im Überblick, BBEV 8 2007, S. 245 ff. (zit.: *Haisch*, BBEV 8 2007, S.)

HAISCH, Martin Besteuerung von innovativen Finanzprodukten im Privatvermögen, in Piltz, Günkel, Niemann (Hrsg.), StBJb 2006/2007, S. 317 ff. (zit.: *Haisch*, StBJb 2006/2007, S.)

HAISCH, Martin/ OBERHOFER, Manuela Die Besteuerung von teilkapitalgarantierten Zertifikaten im Privatvermögen, Anmerkungen zum Urteil des BFH vom 4.12.2007, VIII R 53/05, DStR 2008, S. 1178ff. (zit.: *Haisch/Oberhofer*, DStR 2008, S.)

HAISCH, Martin/ DANZ, Thilo Grundsätze der Besteuerung von Zertifikaten im Privatvermögen, DStR 2005, 2108 ff. (zit. *Haisch/Danz*, DStR 2005, S.)

HAISCH, Martin/ DANZ, Thilo Aktuelle Fragen der Besteuerung von Options- und Wandelanleien, Anmerkungen zu den BFH-Urteilen vom 30.11.2005, I R 3/04 und I R 26/04 sowie vom 27.10.2005, IV R 15/05; DStZ 2006, S. 229 ff. (zit.: *Haisch/Danz*, DStZ, S.)

HAISCH, Martin/ DANZ, Thilo/ JETTER, Jann Grundkonzept des BFH zur Besteuerung von Finanzinnovationen, DStZ 2007, S. 450 ff. (zit.: *Haisch/Danz/Jetter*, DStZ 2007, S.)

HALFAR, Bernd Der Gegenstand der Besteuerung im Rahmen der Einkünfte aus Kapitalvermögen, Europäische Hochschulschriften, Peter Lang, Europäischer Verlag der Wissenschaften, Frankfurt am Main, Berlin, Bern, New York, Paris, Wien (zit.: *Halfar*, Der Gegenstand der Besteuerung im Rahmen der Einkünfte aus Kapitalvermögen, S.)

HAMACHER, Rolfjosef Termingeschäfte im privaten Bereich nach neuem Steuerrecht, WM 2000, 1721 ff. (zit. *Hamacher*, WM 2000, S.)

HAMACHER, Rolfjosef Reverse Convertible Bonds, Umtauschanleihen und Partizipationsscheine, DB 2000, S. 2396 (zit.: *Hamacher*, DB, 2000, S.)

HARENBERG, Friedrich Die Behandlung diverser Kapitalanlageformen im Rahmen des § 20 Abs. 1 Nr. 7 EStG i.V.m. § 20 Abs. 2 EStG aus Verwaltungssicht, FR 2002, S. 819 ff. (zit.: *Harenberg*, FR 2002, S.)

HARENBERG, Friedrich Tax Treatment of Options, Financial Futures and Certificates in the Framework of an Individual's Private Asset Administration, Derivatives & Financial Instruments, Volume 5, Number 4, July/August 2003, S. 122 ff. (zit.: *Harenberg*, Derivatives, July/August 2003, S.)

HARENBERG, Friedrich Besteuerung von Zertifikaten, Garantie-zertifikaten, Garantiespannen-Zertifikaten und systemorientierten Finanzanlagen (Sofia), NWB, Fach 3, S. 12151 ff. (zit.: *Harenberg,* NWB, Fach 3, S.)

HARENBERG, Friedrich Funktionsweise und Risiken von Index-Zertifikaten (participation units), NWB Fach 21, S. 1381 ff. (zit.: *Harenberg*, NWB Fach 21, S.)

HARENBERG, Friedrich Kommentar zum BMF-Schreiben v. 27.11.2001, FR 2002, S. 109 ff. (zit. *Harenberg,* FR 2002, S.)

HARENBERG, Friedrich Besteuerung von Hochzinsanleihen mit Tilgungswahlrecht (Cash-or-Share-Bonds), NWB, Fach 3, S. 10713 ff. (zit.: *Harenberg*, NWB, Fach 3, S.)

HARENBERG, Friedrich Steuerrechtliche Behandlung von Umtausch-anleihen mit Gläubigerwahlrecht (unechte Wandelanleihen) NWB, Fach 3, S. 11317 ff. (zit.: *Harenberg*, NWB, Fach 3, S.)

HARENBERG, Friedrich Lexikon der Kapitalanlagen, Kapitalerträge und Finanzinnovationen, Steuerliche Behandlung der wichtigsten Kapitalanlagen, NWB, Fach 3, S. 13699 ff. (zit.: *Harenberg*, NWB, Fach 3, S.)

HARENBERG, Friedrich Steuerrechtliche Behandlung von Umtausch-anleihen mit Gläubigerwahlrecht (unechte Wandelanleihe), NWB, Fach 3, S. 11317 ff.; (zit.:*Harenberg*, NWB, Fach 3, S.)

HARENBERG, Friedrich/ IRMER, Gisbert Die Besteuerung privater Kapitaleinkünfte, 3. Auflage Berlin 2003 (zit.: *Harenberg/Irmer*, Besteuerung privater Kapitaleinkünfte, Rn)

HARENBERG, Friedrich/ IRMER, Gisbert Die Besteuerung privater Kapitaleinkünfte, 4. Auflage (zit.: *Harenberg/Irmer*, Besteuerung privater Kapitaleinkünfte, 4. Auflage, Rn)

HARENBERG, Friedrich/ IRMER, Gisbert Einkommensteuerliche Behandlung von Optionsanleihen, NWB, Fach 3, S. 10221 ff. (zit.: *Harenberg/Irmer*, NWB, Fach 3, S.)

HARENBERG, Friedrich/ LÜTH, Sandra REX-P-Zertifikate, Reizvolles Investment mit steuerrechtlichen Problemen, NWB, Fach 3, S. 14827 ff. (zit.: *Harenberg/Lüth*, NWB, Fach 3, S.)

HÄUSELMANN, Holger Wandelanleihen in der Handels- und Steuerbilanz des Emittenten; BB 2000, S. 139 ff. (zit.: *Häuselmann*, Wandelanleihen in der Handels- und Steuerbilanz des Emittenten; BB 2000, S.)

HÄUSELMANN, Holger Die steuerliche Erfassung von Pflichtwandel-sanleihen, BB 2003, S. 1531 ff, (zit.: *Häuselmann*, BB 2003, S.)

HÄUSELMANN, Holger/ WAGNER, Siegfried Steuerbilanzelle Erfassung aktienbezogener Anleihen: Options-, Wandel-, Umtausch- und Aktienanleihen, BB 2002, S. 2431 ff. (zit.: *Häuselmann/Wagner*, BB 2002, S.)

HERRMANN, Carl/ HEUER, Ernst/ RAUPACH, Arndt (Hrsg.) Einkommensteuer- und Körperschaftsteuergesetz, 21. Auflage Köln (Loseblatt, Stand: 220. Ergänzungslieferung, November 2005) (zit.: *Bearbeiter* in: *Herrmann/Heuer/Raupach*, §/Anm)

HERZIG, Norbert Reform der Unternehmensbesteuerung, WPg 2007, S. 7 ff (zit.: *Herzig*, WPg 2007, S.)

HÖHN, Ernst/ ATHANSAS, Peter (Hrsg.) Das neue Bundesrecht über die direkten Steuern – Direkte Bundessteuer und Steuer-harmonisierung, Bern, Stuttgart, Wien 1993 (zit.: *Höhn/Athansas*, S.)

HÖHN, Ernst/ WALDBURGER, Robert Steuerrecht, Band I, Grundlagen – Grundbegriffe – Steuerarten, Interkantonales und Internationales Steuerrecht, Steuerverfahrens- und Steuer-strafrecht, 9. Auflage, Bern, Stuttgart, Wien 2001 (zit.: *Höhn/Waldburger*, §/Rn)

JACHMANN, Monika Kapitalerträge aus Finanzinnovationen, Zur begrenzten Steuerbarkeit von Wertveränderungen im Rahmen von § 20 Abs. 1 Nr. 7, Abs. 2 S. 1 Nr. 4 S. 2 EStG in Einkommen aus Kapital, 31. Jahrestag der Deutschen Steuerjuristischen Gesellschaft e. V., Prof. Dr. Wolfgang Schön (Hrsg.), 2007; (zit.: *Jachmann*, DStJG 30 (2007), S.)

JACHMANN, Monika Besteuerung von Erträgen aus Finanz-innovationen (Teil I), BB 2007, S. 1137 ff.; (zit.: *Jachmann*, BB 2007, S.)

JACHMANN, Monika Besteuerung von Erträgen aus Finanz-innovationen (Teil II), BB 2007, S. 1198 ff. (zit.: *Jachmann*, BB 2007, S.)

JACHMANN, Monika Besteuerung von Erträgen aus Finanz-innovationen, DStR 2007, S. 877 ff. (zit.: *Jachmann*, DStR 2007, S.)

JACOBS, Otto H./ HAUN, Jürgen Financial Derivatives in International Tax Law – A Treatment of Certain Key Considerations, Intertax 1995, S. 405 ff (zit.: *Jabos/Haun*, Intertax, S.)

KASER, Max/ KNÜTEL, Rolf Römisches Privatrecht, 18. Auflage, München 2005 (zit.: *Kaser/Knütel*, S.)

KAYSER, Joachim/ STEINMÜLLER, Jens Die Besteuerung von Investmentfonds ab 2004, FR 2004, S. 137 ff. (zit.: *Kayser/Steinmüller*, FR 2004, S.)

KLINGELHÖFFER, Hans Die Bedeutung des Steuerrechts bei der Auslegung und Anwendung zivilrechtlicher Normen, DStR 1997, 544 (zit.: *Klingenhöffer*, DStR 1997, S.)

KIRCHHOF, Paul EStG KompaktKommentar, Einkommen-steuergesetz, 4. Auflage Heidelberg 2004 (zit.: *Bearbeiter* in *Kirchhof*, EStG, §/Rn)

KIRCHHOF, Paul/ SÖHN, Hartmut/ MELLINGHOFF, Rudolf (Hrsg.) Einkommensteuergesetz, Kommentar (Loseblatt; Stand: 161. EL, Januar 2006) (zit.: *Bearbeiter* in *Kirchhof/Söhn/Mellinghoff*, §/Rn)

KIRCHMAYR, Sabine Besteuerung von Beteiligungserträgen, Probleme der Abgrenzung von Kapitalertrag und Substanzgewinn bei Anteilen an Kapitalgesellschaften, Wien 2004 (zit.: *Kirchmayr*, Besteuerung von Beteiligungs-erträgen, S.)

KIRCHMAYR, Sabine Besteuerung von kollektiven Vermögensanlagen in Einkommen aus Kapital, 31. Jahrestag der Deutschen Steuerjuristischen Gesellschaft e. V., Prof. Dr. Wolfgang Schön (Hrsg.), 2007; (zit.: *Jachmann*, DStJG 30 (2007), S.)

KORN, Christian B. Die Besteuerung von Anleihen nach dem Entwurf des Steueränderungsgesetzes 2001, DStR 2001, S. 1507 ff. (zit.: *Korn*, DStR 2001, S. 1507 ff.)

KORN, Christian B. Reform der Besteuerung von Kapitaleinkünften in Deutschland – Gemeinsamkeiten und Unterschiede zum österreichischen Vorbild; ÖStZ 2007, S. 222 ff. (zit.: *Korn*, ÖStZ 2007, S.)

KRACHT, Robert Abgeltungssteuer 2009: Gezeitenwechsel für die künftige Geldanlage, Gestaltende Steuerberatung 2007, S. 133 ff. (zit.: *Kracht*, Abgeltungssteuer 2009: Gezeitenwechsel für die künftige Geldanlage, S.)

LADEMANN, Fritz Kommentar zum Einkommensteuergesetz, 4. Auflage, Stuttgart, München, Hannover, Berlin, Weimar, Dresden, Boorberg, Heidelberg 1997 (Loseblattsammlung, Nachtrag 148, Juli 2005), (zit.: *Bearbeiter* in *Lademann*, EStG, §/Anm)

LANG, Michael Hybride Finanzierung im Internationalen Steuerrecht, Rechtsgrundlagen der Doppelbesteuerungsabkommen zur Beurteilung von Mischformen zwischen Eigen- und Fremdkapital (zit.: *Lang*, Hybride Finanzierung im Internationalen Steuerrecht, Zi)

LARENZ, Karl Methodenlehre der Rechtswissenschaft, 6. Auflage Berlin/Heidelberg/New York/London/ Paris/Tokio/Hongkong/Barcelona/Budapest 1991 (zit.: *Larenz*, Methodenlehre, S.)

LINDBERG, Klaus Die Besteuerung der Kapitaleinkünfte, München 1996 (zit.: *Lindberg,* Die Besteuerung von Kapitaleinkünften, Rn)

LITTMANN, Eberhard/ BITZ, Horst/ PUST, Hartmut Das Einkommensteuerrecht, Kommentar zum Einkommensteuerrecht (Loseblatt; Stand: 67. EL, Mai 2005) (zit.: *Bearbeiter* in *Littmann/Bitz/Pust*, §/Rn)

LOHR, Jörg-Andreas Besteuerung von Finanzinnovationen und sonstigen Kapitalforderungen i.S.d. § 20 Abs. 1 Nr. 7 EStG, DB 2000, 643 ff. (zit.: *Lohr*, DB 2000, S.)

LOHR, Jörg-Andreas Kapitalanlage nach der Unternehmens-steuerreform (Steuersenkungsgesetz), Ein Leitfaden für Anleger und ihre Berater, München 2001 (zit.: *Lohr*, Kapitalanlage nach der Unternehmenssteuerreform, S.)

LOHR, Hans-Jörg/ KANZLER, Jörg Neues zur einkommenssteuerlichen Behandlung von Indexzertifikaten im Privatvermögen, DB 1998, 2339 ff. (zit.: *Lohr/Kanzler*, DB 1998, S.)

MAYR, Gunter Turbo-Zertifikate KESt-pflichtig?, RdW, 2005, 383, Heft 6 vom 16.06.2005 (zit.: *Mayr*, RdW 2005, 383)

MEINCKE, Jens Peter Bürgerliches Recht und Steuerrecht, JuS 1976, S. 693 ff. (zit.: *Meincke*, Bürgerliches Recht und Steuerrecht, JuS 1976, S.)

MENNEL, Annemarie/ FÖRSTER, Jutta Steuern in Europa, Band II, 65. Ergänzungs-lieferung, Berlin 2007 (zit.: *Bearbeiter* in *Mennel/Förster*, Rn)

MORITZ, Helmut Der steuerliche Durchgriff durch kombinierte Kapitalanlageprodukte, in *Achatz, Ehreke-Rabel, Heinricht, Leitner, Taucher (Hrsg.)*, Steuerrecht, Verfassungsrecht, Europarecht, Festschrift für *Hans Georg Ruppe*, Wien 2007, S. 51 ff. (zit.: *Moritz* in FS für *Ruppe*, S.)

MORITZ, Joachim Finanzinnovation: Kein Wahlrecht zwischen Emissions- und Marktrendite, Anmerkung zum BFH-Urteil v. 11.7.2006 – VIII R 67/04; NWB, Fach 3, S. 14421 (zit.: *Moritz*, NWB, Fach 3, S.)

MÜHLE, Anja BB-Kurzkommentar, BB 2007, S. 480 (zit.: *Mühle*, BB 2007, S.)

MÜHLEHNER, Johann Der Begriff der Zinszahlung im EU-Quellensteuergesetz, ÖStZ, 15.02.2005, Nr. 4 S. 76 ff. (zit.: *Mühlehner*, ÖStZ, 15.02.2005, S.)

MÜLLER, Friedrich/ CHRISTENSEN, Ralph Juristische Methodik, Band I, Grundlagen Öffentliches Recht, 8. Auflage, Berlin 2002, S. 244 ff. (zit.: *Müller/Christensen*, Band I, S.)

MÜNCHENER KOMMENTAR ZUM BÜRGERLICHEN GESETZBUCH Band 1, 1. Halbband, Allgemeiner Teil, §§ 1-240, ProsG, Hrsg. Franz Jürgen Säcker, Roland Rixecker, München 2006 (zit.: *Bearbeiter* in Münchener Kommentar, §/Rn)

OHO, Wolfgang/ REMMEL, Matthias Die Besteuerung von Hedge-Fonds-Zertifikaten im Privatvermögen, BB 2002, 1449 ff. (zit.: *Oho/Remmel*, BB 2002, 1449 ff.)

PALANDT Bürgerliches Gesetzbuch, 65. Auflage, München 2006 (zit.: *Bearbeiter* in *Palandt*, §/Rz)

PETRAZYCKI, Leo v. Die Lehre vom Einkommen, Band I: Grundbegriffe, Berlin 1893 (zit.: *Petrazycki*, S.)

PÖLLATH, Reinhard/ RODIN, Andreas Besteuerung niedrig verzinslicher Options-anleihen, DB 1986, 2094 ff. (zit.: *Pöllath/Rodin*, DB 1986, S.)

POLIVANOVA-ROSENAUER, Tatjana Welches Finanzprodukt umfasst die EU-Quellensteuer, GeS 2005, 253 ff. (zit.: *Polivanova-Rosenauer*, GeS 2005, 253 ff.)

PROSS, Achim Swap, Zins und Derivat, Finanzinnovationen im nationalen und internationalen Steuerrecht unter besonderer Berücksichtigung des Zinsbegriffs, Dissertation Universität München, München 1998 (zit.: *Pross*, Swap, Zins und Derivat, S.)

RAVENSTEIN, Christian Die neue Abgeltungssteuer nach dem Unternehmensteuerreformgesetz, StuB 2007, S. 343 ff. (zit.: *Ravenstein*, StuB 2007, S.)

RÄDLER, Albert J. Die Schlechterstellung des inländischen Portfolioaktionärs nach dem Regierungsentwurf und die Reaktionsmöglichkeiten des Aktionärs, DB 2007, S. 988 ff. (zit.: *Rädler*, DB 2007, S.)

REICHEL, Hans Der Begriff der Frucht im römischen Recht und im deutschen BGB, in Jherings Jahrbücher für die Dogmatik (zit.: *Reichel*, Frucht, S.)

REIFFS, Hanns Information über Zinsen in Europa – Zugleich Anmerkungen zu dem BMF-Schreiben vom 6.1.2005 IV C 1 – S 2000 – 363/04, DB 2005, S. 243 (zit.: *Reiffs*, DB 2005, S.)

REMMEL, Matthias Besteuerung von Finanzinnovationen im Privatvermögen, Dissertation Universität Gießen Auflage September 2001 (zit.: *Remmel,* Besteuerung von Finanzinnovationen im Privatvermögen, S.)

RENDELS, Heinz J. Die Änderungen des Steuerrechts durch das Zinsabschlagsteuergesetz, DStR 1992, S. 1037 ff. (zit.: *Rendels*, DStR 1992, S.)

RGRK Das Bürgerliche Gesetzbuch mit besonderer Berücksichtigung der Rechtssprechung des Reichsgerichts und des Bundesgerichtshofes, Kommentar, Band 1, §§ 1-240, 12. Auflage, Berlin 1982 (zit.: *Bearbeiter* in RGRK, §/Rn)

RIEGLER, Bernhard/ SALOMON, Klaus — Der Dividenden- und Zinsbegriff nach dem Doppelbesteuerungsabkommen der Bundesrepublik Deutschland, DB 1991, 2205 (zit.: *Riegler/Salomon*, DB 1991, S.)

RONIG, Roland — REX-P-Zertifikate, Finanzinnovation oder nur Spekulationspapier, Berater Brief – Vermögen 2005, S. 22 ff. (zit.: *Ronig*, Berater Brief – Vermögen 2005, S.)

SAILER, Norbert/ ISMER, Roland — Steuergerechtigkeit in Europa durch Information über Zinserträge und ihre Besteuerung an der Quelle, IStR 2005, S. 1 ff. (zit.: *Sailer/Ismer*, IStR, 2005, S.)

SASS, Gert — Überblick über die steuerrechtlichen Maßnahmen in der EU angesichts der Währungsunion, FR 1999, S. 77 ff. (zit.: *Sass*, FR 1999, S.)

SCHÄFER, Frank/ ZIMMERMANN, Joachim — Mißbrauchsbekämpfungs- und Steuerbereinigungsgesetz: Besteuerung von „Floatern" und „Reverse Floatern", DB 1994, S. 2207 ff. (zit.: *Schäfer/Zimmermann*, DB 1994, S.)

SCHEURLE, Florian — Missbrauchbekämpfungs- und Steuerbereinigungsgesetz: Änderungen der Besteuerung von Kapitaleinkünften (Teil I), DB 1994, S. 445 ff. (zit.: *Scheurle*, DB 1994, S.)

SCHMIDT, Ludwig — Einkommensteuergesetz, Kommentar, 25. Auflage, München 2006 (zit.: *Bearbeiter* in *Schmidt*, Rz)

SCHMITT, Bernd/ KRAUSE, Haiko — Argentinienbonds keine Finanzinnovation_ - Anmerkungen zum BMF-Schreiben v. 14.7.2004, DStR 2003, 1339; DStR 2004, S. 2042 ff. (zit.: *Schmitt/Krause*, DStR 2004, S.)

SCHOLZ, Rolf-Detlev — Zurechnung von Einnahmen aus Kapital-vermögen, insbesondere bei Veräußerung von Kapitalanlagen, DStZ 1990, 523 ff. (zit.: *Scholz*, DStZ 1990, S.)

SCHUMACHER, Andreas — Gestaltungsmöglichkeiten bei der privaten Kapitalanlage, Die Unabhängigkeit der Besteuerung der Erträge aus sonstigen Kapitalforderungen von der zivilrechtlichen Ausgestaltung der Kapitalanlage, DStR 1996, 1505 ff. (zit.: *Schumacher*, DStR 1996, S.)

SCHUMACHER, Andreas Besteuerung von Umtauschanleihen und vergleichbaren Anleiheformen – Anmerkungen zum BMF-Schreibe vom 24.5.2000, DStR 2000, 1227 – DStR 2000, S. 1218 ff. (zit.: *Schumacher*, DStR 2000, S.)

SCHUMACHER, Andreas Die Besteuerung von Compound Instruments beim Privatanleger am Beispiel von Reverse Convertibles, DStR 2002, 416 ff. (zit.: *Schumacher*, DStR, 2002, S.)

SCHULZE-OSTERLOH, Joachim Zivilrecht und Steuerrecht, AcP 1990, 190. Band, S. 140 ff. (zit.: *Schulze-Osterloh*, Zivilrecht und Steuerrecht, AcP 1990, S.)

SCHULTZE, Oliver/SPUDY, Jens Auswirkungen des BFH-Urteils vom 24.10.2000 (VIII R 28/99) auf die Besteuerung von Finanzinnovationen, DStR 2001, 1143 ff. (zit.: *Schultze/Spudy*, DStR 2001, S.)

SCHWARZ, Peter Schwachstellen der EU-Zinsrichtlinie, IStR 2006, S. 83 ff. (zit.: *Schwarz*, IStR 2006, S.)

SCHWEITZER, Michael Staatsrecht III – Staatsrecht, Völkerrecht, Europarecht, 6. Auflage, Heidelberg 1997 (zit.: *Schweitzer*, Staatsrecht III, Rn)

SEDLACZEK, Michael Die EG-Rechtsverträglichkeit der unter-schiedlichen Besteuerung in- und ausländischer Investmentfonds, Wien 1998 (zit.: *Sedlaczek*, Die EG-Rechtsverträglichkeit der unterschiedlichen Besteuerung in- und ausländischer Investmentfonds 1998, S.)

SÖHN, Hartmut Der Dualismus der Einkunftsarten im geltenden Recht, in Einkommen aus Kapital, 31. Jahrestag der Deutschen Steuerjuristischen Gesellschaft e. V., Prof. Dr. Wolfgang Schön *(Hrsg.)*, 2007; (zit.: *Söhn*, DStJG 30 (2007), S.)

SOERGEL, Hs. Th./ SIEBERT, W. Bürgerliches Gesetzbuch mit Einführungs-gesetzen und Nebengesetzen, Band 1, Allgemeiner Teil 1, §§ 1-103 BGB, 13. Auflage, Loseblattsammlung, Rechtsstand: 2002, (zit.: *Bearbeiter* in *Soergel*, §/Rz)

SORGENFREI, Ulrich Zur Neuregelung der Besteuerung von Verlusten aus betrieblichen Termingeschäften, DStR 1999, 1928 ff. (zit.: *Sorgenfrei*, DStR, 1999, S.)

SRADJ, Martina/ MERTES, Horst Steuerliche Aspekte des Investmentmodernisierungsgesetzes, DStR 2003, S. 1681 ff. (zit.: *Sradj/Mertes*, DStR 2003, S.)

SRADJ, Martina/ MERTES, Horst Neuregelung bei der Besteuerung von Investmentvermögen, DStR 2004, S. 201 ff. (zit.: *Sradj/Mertes*, DStR 2004, S.)

STAMM, Hans/ LIVONIUS, Hilger von Hedge-Fonds-Zertifikatsstrukturen nach dem Investmentmodernisierungsgesetz, Absolut Report 2003, S. 49 ff. (zit.: *Stamm/Livonius*, Absolut Report 2003, S.)

STAUDINGER J. von Staudingers Kommentar zum Bürgerlichen Gesetzbuch mit Einführungsgesetz und Nebengesetzen, Buch 1, Allgemeiner Teil §§ 90-133, §§ 1-54, 63 BeurkG, Berlin 2004 (zit.: *Bearbeiter* in *Staudinger*, §/Rz)

STRUNK, Günther Unternehmenssteuerreform 2008 – Erste Anmerkungen zum Referentenentwurf vom 5.2.2007 -, Stbg 2007, S. 101 ff. (zit.: *Strunk*, Stbg 2007, S.)

STRUTZ, Georg Kommentar zum Einkommensteuergesetz vom 10. August 1925, Berlin 1929 (zit.: *Strutz*, Kommentar zum EStG vom 10. August 1925, Bd. I, S.)

THEMAAT , Pieter Verloren van Die Steuerharmonisierung in der EWG, DB 1966, 834 ff. (zit.: *Themaat*, DB 1966, S.)

TIPKE, Klaus Steuerrecht und bürgerliches Recht, JuS 1970, S. 149 ff. (zit.: *Tipke*, Steuerrecht und bürgerliches Recht, JuS 1970, S.)

TIPKE, Klaus Die dualistische Einkünfteermittlung nach dem Einkommensteuergesetz, Entstehung, Motivation und Berechtigung in *Kruse* (Hrsg.), Festschrift *Paulick*, Köln 1973, S. 391 ff. (zit.: *Tipke*, Die dualistische Einkünfteermittlung nach dem Einkommensteuergesetz in *Kruse*, S.)

TIPKE, Klaus/ LANG, Joachim Steuerrecht, 18. Auflage, Köln 2005 (zit.: *Tipke/Lang*, Steuerrecht, §/Rz)

TUMPEL, Michael/ GLÄSER, Lars EU-Zinsbesteuerung ab 01.07.2005, Grundlagen des EU-Quellensteuergesetzes, SWK 2005 Heft 19, S. 850 ff. (zit.: *Tumpel/Gläser*, SWK 2005, S.)

TUMPEL, Michael / WIDHALM, Christian	Steuerrechtliche Einordnung von Turbo-Zertifikaten (Hebelprodukten), RdW 2005, 717, Heft 11 vom 15.11.2005 (zit.: *Tumpel/Widhalm*, RdW 2005, 717)
VOGEL, Klaus/ LEHNER, Moris	Doppelbesteuerungsabkommen der Bundes-republik Deutschland auf dem Gebiet der Steuern vom Einkommen und Vermögen, Kommentar auf der Grundlage der Musterabkommen, 4. Auflage München 2003 (zit.: *Bearbeiter* in *Vogel/Lehner*, DBA-Kommentar, §/Rz)
WAGNER, Siegfried	Steuerpflicht von Kursgewinnen aus Finanzinnovationen – Emissionsrendite oder Marktrendite, DStZ 2005, 623 ff. (zit.: Wagner, DStZ 2005, S.)
WALZ, Rainer	Die steuerrechtliche Herausforderung des Zivilrechts, ZHR, Band 147, 1983, S. 281ff. (zit.: *Walz,* Die steuerliche Herausforderung des Zivilrechts, ZHR 1983, S.)
WATRIN, Christoph / HANSEN, Stefan	Finanzgeschäfte nach der Einführung der Abgeltungssteuer, Welche Anlagestrategien ergeben sich für Privatvermögen? ErbStB 2007, S. 178 ff. (zit.: *Watrin/Hansen*, Finanzgeschäfte nach der Einführung der Abgeltungssteuer, ErbStB 2007, S.)
WELLMANN, Udo	Sind Reverse Floater Kursdifferenzpapiere? Ihre Besteuerung im Privatvermögen, DStZ 1996, S. 329 f. (zit.: *Wellmann*, DStZ 1996, S.)
WELLMANN, Udo	Sind notleidende Anleihen des Privatvermögens Kursdiffernzpapiere i.S. von § 20 (2) Satz 1 Nr. 4 EStG? DStZ 2002, S. 179 f. (zit.: *Wellmann*, DStZ 2002, S.)
WILKENS, Sascha / STOIMENOV, Pavel A.	Strukturierte Finanzprodukte am deutschen Kapitalmarkt, FiB 2005, 512 ff. (zit.: *Wilkens/Stoimenov*, FiB 2005 S.)
WOYWODE, Uwe	Derivative Finanzinstrumente im Recht der Doppelbesteuerungsabkommen, Wien 2004 (zit.: *Woywode*, Derivative Finanzinstrumente im Recht der DBA, S.)

ZEHETNER, Ulf Kapitalertragsteuer im Internationalen Steuerrecht, Steuerabzug und Rückerstattung der Kapitalertragsteuer aus innerstaatlicher, abkommensrechtlicher und europarechtlicher Sicht, Wien 2001 (zit.: *Zehetner*, Kapitalertragsteuer im Internationalen Steuerrecht, S.)

Münchner Juristische Beiträge

Herausgegeben von

Dr. Thomas Küffner
Dr. Küffner & Partner, Landshut, München

Band 72: Manuela Oberhofer: **Die Besteuerung von Zertifikaten im Privatvermögen im internationalen Kontext** · Probleme des Zinsbegriffs im deutschen Steuerrecht, dem OECD-Musterabkommen und der EU-Zinsrichtlinie
2008 · 250 Seiten · ISBN 978-3-8316-0838-6

Band 71: Yuri Yamanaka: **Maßnahmen bei psychisch kranken Straftätern** · Ein Vergleich zwischen Deutschland und Japan
2008 · 344 Seiten · ISBN 978-3-8316-0829-4

Band 70: Albena R. Danov: **Die Abnahmepflicht des Käufers im Bereich der internationalen Handelsgeschäfte nach UN-Kaufrecht**
2008 · 179 Seiten · ISBN 978-3-8316-0817-1

Band 69: Niels J. Dabelow: **Der Kauf mit Spezifikationsvorbehalt des Käufers nach HGB und UN-Kaufrecht**
2008 · 541 Seiten · ISBN 978-3-8316-0816-4

Band 68: Shirin Maria Massumi: **Quo vadis – Unternehmenskaufverträge? Unternehmenskaufverträge nach der Deutschen Schuldrechtsreform** · Annäherung an anglo-amerikanische Unternehmenskaufverträge?
2008 · 212 Seiten · ISBN 978-3-8316-0814-0

Band 67: David Beutel: **Der neue rechtliche Rahmen grenzüberschreitender Verschmelzungen in der EU** · Einflüsse des Gemeinschaftsrechts auf die Schaffung nationaler Rechtsgrundlagen grenzüberschreitender Verschmelzungen unter Beteiligung
deutscher Kapitalgesellschaften
2008 · 408 Seiten · ISBN 978-3-8316-0763-1

Band 66: Thomas Göppel: **Bedingte GmbH-Gesellschafterbeschlüsse**
2008 · 176 Seiten · ISBN 978-3-8316-0757-0

Band 65: Sotirios Douklias: **Der börsenorientierte Anlegerschutz und seine strafrechtliche Absicherung**
2007 · 400 Seiten · ISBN 978-3-8316-0724-2

Band 64: Robert M. Schmidt: **Der aktienrechtliche Unternehmensvertrag als Gegenstand der Spaltung nach dem Umwandlungsgesetz**
2007 · 316 Seiten · ISBN 978-3-8316-0704-4

Band 63: Christian Harald Maximilian Reiter: **»Nemo tenetur se ipsum prodere« und Steuererklärungspflicht** · Zur Strafbarkeit der wiederholenden Hinterziehung periodischer Veranlagungs- und Fälligkeitssteuern im anhängigen Steuerstrafverfahren
2007 · 412 Seiten · ISBN 978-3-8316-0692-4

Band 62: Uta Todenhöfer: **Haftung für Tarifunrecht**
2007 · 200 Seiten · ISBN 978-3-8316-0688-7

Band 61: Stefan Martin Schmitt: **Organhaftung und D&O-Versicherung** · Zu haftungs- und deckungsrechtlichen Problemen der Managementhaftung
2007 · 234 Seiten · ISBN 978-3-8316-0674-0

Band 60: Michael Heßlinger: **Die Regulierungsverantwortung des Bundes aus Art. 87f Abs. 1 GG für die Allgemeinen Geschäftsbedingungen der Deutsche Post AG am Beispiel der AGB BRIEF NATIONAL**
2007 · 252 Seiten · ISBN 978-3-8316-0672-6

Band 59: Fabian Christoph Biller: **Die Eigenhaftung des Verrichtungsgehilfen** · Eine vergleichende Untersuchung der Entwicklung im französischen Deliktsrecht
2006 · 240 Seiten · ISBN 978-3-8316-0585-9

Band 58: Ho-Ki Kim: **Die Risikoschaffung und der untaugliche Versuch** · Zugleich ein Beitrag zur neuen Interpretation der funktionalen Strafrechtsdogmatik
2006 · 140 Seiten · ISBN 978-3-8316-0571-2

Band 57: Philia Georganti: **Die Zukunft des ordre public-Vorbehalts im Europäischen Zivilprozessrecht**
2006 · 280 Seiten · ISBN 978-3-8316-0582-8

Band 56: Georgios Dionysopoulos: **Werbung mittels elektronischer Post, Cookies und Location Based Services: Der neue Rechtsrahmen** · Eine komparative Betrachtung der elektronischen Werbung in der EU und eine Analyse der Umsetzung der Datenschutzrichtlinie für elektronische Kommunikation (RL 2002/58/EG) am Beispiel Deutschland
2005 · 300 Seiten · ISBN 978-3-8316-0529-3

Band 55: Philipp Hamann: **Gemeindegebietsreform in Bayern** · Entwicklungsgeschichte, Bilanz und Perspektiven
2005 · 310 Seiten · ISBN 978-3-8316-0528-6

Band 54: Lijun Zhu: **Die Börsenprospekthaftung der börsennotierten Aktiengesellschaft** · Eine vergleichende Untersuchung zum Recht des Kapitalmarktes unter Berücksichtigung des deutschen Rechts, des US-amerikanischen Rechts und des chinesischen Rechts
2005 · 320 Seiten · ISBN 978-3-8316-0491-3

Band 53: Alexander Dietrich: **Mobilfunk-Sendeanlagen und ihre öffentlich-rechtlichen Grundlagen**
2005 · 324 Seiten · ISBN 978-3-8316-0494-4

Band 52: Florian Baur: **Gemeinnützigkeitsrecht im Sinne der 6. EG-Richtlinie**
2005 · 152 Seiten · ISBN 978-3-8316-0480-7

Band 51: Vasileios Petropoulos: **Die Berücksichtigung des Opferverhaltens beim Betrugstatbestand**
2005 · 250 Seiten · ISBN 978-3-8316-0473-9

Band 50: Gudrun Koch: **Persönlichkeitsrechtsschutz bei der postmortalen Organentnahme zu Transplantationszwecken in Deutschland und Frankreich**
2004 · 453 Seiten · ISBN 978-3-8316-0438-8

Band 49: Stefanie Mahl: **Der strafrechtliche Absichtsbegriff** · Versuch einer Inhaltsbestimmung mit Hilfe psychologischer Erkenntnisse
2004 · 164 Seiten · ISBN 978-3-8316-0436-4

Band 48: Raimund Lange: **Dezentralisierte Produktion** · Räumliche, rechtliche und hierarchische Dezentralisierung und die Reform der Betriebsverfassung von 2001
2004 · 422 Seiten · ISBN 978-3-8316-0418-0

MIX
Papier | Fördert gute Waldnutzung
FSC® C083411

Kolibri 360 GmbH
Ferdinand-Jühlke-Straße 7
99095 Erfurt, Deutschland
produktsicherheit@kolibri360.de